厚德博学
经济匡时

谨以此书献给上海财经大学建校100周年

经济管理
研究丛书

国家自然科学基金项目（71171133）

金融市场情绪演化机制与量化投资

方 勇 孔祥星 ◎ 著

上海财经大学出版社

图书在版编目(CIP)数据

金融市场情绪演化机制与量化投资/方勇,孔祥星著.—上海:上海财经大学出版社,2016.8
ISBN 978-7-5642-2484-4/F•2484

Ⅰ.①金… Ⅱ.①方… ②孔… Ⅲ.①金融市场-研究 Ⅳ.①F830.9

中国版本图书馆 CIP 数据核字(2016)第 137230 号

□ 责任编辑　石兴凤
□ 封面设计　张克瑶

JINRONG SHICHANG QINGXU YANHUA JIZHI YU LIANGHUA TOUZI
金融市场情绪演化机制与量化投资
方　勇　孔祥星　著

上海财经大学出版社出版发行
(上海市武东路 321 号乙　邮编 200434)
网　　址:http://www.sufep.com
电子邮箱:webmaster @ sufep.com
全国新华书店经销
上海华教印务有限公司印刷装订
2016 年 8 月第 1 版　2016 年 8 月第 1 次印刷

710mm×960mm　1/16　12.75 印张(插页:1)　257 千字
定价:35.00 元

前　言

　　自20世纪80年代中期以来,行为金融学异军突起,倍受专家学者、政府金融监管部门以及普通大众的广泛关注。行为金融学担起"人本经济学"的大旗,将心理学、人类学和社会学等其他领域的研究成果融入到金融学研究之中,以更加广阔的视野和更加全面的视角更加真实地反映了人们在金融市场中的行为,使"上帝人"复归于"动物人"、"理性的经济人"复归于"有限理性的社会人"。可以说,行为金融学的崛起是现代金融理论创新发展进程中的一场革命,使得现代金融理论的架构和金融研究的范式均发生了一些重大变化,国内外的金融经济学教材中都增加了有关行为金融理论的章节,心理及行为分析范式也已被自觉地运用到金融分析的过程之中。

　　行为金融学被引入我国的时间还不长。自2002年Kahneman教授因其在行为金融领域所作的奠基性贡献而荣获诺贝尔经济学奖之后,我国才真正掀起了研究行为金融学的高潮,出版了大量有关行为金融学的论文、教材及专著。2013年,耶鲁大学的Shiller教授因其在行为金融领域的卓越研究荣获诺贝尔经济学奖,这一奖项对行为金融理论的再次垂顾更加激发了研究行为金融理论的学者在这一领域孜孜探索、勇往前行。

　　本书作者自2003年开始一直从事行为金融理论与量化投资策略研究,经历了2008年发生的全球金融危机和2015年6月发生的中国股灾。2008年由美国次级债引发的全球金融危机至今已经8年,但世界经济的复苏仍然乏力。基于我们的持续研究,我们认为,投资者的情绪和行为是诱发金融危机和金融市场波动的重要因素,应该引起政府监管部门的高度重视。正如中国社会科学院李扬教授一语见的,"债务自身并不是魔鬼,它只是一种工具和手段。如果真要追究,魔鬼存在我们心中,是我们这些心怀魔鬼的人,使得债务成为破坏经济健康运行的魔鬼。"

　　本书分为两个部分。第一部分聚焦于理论研究,在已有研究文献的基础上,综合运用理论建模、模拟仿真和实证分析的方法,对金融市场投资者情绪演化的内在机制及金融资产价格的影响进行了系统探索,同时运用中国证券市场的实际数据进行了实证分析。第二部分聚焦于实践应用,对投资者情绪演化机制在量化投资策略中的应用进行研究。希望本书的研究成果能够为金融监管部门提供决策参考,帮助其监测投资者情绪的波动,完善投资者情绪预警及宏观引导调控体系;同时,希望能够为机构投资者开发量化投资策略提供一定的帮助。

在本书的写作和出版过程中,作者得到了许多高校专家、学者的支持与帮助。感谢中国人民大学统计与大数据研究院的艾春荣教授、上海财经大学统计与管理学院的周勇教授、上海对外经贸大学统计与信息学院的刘永辉教授、南通大学交通学院的度巍老师。另外,作者与国泰君安证券股份有限公司、汇添富基金管理有限公司的业内专家关于基于投资者情绪的量化投资策略进行了深入讨论与交流,业内专家提出了很多有价值的建议,在此一并表示感谢。

本书的研究工作得到了国家自然科学基金委员会的资助与支持,作者对此表示衷心的感谢!

由于作者水平有限,本书难免存在不足之处,欢迎广大读者批评指正。

方勇、孔祥星
2016 年于上海

目 录

前言/1

第一章 绪论/1

第一节 引言/1

第二节 现代标准金融学关于投资者行为的假设/1

第三节 真实的市场行为/2

第四节 金融市场投资者行为研究的理论分析工具/4

第五节 金融市场投资者情绪的演化机制文献综述/6

第六节 本书的结构安排/9

上篇 金融市场投资者情绪的演化机制分析

第二章 非线性从众行为机制模型/15

第一节 引言/15

第二节 非线性从众转移概率/16

第三节 信念扩散的均衡分布/20

第四节 信念扩散的动态随机模拟仿真/24

第五节 金融资产价格演化的动态随机模拟仿真/26

第六节 从众行为机制下的动态噪声交易模型/32

第七节 小结/39

第三章　反馈型交易策略、学习机制与资产价格演化/41

第一节　引言/41

第二节　基于反馈型投资者信念学习机制的风险资产价格演化模型/42

第三节　基于演化博弈方法的正反馈及负反馈交易策略演化模型/45

第四节　包含基本面投资者和反馈型投资者的风险资产价格演化模型/48

第五节　小结/52

第四章　投资者情绪的"热手效应"和"赌徒谬误"偏差实证分析/54

第一节　引言/54

第二节　"热手效应"和"赌徒谬误"的统计检验/56

第三节　稳健性检验/60

第四节　小结/68

第五章　股市过度反应与反应不足实证研究/70

第一节　引言/70

第二节　基于ANAR-TGARCH模型的实证分析/71

第三节　上述实证结果的稳健性检验/74

第四节　小结/79

第六章　金融复杂系统与自组织临界性/81

第一节　引言/81

第二节　中国股票市场对数周期性幂律实证分析/83

第三节　股市崩盘后余震的动态演化实证分析/94

第四节　小结/97

第七章　投资者情绪演化与股市危机预报/98

第一节　引言/98

第二节　情绪指数的构建/99

第三节　投资者情绪对市场收益的预报/103

目录

第四节　投资者情绪对危机的预报/105

第五节　小结/112

第八章　基于EEMD方法的投资者情绪与股指和宏观经济的关系实证分析/113

第一节　引言/113

第二节　EMD及EEMD方法的基本原理/113

第三节　情绪指数的计算/114

第四节　基于EEMD方法的情绪指数、上证指数与宏观指数的关系分析/117

第五节　不同尺度情绪分量对未来市场收益的预报能力检验/124

第六节　小结/127

下篇　基于投资者情绪的量化投资策略

第九章　量化投资发展综述/131

第一节　量化投资的发展历史/131

第二节　量化交易的概念体系/134

第三节　促进量化投资发展的外部条件/138

第四节　量化投资发展的现状、优势及功能/142

第五节　小结/146

第十章　量化投资策略的开发/147

第一节　引言/147

第二节　量化投资中常用的统计指标和统计检验方法/148

第三节　量化投资策略开发的流程/155

第四节　小结/157

第十一章　基于投资者情绪的量化投资策略/158

第一节　模型构建/158

第二节　样本内测试/158

第三节　样本外测试/166

第四节　实盘跟踪/169

第五节　小结/173

附录:程序代码/174

参考文献/187

第一章 绪 论

第一节 引 言

金融是现代经济的核心,在经济社会发展中发挥着越来越重要的作用。随着社会主义市场经济体制和现代金融体系的建立,我国的金融市场取得了长足的发展,金融市场法律制度逐渐完善,市场宽度和深度不断增加,资源配置功能极大增强,风险管理和行为监管体系日臻成熟,对外开放程度不断提高,在经济社会发展中的杠杆效应日益凸显。

第二次世界大战后,世界经济一体化的浪潮席卷全球。世界各国的经济开放程度逐渐提高,任何一个国家的经济发展都必然要受到外部经济环境的制约。从此以后,世界各国都必须要面对各种各样日益频繁发生的金融风险。特别是在过去短短的几十年时间里,世界上爆发了几次震惊全球的、大规模的金融危机,如1987年美国的"黑色星期一"大股灾、1990年的日本股灾、1997年的亚洲金融风暴、1998年美国长期资本管理公司的倒闭以及2008年的全球金融危机等。这些金融危机的发生给世界经济和金融市场的健康发展造成了巨大的破坏,同时也让人们意识到金融风险管理的必要性和紧迫性。

投资者是金融市场的主体,金融市场的演化是由众多的投资者驱动的。因此,从微观结构和投资者行为层面来研究金融市场中的反馈机制、运行效率、市场价格的演化以及金融危机的形成和传导机制,对于加强投资者投资行为的监管和建立一套科学、高效的风险控制与风险管理制度具有十分重大和深远的现实意义。

第二节 现代标准金融学关于投资者行为的假设

自20世纪中叶现代标准金融理论体系创立以来,金融市场的迅速发展催生了一大批重要的金融理论和实证研究成果。

所谓现代标准金融学,是相对于20世纪80年代开始迅速发展起来的行为金融学和混沌分形理论而言的,是以理性人假设和有效市场假说为基础发展起来的、关于投资者在最优投资组合决策和资本市场均衡状态下如何决定各种证券价格的理论体系。

现代标准金融学的基本观点是:(1)投资者是完全理性的,他们具有严格的数理逻辑推理能力,能获取完全信息,能对所获取的信息进行无偏估计,并能按照贝叶斯法则不断修正之前所获取的信息;(2)投资者是同质的,他们之间无差别,具有相同的理性预期,对未来经济的预测均是客观、公正的;(3)投资者是风险厌恶的,即在投资过程中对于既定的收益总会选择风险最小的投资组合;(4)投资者对于不同资产的风险态度是一致的;(5)市场是有效的,市场上各种资产的价格已充分反映了所有的公开信息。

有效市场假说(Efficient Markets Hypothesis,EMH)是现代标准金融学的理论基石之一。到20世纪70年代初,有效市场假说已发展成熟,它假定投资者能够对所获取的信息迅速做出无偏估计,资产价格能充分反映所有可获得的信息。

经过约半个世纪的发展,在经济人假设和理性分析框架的基础之上,广泛运用数学模型和定量分析方法,现代标准金融学已发展成为一个较完善的、逻辑严密的理论体系,它就像一座宏伟精美的大厦屹立于现代经济学之林,闪耀着熠熠光辉。

第三节 真实的市场行为

现代标准金融学虽然不乏理论上的精美至善,然而对于金融市场上不断涌现的种种异象,诸如股票溢价之谜和股利之谜等,却不能给出令人信服的解释。于是,缺乏实证支持的标准金融理论开始受到人们的质疑,主要集中于"理性经济人"这一前提假设。现实生活中人们并非是完全理性的,而是有限理性的。阿克洛夫和希勒(2009)将人类的"动物精神"(Animal Spirits)看成造成股市波动的最主要动因。他们认为,人们在不确定的环境中并不像传统经济学家们所描述的那样,能够从容地根据基本面来评估一切有价值的信息,从而做出理性的判断和决策。人们实际做出的判断和决策往往会受到"相互鼓励、相互感染"等非理性情感需求和动物本能的驱使。另外,正如耶鲁大学金融学教授希勒在其《非理性繁荣》(Irrational Exuberance)一书中所描述的那样,股票市场成了投资者们追逐风险的乐园,他们被所谓的"投资文化"、"传统智慧"和"时代风尚"所左右,一路高歌的股票市场最终演化成一场非理性的、自我驱动和自我膨胀的泡沫。

当标准金融学遭到越来越多质疑的时候,行为金融学迅速发展起来,备受人们关注。行为金融理论认为,金融市场中的投资者普遍存在各种认知偏差、情感偏差和意志偏差,他们的非理性行为能够造成市场价格的剧烈波动和对基本价值的严重偏离,更严重的甚至会引发金融危机。行为金融学对金融学研究的方法论产生了深远的影响,致使行为研究成为当代金融学研究的一个很重要的层面,特别是近几年来在全球引起强烈反响的一些行为金融学著作,如史莱佛(2003)的《并非有效的市场——行为金融学导论》、舍夫林(2005)的《超越恐惧和贪婪——行为金融学与投资心理诠释》、蒙蒂尔(2007)的《行为金融:洞察非理性心理和市场》等,对人类心理和行为的作用机制进行了深入的分析,使得行为机制研究受到了人们的广泛关注。

EMH认为证券价格只与该证券的基本价值有关,而行为金融学认为金融市场的演化是由众多异质的、有限理性的市场参与者推动的。行为金融学的研究表明,在现实的证券市场中,证券价格不仅由基本价值决定的,投资者的心理、情感等非基本面因子也会决定证券价格。

与标准金融学相对,行为金融学的基本观点是:(1)投资者不是完全理性的,而是有限理性的,他们普遍存在各种认知偏差、情感偏差和意志偏差,不能客观、公正、无偏地加工信息,从而导致他们的投资决策偏差和金融资产的定价偏差;(2)投资者是异质的,他们具有不同的特质,对未来经济具有不同的预期;(3)投资者不是风险厌恶型的,而是损失厌恶型的,他们在面临收益时表现出风险厌恶,而在面临损失时却表现出风险寻求;(4)投资者对于不同资产的风险态度并不是一致的,而是同时具有风险厌恶和风险寻求两种心理特征;(5)市场并不是有效的,资产的价格不仅由资产的内在价值决定,还由投资者的心理和情感因素决定。

传统经济学家的基本信条是长期的变化趋势有其深刻的经济原因,而短期的不规则涨落则源于外在的随机因素,因此用作理论分析的数学模型通常是线性(或对数线性)方程加上外在随机扰动项。EMH实际上就是这样一种线性分析范式。传统的金融模型都是建立在理性预期基础上的线性均衡模型。这些模型将诸如贪婪和恐惧等心理因素排除在外,刻画了导致金融系统稳定的负反馈,表明金融系统对于外生扰动的反应是以连续的、线性的方式回归均衡。

随着行为金融理论、混沌分形理论、复杂性科学和非线性动力学这些新兴学科的迅速发展,人们对有序和随机的认识发生了根本性的变化,长期以来关于自然界中内在确定性和外在随机性的认识已经从根基上发生了动摇。在真实的经济社会中,经济行为在许多方面并不是线性的,投资者对待预期收益和风险的态度也是非线性的,市场参与者之间的相互作用、证券价格对信息的反应过程以及整个经济的波动从本质上来说都是非线性的。传统的金融模型描述的只是一种理想化状态,与实际情况相去甚远。金融市场中普遍存在的噪声交易、正反馈交易、过度反应以及羊群行为使得资产价格的变动呈现出强烈的非线性特征。另外,金融市场的演化是由众多异质的有限理性投资者驱动的,因此金融市场是一个复杂的动态系统,它常常表现出确定系统的内在随机性、永不重复的非周期性循环、远离平衡的均衡、对初始条件的敏感依赖性、趋势性和自相似性以及突变等本质特征。

第四节　金融市场投资者行为研究的理论分析工具

任何一门学科体系的建立和发展，都必须要依靠适当的理论分析工具。比如，标准金融学正是将均衡分析、数学、统计学和金融计量学等作为它的理论分析工具，才得以建立起一套逻辑严密、精美完善的学科体系。投资者行为研究旨在对金融市场中的个体和群体的决策与行为模式进行研究，进而对金融市场中的价格发生机制进行解释。由于其有别于标准金融学的学科特色，投资者行为研究在发展的进程中基于行为金融理论分析框架，除了保留均衡分析、数学、统计学和金融计量学等传统的理论分析工具之外，还吸纳了其他一些独具特色的理论分析工具，现将它们做一个简要的介绍。

一、实验方法

传统意义上的经济学被广泛认为是一门非实验科学，大多数的经济学研究依赖于各种假设。然而，现在越来越多的研究者开始尝试运用实验方法来研究经济学，验证和修改各种基本的经济学假设，这使得经济学的研究越来越多地依赖于实验数据，从而变得更加真实可信。在这样的背景下，自20世纪60年代开始，实验经济学得到了飞速的发展。实验经济学是指在可控的实验室背景下，针对某一现象，通过控制某些条件观察经济个体的决策机制和行为模式，并通过分析实验结果来检验、修正和完善经济理论。2002年，美国经济学家弗农·史密斯因其运用实验方法在选择性市场机制的研究中取得卓越成就而荣获诺贝尔经济学奖。

投资者行为研究吸纳了实验经济学的精髓，将诸如开展问卷调查、心理测试和建立人工股票市场等实验方法作为其重要的理论分析工具，通过设计和模拟实验环境，探求投资者在金融市场中的心理因素、决策机制和行为模式。如果回顾一下行为金融学的发展历史，我们不难发现，正是阿莱、卡尼曼和特维斯基等经济学家所做的大量彩票选择实验，发现了经典的预期效用理论所不能解释的"确定性效应"、"反射效应"等真实决策行为，才为投资者行为研究的产生和发展奠定了坚实的实验基础。

运用基于agent的计算机模型来建立人工股票市场是当今实验金融学研究的前沿领域之一。在人工股票市场中，每个agent有不同的预测和决策机制，并且预测规则随着市场状态的变化而变化。该模型通过设定初始市场结构来模拟实际市场的演化过程，研究内容包括agent的投资策略、市场价格的形成机制、财富在各agent之间的分配规律以及市场宏观特性涌现的原因等。通过计算机模拟，在人工股票市场上会产生与实际股票市场上具有相同统计特征的价格时间序列。用计算机来模拟金融市场推广传统金融学的研究方法，可以用来检测在可控环境下的各种学习理论和市场微观结构。相对于基于人的实验,基于 agent 的计算机模型能很容易地进行对复杂学习行为、信息传递、异质信念和特别式启发的系统仿真研究。

二、行为博弈论

作为对策略选择的标准化研究,博弈论产生于 20 世纪 40 年代,其方法是考察毫无情感的理性经济人在博弈中应如何行动,至今已成为标准经济学的一个重要的理论分析工具。然而传统的博弈论却忽视了具有情感和有限预见力的一般群体在博弈中究竟会如何行动,直至行为博弈论的出现才弥补了这种缺陷。作为行为博弈研究领域的领军人物,凯莫勒(2006)利用心理学原则以及数以百计的实验研究来建立有关互惠行为、有限策略选择以及学习过程的数理分析博弈模型,这有助于推断真实世界中的个人或团体在各种策略条件下会如何行动。

三、演化博弈论

与传统的博弈论不同,演化博弈论并不要求参与人是完全理性的,也不要求完全信息的条件。它通过考察参与者在不稳定的状态下如何调节彼此之间的关系来刻画参与者的动态学习和自适应机制。Smith 和 Price(1973)及 Smith(1974)创造性地提出了演化稳定策略的概念并给出了严格的数学定义,此概念的提出成为演化博弈论发展的一个重要里程碑。通俗地讲,所谓演化稳定策略,是指如果占群体绝大多数的个体选择演化稳定策略,那么小的突变者群体就不可能侵入这个群体。或者说,在自然选择的压力下,突变者要么改变策略而选择演化稳定策略,要么退出系统而在进化过程中消失。Taylor 和 Jonker(1978)提出了演化博弈论的基本动态概念——模仿者动态,刻画了有限理性个体的群体行为变化趋势,是演化博弈论的又一次突破性发展。他们认为,一般的进化过程都包含两个可能的行为演化机制:选择机制和突变机制。选择机制是指本期中能够获得较高支付的策略在下期中被更多的参与者选择。突变机制是指参与者以随机的方式选择策略,因此突变策略可能是能够获得较高支付的策略,也可能是能够获得较低支付的策略。突变一般很少发生,新的突变也必须经过选择,并且只有能够获得较高支付的策略才能生存下来。演化稳定策略与模仿者动态一起构成了演化博弈论最核心的一对基本概念,它们分别表征演化博弈的稳定状态和向这种稳定状态的动态收敛过程。此后,发端于生态学的演化博弈论在社会学和经济学等领域得到了广泛的应用。Basu(1995)研究了公民规范与社会演化之间的关系,认为公民规范的长期存活依赖于社会演化过程和自然选择。Friedman 和 Fung(1996)以日本和美国的企业组织模式为背景,运用演化博弈论分析了在无贸易和有贸易情形下企业组织模式的演化过程。Guttman(2000)运用演化博弈论研究了互惠主义在有机会主义存在的群体中是否能够存活的问题。更多的关于演化博弈论应用的文献可参见 Bester 和 Guth(1998)、Dufwenberg 和 Guth(1999)、Haruvy 和

Prasad(2001)、Kosfeld(2002)、Nyborg 和 Rege(2003)、Jasmina 和 John(2004)等。

四、金融复杂系统分析

复杂性科学认为金融市场是一个复杂的非线性动力系统，于是探索金融复杂系统的非线性动力学特征和行为机制，对于研究金融市场的演化机理、探索金融危机的形成和传导机制具有十分重要的意义。

学者们运用混沌、分形、人工神经网络、元胞自动机等微观分析工具，依据对金融市场实际观测所获得的信息建立动态仿真模型，并通过计算机模拟来研究金融系统的复杂性特征和分析系统的动力学行为，进而寻求改善系统行为的机会和途径，具体可参见彼得斯(1999，2002)、范英和魏一鸣(2004)、应尚军等(2003)、范英、魏一鸣和应尚军(2006)、李红权和马超群(2006)等。

五、金融物理学方法

金融物理学运用一些统计物理学概念，如随机动力学、短程与长程相关、自相似性与标度、临界现象与相变、湍流及平均场等，来描述金融系统，为揭示金融市场的本质特性提供了一个崭新而独特的视角。Zhang(1999)通过对熵的分析提出边际有效市场理论(Marginally Efficient Market，MEM)。该理论认为市场并不总是有效的。Challet 和 Zhang(1997)提出少数者博弈理论，该理论是一个能方便地描述资产经济市场动力学特性的最简单模型，在金融市场分析、评估、预报等方面具有较广泛的应用前景。其他的金融物理学文献可参见 Johansen、Ledoit 和 Sornette(2000)，Bornholdt(2001)，Iori(1999)等。

第五节 金融市场投资者情绪的演化机制文献综述

在众多的行为金融学文献中，投资者情绪(Sentiment)是研究的重点和热点之一。所谓投资者情绪，是指投资者对金融风险资产或整个市场未来的预期。与传统经济学家所信奉的理性预期理论不同，行为金融理论认为投资者的真实预期往往呈现出非理性特征和系统性偏差，会对投资者的决策行为及金融资产的价格波动产生重大影响。关于投资者情绪，学者们分别运用理论建模、随机模拟和实证分析等方法相继提出了一些情绪度量指标和刻画情绪演化的内在动力学机制。通过对已有相关文献的研读和梳理，按情绪演化的内在动因来划分，笔者认为已有关于投资者情绪研究的文献大致可以分为以下三类：

一、从众情绪演化——基于他人预期的信念扩散

Kirman(1993，2005)假定金融市场上有两类异质信念投资者：一类属于基本面分析流派,根据金融资产的基本面信息来形成预期;另一类则属于技术分析流派,通过对金融资产的历史价格进行外推来形成预期。他采用市场结构

$$\left(\frac{k_t}{N}, \frac{N-k_t}{N}\right) \quad (1-1)$$

来度量情绪,其中,N 表示市场中投资者的总人数,k_t 表示在时期 t 基本面分析投资者的人数。Kirman 运用 Markov 链的方法刻画了这两种异质信念(即市场结构)的动态扩散过程(从众转移过程),并得到了市场结构的均衡分布。

Lux(1995)采用(1—2)式的指标

$$x = \frac{n_+ - n_-}{n_+ + n_-} \quad (1-2)$$

来作为情绪的度量,其中,n_+ 和 n_- 分别表示看多投资者(买者)和看空投资者(卖者)的数量。他运用微分方程方法建立了模仿传染模型,刻画了股票市场上投资者的模仿传染机制。该模型假定股票市场上有两类异质信念的投机性投资者:一类为对未来市场发展持乐观态度的预期者,该类投资者预期价格上升,倾向于购买股票;另一类为对未来市场发展持悲观态度的预期者,该类投资者预期价格下跌,倾向于抛售股票。假定不存在中性的投资者。这两类投机者事前并没有获得任何有关股票内在价值的信息,为了不丧失盈利机会,他们通过模仿他人的交易行为来确定自己的投资决策,由此引起的模仿传染导致了股票价格的波动。Lux 的模仿传染模型较好地刻画了市场中的从众行为,能很好地解释股市泡沫的形成、破灭和均值回复。

应尚军等(2003)也采用如(1—2)式所示的情绪度量,并运用元胞自动机的方法对股票市场中的从众行为进行了动态模拟仿真。他们还运用分形结构特征变量和稳定性特征变量来刻画股票市场的复杂性特征,考察了投资者的从众行为与市场复杂性特征变量之间的相关关系。研究表明,从众行为与股票市场的复杂性特征变量之间存在着显著的相关关系。

在从众行为的实证检验方面,Lakonishok、Shleifer 和 Vishny(1992)提出了检验证券投资基金从众行为的代表性方法(简称为 LSV 方法)。Wermers(1999)对 LSV 方法进行了修正。宋军和吴冲锋(2001)运用个股收益率的分散度指标对我国证券市场中的从众行为进行了实证研究。宋军和吴冲锋(2003)对中国股评家的从众行为进行了实证研究。

二、噪声情绪演化——基于私人噪声信息的情绪演化

De Long、Shleifer、Summers 和 Waldmann(1990a)提出了一个静态的噪声交易代表者模型(DSSW 模型)。他们认为,理性套利者在时期 t 基于真实的信息准确地预测到在时期 $t+1$ 风险资产收益的分布情况,然而非理性的噪声交易者却错误地认为他们拥有关于风险资产未来价格的特殊信息,并表现出过分的主观自信,于是对风

险资产的预期价格产生了一个错误的认识,如(1—3)式所示

$$\rho_t \sim N(\rho^*, \sigma_\rho^2) \tag{1-3}$$

该式用来度量代表性噪声交易者的情绪。由于噪声情绪是一个随机变量,具有不确定性,所以噪声交易者通过承担更多的由他们自己创造的风险(噪声交易者风险)以及由于理性交易者套利的有限性从而获得比风险厌恶的理性套利者更高的回报。

Binswanger(1999)对 DSSW 模型进行了动态扩展,允许噪声交易者对资产价格的平均判断误差 ρ^* 随时间变化,并且考虑资产的基本价值遵循有偏随机游走过程,深入地研究了噪声交易者的存在与资产泡沫形成、膨胀和破裂的动态过程之间的关系。

Daniel、Hirshleifer 和 Subrahmanyam(1998)将投资者划分为有信息的投资者和无信息的投资者两类。无信息的投资者不存在心理偏差,而有信息的投资者存在过度自信和自我归因这两种心理偏差。过度自信的投资者过高地估计自身的预测能力,低估自己的预测误差,过分相信私人信息,低估公开信息的价值,从而导致股票价格过度反应。然而,随着公开信息最终战胜行为偏差,过度反应的价格趋于反转。因此,过度自信导致了股票价格的短期惯性和长期反转。自我归因是指投资者将成功归因于自己的技术水平而将失败归因于外界噪声的影响,这种心理偏差会助长过度自信。与上述静态的模型不同,Gervais 和 Odean(2001)提出了过度自信的动态演化模型。

三、动量情绪演化——基于历史价格外推的情绪演化

De Bondt 和 Thaler(1985)将 1926~1982 年间所有在纽约股票交易所上市的股票根据过去 3 年内的累积收益率进行排序,将过去 3 年中表现最好的 35 只股票与表现最差的 35 只股票分别构建两个投资组合,称为"赢者组合"和"输者组合",然后考察这两个组合在随后 3 年中的累积收益率,结果发现输者组合在形成期后表现出很高的收益,而赢者组合则表现出较低的收益,这种现象被称为赢者输者效应。这种现象表明,股票投资者对过去累积收益率较高的公司(赢家)产生过度乐观的情绪而高估其价值,对过去累积收益率较低的公司(输家)产生过度悲观的情绪而低估其价值,从而造成股票价格对其基本价值的偏离,当经过一段时间价格偏差得到纠正之后,输家的累积收益率会高于赢家的累积收益率。上述实证研究间接地表明了"热手效应"偏差的存在。

Johnson 和 Tellis(2005)通过心理学实验研究认为,人们到底是犯"热手效应"偏误还是犯"赌徒谬误"偏误,依赖于他们所面对的随机事件结果序列的当前游程的长度。具体来说,就是对于一家盈利持续增长(减少)的公司来说,随着游程长度的增加,被试们越来越倾向于买进(卖出)该公司的股票;但当游程长度到达某个临界值之

后,随着游程长度的增加,被试们开始越来越倾向于卖出(买进)该公司的股票。另外,Johnson 和 Tellis(2005)的研究结果还部分支持了情境会对由"热手效应"向"赌徒谬误"转移的临界值点产生影响的假设,具体来说,就是在买一只盈利持续增长的股票的实验环境下,处于乐观情境中的被试们由"热手效应"转向"赌徒谬误"的临界值点会迟于处于悲观情境中的被试们。

Westerhoff(2004)假定投资者的交易策略是由恐惧和贪婪两种心理因素所驱动的,从而提出了一个如(1—4)式所示的完全确定性的股票市场行为模型

$$P_{t+1}=P_t+D_t \tag{1-4}$$

其中,D_t 表示超额需求,可表示为

$$D_t = X_t - \frac{2}{X_t}(P_t - P_{t-1})^2 \tag{1-5}$$

其中,第一项反映了投资者的贪婪心理,第二项反映了投资者的恐惧心理。

该模型成功地模拟出实际股票市场所具有的一些特征事实(Stylized Facts):(1)从长期来看,股票价格具有增长的趋势;(2)股票市场有时也会出现崩盘;(3)收益率序列不存在显著的自相关;(4)收益率的绝对值序列存在显著的自相关(非线性自相关);(5)收益率序列呈现出波动集聚现象。

Grinblatt、Titman 和 Wermers(1995)采用动量指标

$$M = \frac{1}{T}\sum_{t=1}^{T}\sum_{s=1}^{N}(w_{s,t}-w_{s,t-1})R_{s,t-k+1} \tag{1-6}$$

来度量动量交易者的情绪。他们在对 1975 年至 1984 年共同基金的季度持仓情况和投资风格进行实证分析后,发现 77% 的共同基金是动量交易者,即购买过去的赢家组合,一般而言,基金实施动量投资策略后会获得显著性收益。

苏艳丽和庄新田(2008)运用 Wermers 修正后的 LSV 方法及如(1—6)式所示的动量指标分别对中国证券投资基金的羊群行为和正反馈行为进行了实证研究。

第六节 本书的结构安排

在已有研究文献的基础上,本书综合运用理论建模、模拟仿真和实证分析的方法,对金融市场投资者情绪的演化机制进行研究探索。

全书分为上篇和下篇。

上篇是理论篇,对金融市场投资者情绪的演化机制进行理论研究。研究内容包括:

1. 非线性从众行为机制模型

我们沿用 Kirman 的群体压力原则深入讨论非线性从众情绪的演化机制,并与线性情形进行综合比较。解决的关键问题包括:(1)讨论非线性从众转移概率与投资

者数量及从众参考样本容量之间的关系;(2)推导出两类异质预期投资者信念扩散的均衡分布;(3)通过进行灵敏度模拟分析获取引发金融资产泡沫的一些重要的情绪参数、市场情绪初值以及情绪阈值,并对泡沫生成和破灭过程中资产价格的演化模式进行识别;(4)将非线性从众机制引入金融风险资产的定价模型之中,讨论金融资产的均衡价格,并通过动态随机模拟仿真讨论风险资产均衡价格的动态演化过程及特征,运用多种统计方法综合检验资产价格投机泡沫发生的几率和强度;(5)建立非线性从众机制下的动态噪声交易模型。

2. 反馈型交易策略模型

研究投资者的反馈型交易策略和学习机制是如何影响资产价格演化的。解决的关键问题包括:(1)运用 Markov 链方法刻画了反馈型投资者的信念更新机制;(2)运用演化博弈模型分析了正反馈及负反馈这两种交易策略在市场中的演化;(3)构建市场由基本面投资者和反馈型投资者构成的风险资产价格演化模型,分析基本面投资者的信息收集成本对其套利行为的影响。

3. "热手效应"与"赌徒谬误"模型

研究中国股票市场中的"热手效应"或"赌徒谬误"认知偏差。解决的关键问题包括:(1)使用具有权威性和代表性的数据来计算投资者情绪指数,该情绪指数反映了投资者在真实的整体市场环境下所形成的预期,旨在探索"热手效应"或"赌徒谬误"认知偏差与系统性风险之间的内在联系;(2)采用比例检验来定义系统性的"热手效应"或"赌徒谬误";(3)从不同时间尺度(日和周)、不同投资者类型(散户、大户和咨询机构)、不同市场阶段(牛市和熊市)以及游程反转后的市场累积收益等视角进行了一系列的稳健性检验,为最终结论的得出提供更加有力的证据。

4. 过度反应与反应不足模型

采用 ANAR-TGARCH 模型,通过非对称的一阶自回归均值方程分别从是否属异常值,不同游程长度,不同时间尺度(日、周和月),不同规模(大盘、中盘和小盘),不同行业(能源、材料、工业、可选、消费、医药、金融、信息、电信和公用),不同风格(成长股和价值股)以及不同市场周期(牛市和熊市)等视角对股市的过度反应与反应不足进行了一系列的稳健性检验,并运用系数 Wald 检验分别从横向和纵向对一阶自相关的强弱程度进行了对比,为股市投资策略的生成提供了较为有力的实证支持。

5. 金融复杂系统与自组织临界性

沿袭金融物理学及金融复杂系统的研究思路和框架,对中国股票市场的自组织临界性进行实证检验,包括对数周期性幂律(LPPL)检验和 Gutenberg-Richter 关系检验。

6. 投资者情绪的预警模型

在利用投资者情绪预警市场危机方面作一些有益的探索。解决的关键问题包括:(1)运用动态因子模型(DFM)从新增股票开户数、A 股换手率、IPO 数量、IPO 首日算术平均收益率和封闭式基金算术平均折价率这五个情绪代理变量中提取情绪因子,进一步得到与宏观经济正交的、纯的情绪测度;(2)检验纯的情绪测度能否对未来市场收益的大小及方向进行预报;(3)对危机、临界点及极端高涨情绪进行界定,分别检验情绪对危机、情绪对临界点及极端高涨情绪对危机的预报能力;(4)对临界点之前情绪演化的模式进行识别。

7. 投资者情绪的经验模态分解模型

运用集成经验模态分解方法(Ensemble Empirical Mode Decomposition, EEMD)将投资者情绪信号分解成若干不同频率的重要信号源(即本征模态函数, Intrinsic Mode Function, IMF),然后将 IMF 重构为短期波动项(高频信号)、中期波动项(低频信号)和长期趋势(残差)三个分量,并分别考察投资者情绪的短期波动、中期波动、长期趋势与股指和宏观经济的关系,以及它们对股市未来收益率的预测能力。

下篇是应用篇,介绍投资者情绪演化机制在量化投资策略中的应用,主要内容包括:

1. 量化投资发展综述

主要内容包括:(1)介绍量化投资发展的历史起源;(2)解析量化交易的概念体系,对量化投资、自动化交易、程序化交易、算法交易以及高频交易等几个容易混淆的细分概念进行了对比剖析;(3)从现代金融理论发展、计算机及通信技术发展、市场竞争的加剧、机构投资者的增加这四个外部条件总结了量化投资取得飞速发展的背景及基础;(4)分析国内外量化投资发展的现状、相较于传统投资方法量化投资方法所具备的优势以及量化投资对促进资本市场发展所发挥的功能。

2. 量化投资策略的开发

主要内容包括:(1)分析在量化投资策略研发过程中对投资组合收益率的分解原则以及常用的量化投资策略绩效评估指标;(2)介绍量化投资策略构建过程中常用的统计检验方法;(3)对量化投资策略研发的流程进行梳理,分析量化投资策略从逻辑提出到最后文档撰写的详细过程。

3. 基于投资者情绪的量化投资策略

基于市值因子(反映规模效应)和动量因子(反映赢者输者效应)这两个反映投资者情绪的行为因子,构建一个量化投资策略模型。

上 篇

金融市场投资者情绪的演化机制分析

第二章 非线性从众行为机制模型

第一节 引 言

在众多的行为金融学文献中,从众行为机制模型是研究的重点和热点之一。从众行为(Herd Behavior)原本是社会心理学范畴的一个重要概念,是指个人在客观或心理模糊的不确定性情境中,受强大的群体压力或社会情绪(时代风尚)的影响,自觉或不自觉地确定行为准则,从而在认知、判断、信仰及行为上表现出与群体大多数成员相一致的现象。产生从众行为的原因主要有:(1)信息不完全或信息不对称;(2)处理信息的能力有限(有限理性);(3)声誉压力;(4)自我归因(Self-attribution)[①];(5)群体归属感;(6)相信多数人的意见更正确;(7)安全需要。

凯恩斯是较早研究金融市场中群体心理和从众行为的经济学家之一,他在其传世巨著《就业、利息和货币通论》(1936)中提出了著名的"选美理论",认为股票价格的波动不是基于股票的基本价值,而是基于群体心理,即投资者对股票价格的预期依赖于别人(大部分其他人)是如何评价这只股票的。凯恩斯形象而通俗地将选股比喻为报纸上的选美比赛:报纸上刊出 100 张美女照片,竞猜者需要从中选出 6 名大家认为最漂亮的美女,如果谁的选择结果与其他竞猜者的平均爱好最接近,谁就能得奖。在这种情形下,每个竞猜者都不选他自己认为最漂亮的人,而是费尽心机地去猜测别人的选择[②],于是选美活动就从对美女真实、客观的评价转变为竞猜者之间的一场博弈了。

[①] 自我归因是人类常有的一种认知偏差,是指人们倾向于将成功归因于自己的技术水平,而将失败归因于他人或者客观条件。具体的讨论可参见 Bem(1965)。

[②] 这种对别人的选择费尽心机的猜测呈现出高阶的特征,即竞猜者会选择一般人认为一般人认为……最漂亮的美女,这种预期方式称为高阶预期(Higher Order Expectations)。具体的讨论可参见 Bacchetta 和 Wincoop(2008)。

自此之后,学者们分别运用理论建模、系统仿真和实证分析的方法对金融市场中的从众行为进行了研究。Kirman(1993)假定金融市场上有两类异质信念投资者:一类属于基本面分析流派,根据金融资产的基本面信息来形成预期;另一类则属于技术分析流派,通过对金融资产的历史价格进行外推来形成预期。他运用Markov链的方法刻画了这两种异质信念的动态扩散过程,并得到了市场结构的均衡分布。Kirman和Teyssiere(2005)将上述Kirman的从众行为模型融入外汇市场定价模型中,对两类异质信念投资者的动态信念扩散过程及货币汇率的动态均衡价格进行了随机模拟,然后对随机模拟生成的货币汇率时间序列进行了一系列泡沫检验、结构变点检验,以及对尺度参数(长记忆性)进行了估计。

本章沿用Kirman模型的分析框架,对金融市场中的从众行为机制进行了一些更深入的探索和讨论。本章将Kirman模型推广到更一般的情形,发现了一些新的规律,得到了一些新的结果。本章与Kirman模型的不同之处或者说本章的创新之处在于以下几个方面:首先,Kirman模型只分析了从众参考样本容量$M=1$的情形,在这种情形下,从众转移概率呈现出线性特征。与Kirman模型不同的是,本章分析了从众参考样本容量$M>1$的情形,这种情形更符合实际情况。在这种情形下,从众转移概率呈现出非线性特征。本章发现了这种非线性从众行为模式所具有的一些重要规律和特征。其次,Kirman模型讨论了基本面分析流派和技术分析流派这两类异质信念投资者,与Kirman模型不同的是,本章对市场由基本面分析投资者和动量交易者这两类异质信念投资者构成的情形以及市场由基本面分析投资者和噪声交易者这两类异质信念投资者构成的情形进行了讨论,并考虑到动量交易者和噪声交易者对风险资产价格的预测方差具有条件异方差性。再次,从金融风险管理和控制的角度来看,研究投资者行为的一些重要参数(如损失厌恶系数、从众系数等)和市场结构的演化是如何影响投机泡沫形成与破灭的是一个关键问题。本章也将非线性的从众转移概率模型嵌入金融风险资产的定价模型中,但是与Kirman和Teyssiere(2005)不同的是,本章不仅突出了投资者的心理和行为偏差与投机泡沫的形成和破灭之间的联系,而且还运用动态随机模拟仿真的实验经济学思想方法在可控的条件下通过进行灵敏度模拟分析获取了引发金融资产投机泡沫的一些重要行为参数、市场行为初值以及行为阈值。最后,本章将线性从众模式与非线性从众模式进行了综合对比分析,发现了一些重要的规律和特征。

第二节 非线性从众转移概率

一、从众转移概率

一般来说,假定金融市场上有两类异质信念(预期)的投资者,记为A类和B类,

第二章 非线性从众行为机制模型

两类投资者的总人数是一个常数,记为 N。在时期 t,将 A 类投资者的人数记为 k_t,称两类投资者人数的比例向量 $\left(\frac{k_t}{N},\frac{N-k_t}{N}\right)\stackrel{\Delta}{=}(\omega_t,1-\omega_t)$ 为时期 t 的市场结构。由于在本节只讨论静态特征,因此为了简便起见,本节将 k_t 中的下标 t 省去。

假定每个投资者通过观察市场中其他投资者的信念来最终确定自己的信念。设每个投资者随机地观察到市场中其他 M 个投资者的信念(为了处理上的方便,这里假定 M 是一个常数),称 M 为从众参考样本容量。对于持有某一种信念的投资者来说,如果在观察中持另一类信念的投资者人数超过了 $\frac{M}{2}$,即持另一类信念的投资者数量占优时,他则感受到持另一类信念的投资者的群体压力。在这种情形下,他有可能屈服于群体压力从而转变自己原有的信念。记在群体压力下转变自己原有信念的概率为 δ,称为从众系数。当信念发生从众转移时,两种异质信念就会在市场中扩散开来。

对于每个 A 类投资者而言,在他所观察的 M 个其他投资者中,B 类投资者的人数 ξ 是一个随机变量,服从超几何分布,其概率分布律为

$$P\{\xi=x\}=\frac{\binom{N-k}{x}\binom{k-1}{M-x}}{\binom{N-1}{M}},0\leqslant x\leqslant\min(N-k,M) \tag{2-1}$$

A 类投资者的从众转移概率则为

$$\delta\cdot P\left\{\xi>\frac{M}{2}\right\} \tag{2-2}$$

同理,对于每个 B 类投资者而言,在他所观察的 M 个其他投资者中,A 类投资者的人数 η 是一个随机变量,服从超几何分布,其概率分布律为

$$P\{\eta=x\}=\frac{\binom{k}{x}\binom{N-k-1}{M-x}}{\binom{N-1}{M}},0\leqslant x\leqslant\min(k,M) \tag{2-3}$$

B 类投资者的从众转移概率则为

$$\delta\cdot P\left\{\eta>\frac{M}{2}\right\} \tag{2-4}$$

下面来重点讨论如(2-2)式和(2-4)式所示的两类投资者的从众转移概率与 A 类投资者数量 k 及从众参考样本容量 M 之间的关系。

二、从众转移概率与投资者数量之间的关系

如(2-2)式和(2-4)式所示,两类投资者从众转移概率中的从众系数 δ 是一个

常数,因此只需讨论 $P\left\{\xi>\dfrac{M}{2}\right\}$ 和 $P\left\{\eta>\dfrac{M}{2}\right\}$ 与 A 类投资者数量 k 之间的关系即可。设定 $N=1000$,M 分别取定 1、10 和 100。图 2—1(a)给出了每个 A 类投资者面临 B 类投资者群体压力的概率 $P\left\{\xi>\dfrac{M}{2}\right\}$ 随 A 类投资者数量 k 变化的关系。图 2—1(b)给出了每个 B 类投资者面临 A 类投资者群体压力的概率 $P\left\{\eta>\dfrac{M}{2}\right\}$ 随 A 类投资者数量 k 变化的关系。

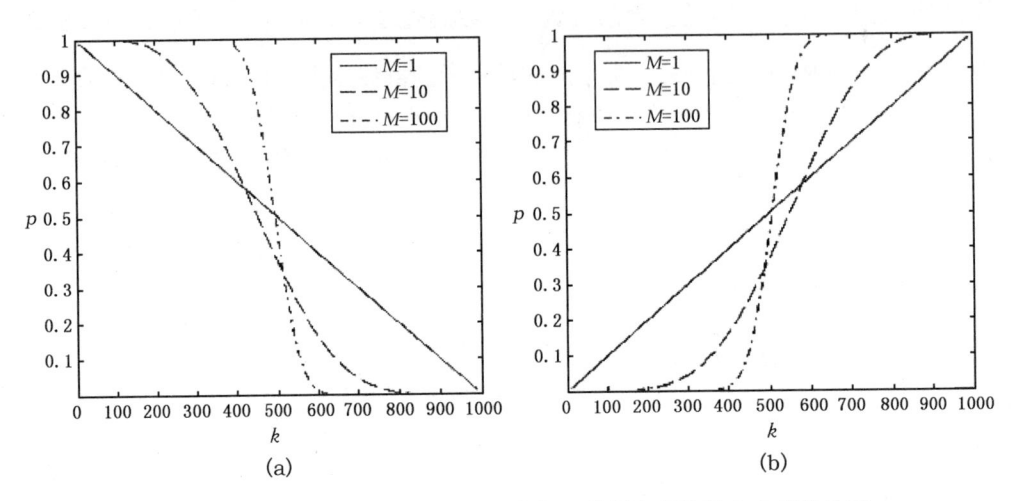

图 2—1 两类投资者的从众转移概率与 A 类投资者数量 k 之间的关系

Kirman(1993)讨论了 $M=1$ 的情形,此时,(2—2)式所表示的 A 类投资者的从众转移概率可写为

$$\delta \cdot \dfrac{N-k}{N-1} \tag{2—5}$$

(2—4)式所表示的 B 类投资者的从众转移概率可写为

$$\delta \cdot \dfrac{k}{N-1} \tag{2—6}$$

显然,两类投资者的从众转移概率随 A 类投资者数量 k 变化的关系呈现出线性特征。

然而在现实生活中,一般来说,$M>1$,从图 2—1 可以看出,此时两类投资者的从众转移概率随 A 类投资者数量 k 变化的关系呈现出明显的非线性特征。

三、从众转移概率与从众参考样本容量之间的关系

同前面的讨论一样，只需分析 $P\left\{\xi > \dfrac{M}{2}\right\}$ 和 $P\left\{\eta > \dfrac{M}{2}\right\}$ 与从众参考样本容量 M 之间的关系即可。设定 $N=1000$。图 2-2(a) 分别给出了当 A 类投资者数量 k 取定 450、510 和 560 时每个 A 类投资者面临 B 类投资者群体压力的概率 $P\left\{\xi > \dfrac{M}{2}\right\}$ 随从众参考样本容量 M 变化的关系。图 2-2(b) 分别给出了当 A 类投资者数量 k 取定 430、490 和 560 时每个 B 类投资者面临 A 类投资者群体压力的概率 $P\left\{\eta > \dfrac{M}{2}\right\}$ 随从众参考样本容量 M 变化的关系。

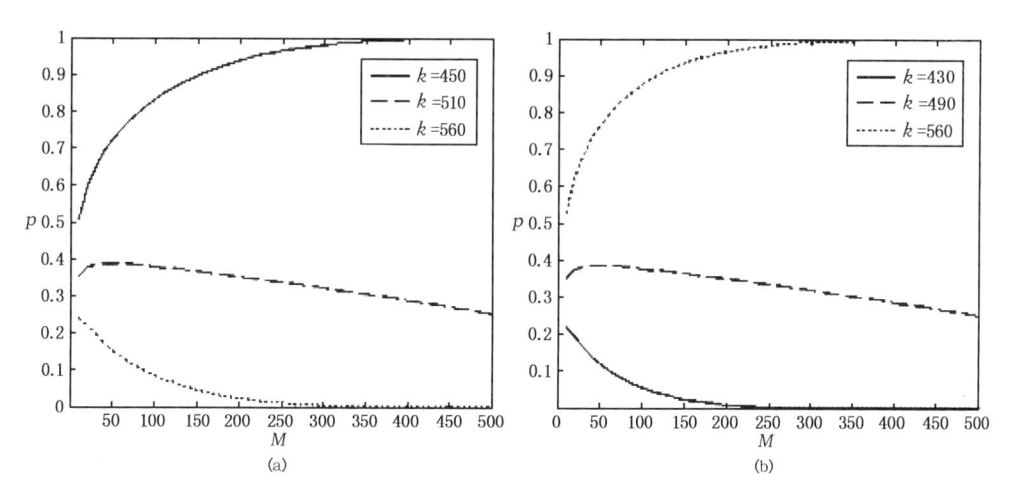

图 2-2　两类投资者的从众转移概率与从众参考样本容量 M 之间的关系

需要说明的是，每一类投资者对另一类投资者的数量在全体投资者中所占的真实比例并不能准确地知道，他们只能通过找到一个容量为 M 的参考样本来估计(预测)这个比例，而这样的预测是含有噪声的。具体地，以一个 A 类投资者为例，假定他能准确地知道全体投资者的数量 N，但并不能准确地知道 B 类投资者数量在全体投资者中所占的真实比例 $\dfrac{N-k}{N}$，只能通过找到一个容量为 M 的参考样本来估计(预测)这个比例，此时他所观测到的关于 B 类投资者数量比例的信号是 $\dfrac{\xi}{M}$，显然，这种观测(预测)是含有噪声的。如(2-1)式所示，ξ 服从超几何分布 $H(M, N-k,$ $N-1)$，观测信号 $\dfrac{\xi}{M}$ 的方差 $D\left(\dfrac{\xi}{M}\right) = \dfrac{\left(\dfrac{N-1}{M}-1\right)(k-1)(N-k)}{(N-1)^2(N-2)}$，由此可见，预测方

差随着从众参考样本容量 M 的增大而减小。

第三节 信念扩散的均衡分布

在本节,我们运用 Markov 链来刻画 A 类投资者数量 k_t 的演化过程,即两类异质预期投资者的信念扩散过程。为了比较容易地得到均衡分布,我们采用一个可逆的 Markov 链,其一步转移概率为

$$P_{k,k+1} = \frac{N-k}{N} \cdot \left[\varepsilon + \delta \cdot P\left\{\eta > \frac{M}{2}\right\}\right] \tag{2-7}$$

$$P_{k,k-1} = \frac{k}{N} \cdot \left[\varepsilon + \delta \cdot P\left\{\xi > \frac{M}{2}\right\}\right] \tag{2-8}$$

$$P_{kk} = 1 - P_{k,k+1} - P_{k,k-1} \tag{2-9}$$

如(2-7)式和(2-8)式所示,在两类投资者的从众转移概率 $\delta \cdot P\left\{\eta > \frac{M}{2}\right\}$ 和 $\delta \cdot P\left\{\xi > \frac{M}{2}\right\}$ 上均加上一个很小的概率 ε,是为了避免状态 $k=0$(或 A 类投资者居少数状态)和 $k=N$(或 B 类投资者居少数状态)成为 Markov 链的吸收壁。关于 ε,有以下三点值得注意:(1)ε 不能太小也不能太大,太小起不到抑制 Markov 链在某状态被吸收的作用,太大又反映不出从众行为的本质特征;(2)如图 2-2 所示,鉴于在从众参考样本容量 M 取不同值时两类投资者从众转移概率随 A 类投资者数量 k 变化的关系所表现出的差异,ε 必须是 M 的函数;(3)除了作为一种技术处理手段之外,ε 也具有某些实际的经济意义,它是宏观经济变量、政策变量及突发事件变量等的函数,且与从众行为无关。

此 Markov 链的均衡分布为

$$\pi_k = \begin{cases} \pi_0 P_{00} + \pi_1 P_{10} & (k=0) \\ \pi_k P_{kk} + \pi_{k-1} P_{k-1,k} + \pi_{k+1} P_{k+1,k} & (k=1,\cdots,N-1) \\ \pi_N P_{NN} + \pi_{N-1} P_{N-1,N} & (k=N) \end{cases} \tag{2-10}$$

根据 Kolmogorov 可逆性准则可知,此 Markov 链是可逆的,即均衡分布满足

$$\pi_i P_{ij} = \pi_j P_{ji}, j = i \pm 1 \tag{2-11}$$

于是有

$$\frac{\pi_k}{\pi_{k-1}} = \frac{P_{k-1,k}}{P_{k,k-1}} \tag{2-12}$$

记

$$\nu_k = \frac{\pi_k}{\pi_0} = \begin{cases} 1 & (k=0) \\ \prod_{i=1}^{k} \frac{\pi_i}{\pi_{i-1}} & (k \neq 0) \end{cases} \tag{2-13}$$

则

$$\pi_k = \frac{\pi_k}{\pi_0 + \pi_1 + \cdots + \pi_N} = \frac{\frac{\pi_k}{\pi_0}}{1 + \frac{\pi_1}{\pi_0} + \cdots + \frac{\pi_N}{\pi_0}} = \frac{\nu_k}{\nu_0 + \nu_1 + \cdots + \nu_N} \tag{2-14}$$

设定 $N=1000$，图 2—3 给出了在各种不同的情形下 A 类投资者数量 k_t 演化 Markov 链的均衡分布，并对不同情形下的均衡分布进行了综合比较。鉴于 ε 的技术处理含义，将 ε 取定为使得 Markov 链不至于在某状态被吸收的最小值。通过数值试验的方法发现，ε 须随 M 的增大而增大。

图 2—3(a)给出了 $M=1$ 及 δ 分别取 0、0.3、0.7 和 1 时 Markov 链的均衡分布，ε 取为 0.0005。从此图中可以看出，在线性从众转移概率模式下均衡分布随 δ 变化的一些特征：当从众系数为 0 或从众系数较小（一般地，$\delta<0.5$）时，均衡分布呈对称的单峰分布，峰的中心位于 $N/2$ 附近，在此种情形下，从众系数越小，取值越集中于 $N/2$；当从众系数较大时（一般地，$\delta\geqslant 0.5$），均衡分布呈对称的 U 形分布，最大可能性取值在 0 和 N 附近，在此种情形下，从众系数越大，取值越集中于 0 和 N。总之，在从众系数较小和较大这两种不同的情形下，均衡分布的形态差异很大。①

图 2—3(b)给出了 M 取固定值 10 及 δ 分别取 0.1、0.7 和 1 时 Markov 链的均衡分布，ε 取为 0.015。从此图中可以看出，在非线性从众转移概率模式下均衡分布随 δ 变化的一些特征：均衡分布呈对称的双峰分布，双峰位于 $N/2$ 两侧且位于 0 和 N 附近，随着从众系数的逐渐减小，双峰的中心逐渐向 $N/2$ 偏移，且取值的集中度逐渐减弱。总之，随着从众系数的变化，均衡分布的形态变化不是很大。②

我们分别画出了 δ 取不同的固定值（$\delta=0.1、0.7、1$）及 M 分别取 10、30、100 和 300 时 Markov 链的均衡分布图，发现当 $\delta(\delta\neq 0)$ 取不同的固定值时，均衡分布随 M 的变化具有类似的特征。在这里只报告了 $\delta=1$ 及 M 分别取 10、30、100 和 300 时 Markov 链的均衡分布图，ε 分别取 0.015、0.029、0.042 和 0.05，如图 2—3(c)所示。从此图中可以看出，在非线性从众转移概率模式下，当从众参考样本容量 M 逐渐增大时，均衡分布的双峰中心向 $N/2$ 偏移，且取值的集中度逐渐减弱。随着 M 的逐渐增大，均衡分布逐渐趋于稳定，稳定分布的取值基本上位于区间 $[0, 0.1N]$ 和 $[0.9N, N]$ 内。值得注意的是，即使当 $\delta(\delta=0.1)$ 很小时，随着 M 的逐渐增大，均衡分布也

---

① 当 $\delta=0$ 时，k_t 的均衡分布为二项分布 $B\left(N, \frac{1}{2}\right)$；当 $\delta\neq 0$ 时，$\frac{k_t}{N}$ 的均衡分布的极限分布为对称的 β 分布。具体的讨论可参见 Kirman(1993)。

② 我们还分别画出了 M 取固定值 30、100 和 300 及 δ 分别取 0.1、0.7 和 1 时 Markov 链的均衡分布图，发现当 M 取大于 1 的不同值时，均衡分布随 δ 的变化具有相类似的特征。图 2—3(b)只报告了 $M=10$ 的均衡分布。

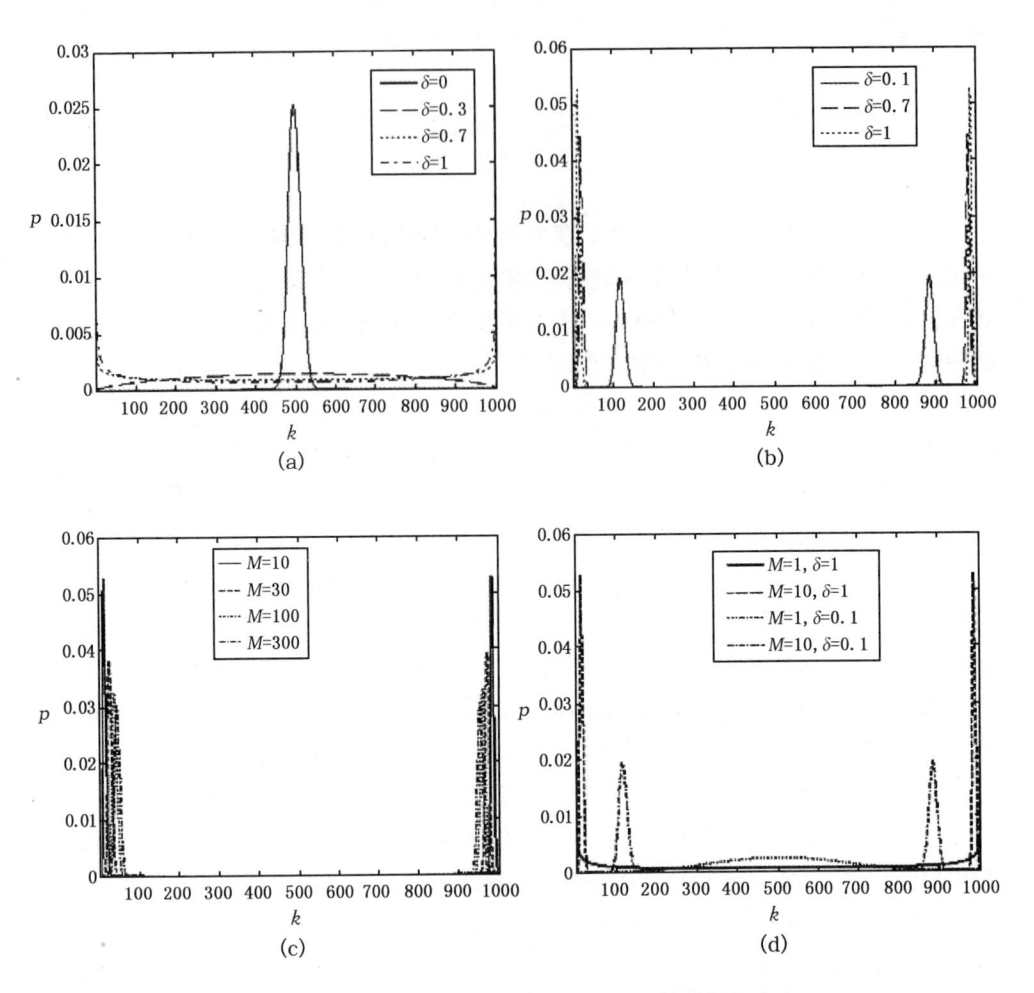

图 2-3 A 类投资者数量 k_t 演化 Markov 链的均衡分布

逐渐趋于稳定,稳定分布的取值基本上位于区间 $[0.2N, 0.3N]$ 和 $[0.7N, 0.8N]$ 内。

设定 $N=1000$,图 2-4 给出了非线性从众 Markov 链均衡分布的双峰中心及离散度与各行为参数之间的关系。其中,图 2-4(a) 给出了 $M=10$ 时双峰中心与 $N/2$ 之间的距离随从众系数 δ 变化的关系;图 2-4(b) 给出了 $M=10$ 时均衡分布的离散度随从众系数 δ 变化的关系;图 2-4(c) 给出了 $\delta=1$ 时双峰中心与 $N/2$ 之间的距离随从众参考样本容量 M 变化的关系;图 2-4(d) 给出了 $\delta=1$ 时均衡分布的离散度随从众参考样本容量 M 变化的关系。[1]

---

[1] 只考虑概率不小于 10^{-4} 的取值,将均衡分布的离散度定义为可能取值的极差。

第二章 非线性从众行为机制模型

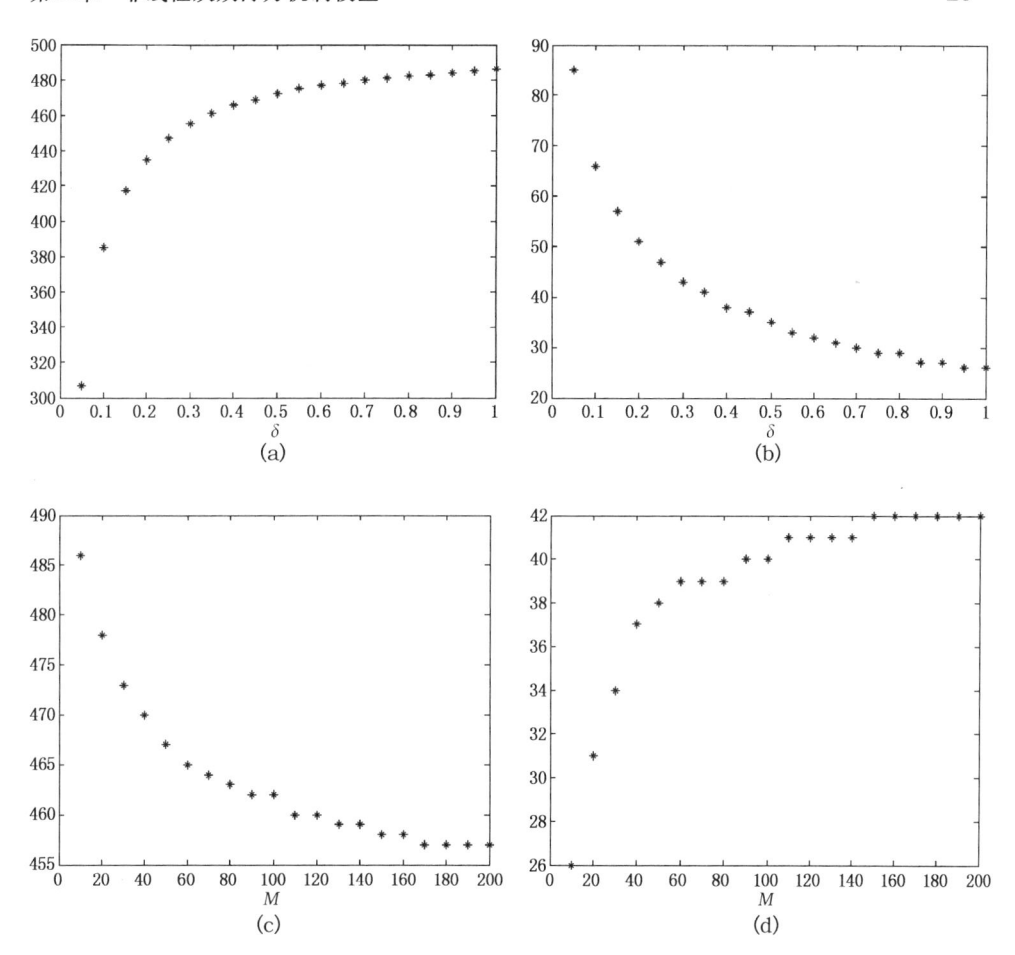

图 2—4 非线性从众 Markov 链均衡分布的双峰中心及离散度与各行为参数之间的关系

经过前面的分析和讨论，在本节的最后，我们终于可以对线性从众行为模式和非线性从众行为模式作一个综合的比较。如图 2—3(d)和表 2—1 所示，在非线性从众行为模式下，不论 $\delta(\delta\neq0)$ 与 M 取何值，均衡分布的取值基本上位于 A 类投资者居绝大多数的区域及 B 类投资者居绝大多数的区域。也就是说，与线性从众行为模式相比，非线性从众行为模式增加了两类异质投资者的均衡数量取极端值的几率，均衡数量取中间值的几率基本上为 0。

表 2-1　　　　　线性从众行为与非线性从众行为的均衡分布比较

A 类投资者数量比例的均衡分布取值区间	均衡分布概率($\delta=1$)			
	线性从众行为 ($M=1$)	非线性从众行为 ($M=10$)	非线性从众行为 ($M=30$)	非线性从众行为 ($M=100$)
[0,10%)	0.2057	0.5	0.4946	0.4971
(10%,20%)	0.0901	0	0	0
(20%,30%)	0.0737	0	0	0
(30%,40%)	0.0668	0	0	0
(40%,50%)	0.0640	0	0	0
(50%,60%)	0.0640	0	0	0
(60%,70%)	0.0668	0	0	0
(70%,80%)	0.0738	0	0	0
(80%,90%)	0.0903	0	0	0
(90%,100%]	0.2047	0.5	0.5054	0.5029

第四节　信念扩散的动态随机模拟仿真

下面我们将对两类异质投资者信念扩散的动态过程进行随机模拟仿真,以期分别得到在线性从众模式和非线性从众模式下信念扩散过程的本质特征,并对它们进行综合比较。

图 2-5 给出了在一定条件下 A 类投资者数量 k_t 随机演化的一些实现。设定 $N=1000$,时间序列 $\{k_t\}$ 的长度 $T=5000$,模拟次数为 1000 次,k_t 的演化如下

$$k_t = k_{t-1} - X_{t-1} + Y_{t-1} \tag{2-15}$$

$$X_{t-1} \sim B\left(k_{t-1}, \varepsilon + \delta \cdot P\left\{\xi > \frac{M}{2}\right\}\right) \tag{2-16}$$

$$Y_{t-1} \sim B\left(N - k_{t-1}, \varepsilon + \delta \cdot P\left\{\eta > \frac{M}{2}\right\}\right) \tag{2-17}$$

在非线性从众模式下,时间序列 $\{k_t\}$ 呈现出平稳的特征。[①] 一般地,当 A 类投资者数量的初始值 $k_0 > N/2$ 时,$\{k_t\}$ 在 A 类投资者居绝大多数的区域平稳波动;当 $k_0 < N/2$ 时,$\{k_t\}$ 在 B 类投资者居绝大多数的区域平稳波动;当 $k_0 = N/2$ 时,$\{k_t\}$ 以

---

① 从初始值 k_0 开始,时间序列 $\{k_t\}$ 很快就达到平稳状态。

第二章 非线性从众行为机制模型

基本相同的几率在 A 类投资者居绝大多数的区域和 B 类投资者居绝大多数的区域平稳波动。[①] 平稳时间序列 $\{k_t\}$ 的均值和方差只与 δ 和 M 有关,而与 k_0 无关。图 2-5(a)给出了 $M=10, \delta=1, k_0=600$ 时 $\{k_t\}$ 的一个实现,图 2-5(b)给出了 $M=10, \delta=1, k_0=400$ 时 $\{k_t\}$ 的一个实现。

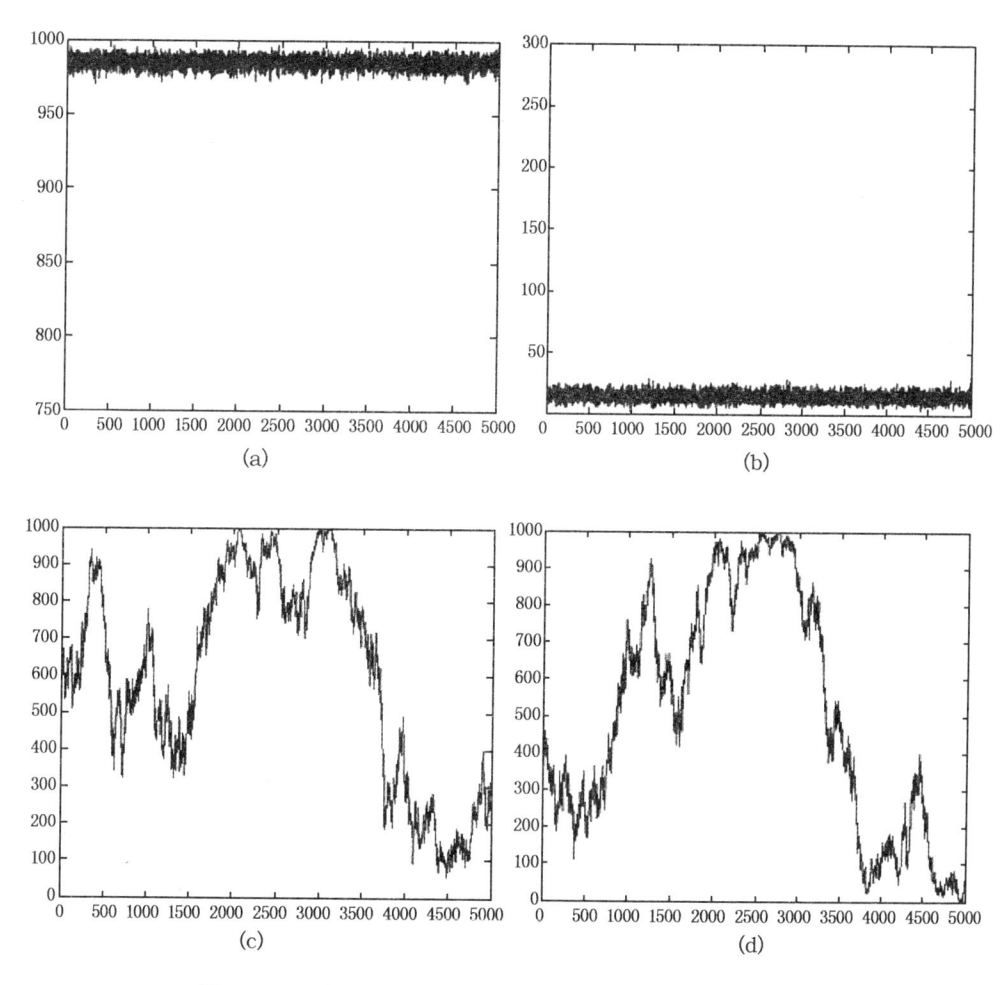

图 2-5 两类异质投资者信念扩散动态随机模拟的一些实现

在线性从众模式下,时间序列 $\{k_t\}$ 呈现出随机游走的特征。若将 A 类投资者数量的取值区域 $[0, N]$ 划分为三个子区域:A 类投资者居绝大多数的区域 $I_1 = (0.7N, N]$;B 类投资者居绝大多数的区域 $I_2 = [0, 0.3N)$;居于 I_1 和 I_2 之间的区

---

① 将 A 类投资者居绝大多数的区域界定为 $k > 0.7N$,将 B 类投资者居绝大多数的区域界定为 $k < 0.3N$。

域 $I_3=[0.3N,0.7N]$。当从众系数 δ 较大时,在绝大多数情况下,无论初始值 k_0 是多少,呈随机游走的时间序列 $\{k_t\}$ 的取值会遍及 I_1、I_2 和 I_3 这三个区域。图 2-5(c)给出了 $M=1,\delta=1,k_0=600$ 时 $\{k_t\}$ 的一个实现,图 2-5(d)给出了 $M=1,\delta=1,k_0=400$ 时 $\{k_t\}$ 的一个实现。表 2-2 给出了在一定条件下 A 类投资者数量 k_t 随机演化的特征统计,表中的百分比数值是在 1000 次随机模拟中 $\{k_t\}$ 的实现落在相应区域的频率。

表 2-2　　　　　　异质投资者信念扩散过程随机模拟的特征统计

从众参数	取值区域	A 类投资者数量初始值		
		$k_0=600$	$k_0=400$	$k_0=500$
$M=10,\delta=1$	I_1	100%	0	50.2%
	I_3	0	100%	49.8%
$M=1,\delta=1$	I_1、I_2 和 I_3	91.4%	89.6%	91.5%

第五节　金融资产价格演化的动态随机模拟仿真

一、金融资产的均衡价格

假定金融市场上有两种资产可供选择:一种是无风险资产,它按照固定的实际利率 r 支付红利,并且具有完全弹性的供给;另一种是风险资产,它在时期 t 的价格记为 P_t,为了简便起见,将它所支付的红利设为 0,它的供给不具有完全弹性,供给数量被标准化为 1 单位。另外,假定市场由两类异质投资者构成:一类为基本面分析投资者(Fundamentalists),用 f 来表示,这类投资者根据资产的基本面信息来形成预期,在时期 t 购买风险资产的数量记为 λ_t^f;另一类为动量交易者(Momentum Traders),用 m 来表示,这类投资者不是根据资产的基本面信息来发现价格,而是基于资产的历史价格惯性来定价的,在时期 t 购买风险资产的数量记为 λ_t^m。假定这两类异质投资者都是风险厌恶的,且具有相同的风险厌恶系数 γ。

1. 基本面分析投资者

基本面分析投资者的效用函数表示为

$$U^f(W_{t+1}^f|I_t)=E^f(W_{t+1}^f|I_t)-\gamma \mathrm{Var}^f(W_{t+1}^f|I_t) \qquad (2-18)$$

其中,I_t 为时期 t 的信息集,W_{t+1}^f 表示基本面分析投资者在时期 $t+1$ 的财富,可以表示为

$$W_{t+1}^f=\lambda_t^f P_{t+1}+(W_t^f-\lambda_t^f P_t)(1+r) \qquad (2-19)$$

设在时期 t 基本面分析投资者对下一期风险资产价格的预期为

$$E^f(P_{t+1}|I_t) = \bar{P}_t + \sum_{j=1}^{\mu^f} h_j(P_{t-j+1} - \bar{P}_{t-j}) \quad (2-20)$$

其中，μ^f 为基本面分析投资者的记忆滞后期数，$h_j > 0(j=1,2,\cdots)$，μ^f 为调整系数，$\bar{P}_t$ 为风险资产的基本价值，假定它服从一个随机游走过程，即

$$\bar{P}_t = \bar{P}_{t-1} + \varepsilon_t \quad (2-21)$$

其中，$\{\varepsilon_t\}$ 是一个白噪声过程。

又设

$$\text{Var}^f(P_{t+1}|I_t) = \sigma_P^2 \quad (2-22)$$

基本面分析投资者通过最大化其效用函数来决定购买风险资产的数量 λ_t^f，即

$$\max_{\lambda_t^f} \lambda_t^f E^f(P_{t+1}|I_t) + (W_t^f - \lambda_t^f P_t)(1+r) - \gamma (\lambda_t^f)^2 \text{Var}^f(P_{t+1}|I_t) \quad (2-23)$$

运用一阶条件求解得

$$\lambda_t^f = \frac{E^f(P_{t+1}|I_t) - P_t(1+r)}{2\gamma \text{Var}^f(P_{t+1}|I_t)} \quad (2-24)$$

2. 动量交易者

动量交易者的效用函数表示为

$$U^m(W_{t+1}^m|I_t) = E^m(W_{t+1}^m|I_t) - \gamma \text{Var}^m(W_{t+1}^m|I_t) \quad (2-25)$$

其中，W_{t+1}^m 表示动量交易者在时期 $t+1$ 的财富，可以表示为

$$W_{t+1}^m = \lambda_t^m P_{t+1} + (W_t^m - \lambda_t^m P_t)(1+r) \quad (2-26)$$

设在时期 t 动量交易者对下一期风险资产价格的预期为

$$E^m(P_{t+1}|I_t) = P_t + \sum_{j=1}^{\mu^m} l_j \Delta P_{t-j+1} \quad (2-27)$$

其中，$\Delta P_t = P_t - P_{t-1}$ 为价格动量，μ^m 为动量交易者的记忆滞后期数，$l_j > 0(j=1,\cdots)$，μ^m 为调整系数。

一般来说，在动量交易者的预期模式之下，风险资产价格的方差具有条件异方差效应，它是一系列滞后价格动量的函数，即

$$\text{Var}^m(P_{t+1}|I_t) = f(\Delta P_t, \cdots, \Delta P_{t-\nu+1}) \quad (2-28)$$

具体地，考虑到该方差具有非对称的杠杆效应，于是设

$$\text{Var}^m(P_{t+1}|I_t) = \alpha_0 + \sum_{i=1}^{\nu} \alpha_i \Delta P_{t-i+1}^2 + \sum_{i=1}^{\nu} \beta_i \Delta P_{t-i+1}^2 D_{t-i+1}^- \quad (2-29)$$

其中，ν 为价格动量的滞后期数，$\alpha_0 > 0$，$\alpha_i, \beta_i > 0 (i=1,2,\cdots,\nu)$，$D_{t-i+1}^-(i=1,2,\cdots,\nu)$ 为虚拟变量，表示为

$$D_{t-i+1}^- = \begin{cases} 1 & \Delta P_{t-i+1} < 0 \\ 0 & \Delta P_{t-i+1} \geq 0 \end{cases} \quad (2-30)$$

实际上，非对称的杠杆效应反映了动量交易者的损失厌恶特性，在每一个滞后期

损失厌恶系数分别可表示为

$$\rho_i = \frac{\alpha_i + \beta_i}{\alpha_i} > 1, i = 1, 2, \cdots, \nu \tag{2-31}$$

动量交易者通过最大化其效用函数来决定购买风险资产的数量 λ_t^m,即

$$\max_{\lambda_t^m} \lambda_t^m E^m(P_{t+1} | I_t) + (W_t^m - \lambda_t^m P_t)(1+r) - \gamma (\lambda_t^m)^2 \mathrm{Var}^m(P_{t+1} | I_t) \tag{2-32}$$

运用一阶条件求解得

$$\lambda_t^m = \frac{E^m(P_{t+1} | I_t) - P_t(1+r)}{2\gamma \mathrm{Var}^m(P_{t+1} | I_t)} \tag{2-33}$$

在市场均衡状态下,两类异质投资者对风险资产的需求须满足

$$\frac{k_t}{N} \cdot \lambda_t^f + \frac{N - k_t}{N} \cdot \lambda_t^m = 1 \tag{2-34}$$

其中,k_t 表示在时期 t 基本面分析投资者的数量。

为了计算的方便及得到在市场均衡状态下风险资产价格 P_t 的解析递推式,令 $\mu^f = \mu^m = 1$,及

$$\mathrm{Var}^m(P_{t+1} | I_t) = f(\Delta P_{t-1}) = \alpha_0 + \alpha_2 \Delta P_{t-1}^2 + \beta_2 \Delta P_{t-1}^2 D_{t-1}^- \tag{2-35}$$

这表明动量交易者的损失厌恶系数为

$$\rho_2 = \frac{\alpha_2 + \beta_2}{\alpha_2} \tag{2-36}$$

记 $\omega_t = \frac{k_t}{N}$,于是风险资产均衡价格 P_t 的解析递推式为

$$P_t = \frac{(1-\omega_t) l_1 \sigma_P^2}{A} P_{t-1} - \frac{\omega_t \mathrm{Var}^m(P_{t+1} | I_t)}{A} \bar{P}_t + \frac{\omega_t h_1 \mathrm{Var}^m(P_{t+1} | I_t)}{A} \bar{P}_{t-1}$$
$$+ \frac{2\gamma \sigma_P^2 \mathrm{Var}^m(P_{t+1} | I_t)}{A} \tag{2-37}$$

其中,$A = \omega_t(h_1 - 1 - r) \mathrm{Var}^m(P_{t+1} | I_t) + (1-\omega_t)(l_1 - r) \sigma_P^2$,$\mathrm{Var}^m(P_{t+1} | I_t)$ 如 (2-35) 式所示。

二、仿真结果与分析

这一部分将研究在追涨杀跌情绪起初在市场上占优的背景下风险资产均衡价格 P_t 的动态演化过程及特征,检验资产价格的投机泡沫。

对风险资产均衡价格 P_t 的动态演化过程进行随机模拟仿真的参数设定如下:

(1) 投资者的总个数 $N = 1000$;

(2) 对基本面分析投资者而言,$h_1 = 1.5, \sigma_P^2 = 10$;

(3) 对动量交易者而言,$l_1 = 2, \alpha_0 = 10, \alpha_2 = 0.5, \beta_2 = 0.5$;

(4) 两类异质投资者的风险厌恶系数 $\gamma = 0.1$;

第二章 非线性从众行为机制模型

(5) 无风险资产的固定实际利率 $r=0.001$;

(6) 风险资产的初始价格 $P_0=102$;

(7) 风险资产的初始基本价值 $\bar{P}_0=100$;

(8) 风险资产基本价值服从一个如 (2—21) 式所示的随机游走过程, 其中的白噪声过程 $\{\varepsilon_t\}$ i.i.d. $N(0,1)$;

(9) 基本面分析投资者数量的初始值 $k_0=450$;

(10) 模拟 500 次。

下面采用四种方法来综合考察在不同的从众行为模式下通过随机模拟所生成的资产价格时间序列是否存在投机泡沫、投机泡沫发生的几率以及投机泡沫的强度, 并对不同的从众行为模式进行对比分析。

第一种方法是对如式 (2—38) 所示的回归模型

$$\ln P_t = C + \ln \bar{P}_t + \varepsilon_t \tag{2—38}$$

的残差序列 $\{\hat{\varepsilon}_t\}$ 进行单位根检验, 如果价格包含随机泡沫, 则上述残差序列应该服从一个单位根过程。表 2—3 第 2、3、4 列分别列出了在 $M=1$、$\delta=0.3$, $M=1$、$\delta=1$ 和 $M=10$、$\delta=0.1$ 这三种不同的从众行为模式下, DF-GLS、KPSS 和 ERS 三种单位根检验的结果, 表中所列的数据是在 500 次随机模拟中残差序列服从单位根过程的百分比。① 从这些数据可以看出, 在非线性从众模式下, 即使从众系数很小 (如 $\delta=0.1$), 投机泡沫发生的几率也要远远大于在从众系数很大 (如 $\delta=1$) 的线性从众模式下投机泡沫发生的几率; 另外, 在相同的线性从众模式下, 即使从众系数相差很大 (如 $\delta=0.3$ 和 $\delta=1$), 泡沫发生的几率也相差不大。换句话说, 就是在线性从众模式下泡沫发生的几率对从众系数的变化不是很敏感。图 2—6 分别给出了在 $M=1$、$\delta=0.3$, $M=1$、$\delta=1$, $M=10$、$\delta=0.1$ 和 $M=10$、$\delta=0.5$ 这四种不同的从众行为模式下, 金融资产基本价值和价格演化随机模拟的一个实现。这些图形不仅以非常直观的形式验证了上面单位根检验结果所揭示的重要特征, 而且还告诉我们, 在非线性从众行为模式下, 投机泡沫发生的几率对从众系数的变化比较敏感。

表 2—3 金融资产价格投机泡沫的检验

从众模式	单位根检验 DF-GLS	KPSS	ERS	游程检验	Ljung-Box Q统计量	平均偏度	平均峰度
$M=1$ $\delta=0.3$	28.4%	63.8%	27.4%	71%	72.4%	−0.0165	4.2347
$M=1$ $\delta=1$	38.6%	71.2%	38.8%	76.2%	68.2%	−0.092	4.8998

① 单位根检验的显著性水平是 0.05。后面的游程检验和自相关检验的显著性水平也都是 0.05。

续表

从众模式	单位根检验 DF-GLS	单位根检验 KPSS	单位根检验 ERS	游程检验	Ljung-Box Q统计量	平均偏度	平均峰度
$M=10$ $\delta=0.1$	99.8%	95%	99.8%	100%	100%	1.671	10.6539

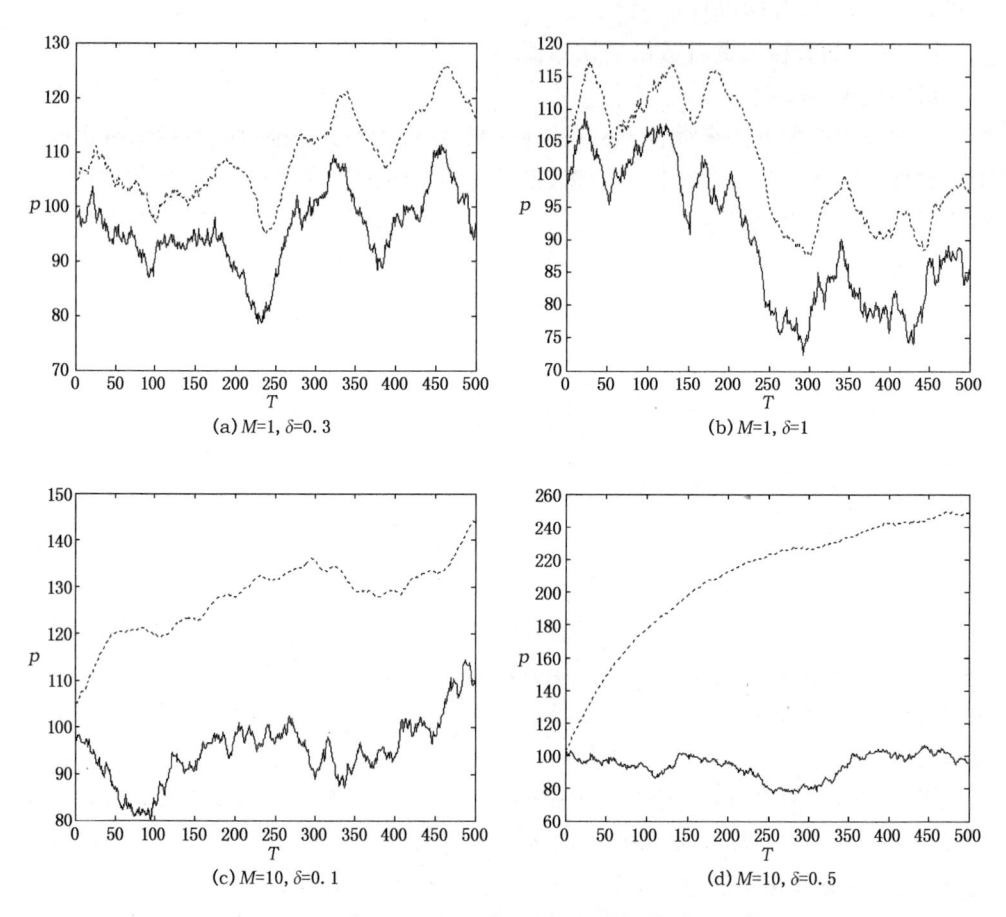

(a) $M=1, \delta=0.3$

(b) $M=1, \delta=1$

(c) $M=10, \delta=0.1$

(d) $M=10, \delta=0.5$

注：图中的实线代表金融资产的基本价值，虚线代表金融资产的价格。

图 2-6 不同从众模式下金融资产价格演化随机模拟的一些实现

第二种方法是对资产收益率序列 $\{R_t\}$ 进行游程检验，如果资产价格包含随机泡沫，则资产收益率序列的实际游程数量应该比一个随机序列的预期流程数量要少，并且实际游程的长度应该比一个随机序列的预期游程长度要长。表 2-3 的第 5 列分别列出了在 $M=1$、$\delta=0.3$，$M=1$、$\delta=1$ 和 $M=10$、$\delta=0.1$ 这三种不同的从众行为模式下游程检验的结果，表中所列的数据是在 500 次随机模拟中资产收益率序列不是随机序列的百分比。

第二章 非线性从众行为机制模型

第三种方法是对资产收益率序列$\{R_t\}$、绝对收益率序列$\{|R_t|\}$和平方收益率序列$\{R_t^2\}$进行自相关的检验,如果资产价格包含随机泡沫,则资产收益率序列应该表现出短期的强正自相关和长期的弱负自相关。表2—3的第6列分别列出了在$M=1$、$\delta=0.3$,$M=1$、$\delta=1$ 和 $M=10$、$\delta=0.1$ 这三种不同的从众行为模式下运用Ljung-Box Q 统计量来检验$\{R_t\}$是否存在显著一阶正自相关的结果,表中所列的数据是在500次随机模拟中$\{R_t\}$存在显著一阶正自相关的百分比。

表2—4列出了在上述四种不同的从众行为模式下,由随机模拟所生成的$\{R_t\}$、$\{|R_t|\}$和$\{R_t^2\}$的自相关系数首次出现负值的平均滞后阶数。表2—4 中的数据表明,在非线性从众模式下,收益率序列$\{R_t\}$、$\{|R_t|\}$和$\{R_t^2\}$的长记忆性要远远大于线性从众模式。

表2—4 不同从众模式下资产收益率的自相关系数首次出现负值的平均滞后阶数

从众模式	R_t	$\|R_t\|$	R_t^2
$M=1,\delta=0.3$	12	41	32
$M=1,\delta=1$	15	48	35
$M=10,\delta=0.1$	89	68	62
$M=10,\delta=0.5$	164	154	130

图2—7(a)给出了在上述四种不同的从众行为模式下,序列$\{R_t\}$的平均自相关系数随滞后阶数变化的关系;图2—7(b)给出了在上述四种不同的从众行为模式下,序列$\{R_t^2\}$的平均自相关系数随滞后阶数变化的关系。图2—7以非常直观的形式验证了表2—4中的数据所揭示的重要自相关特征,表明在非线性从众模式下,$\{R_t\}$、$\{|R_t|\}$和$\{R_t^2\}$的自相关强度要远远大于线性从众模式。

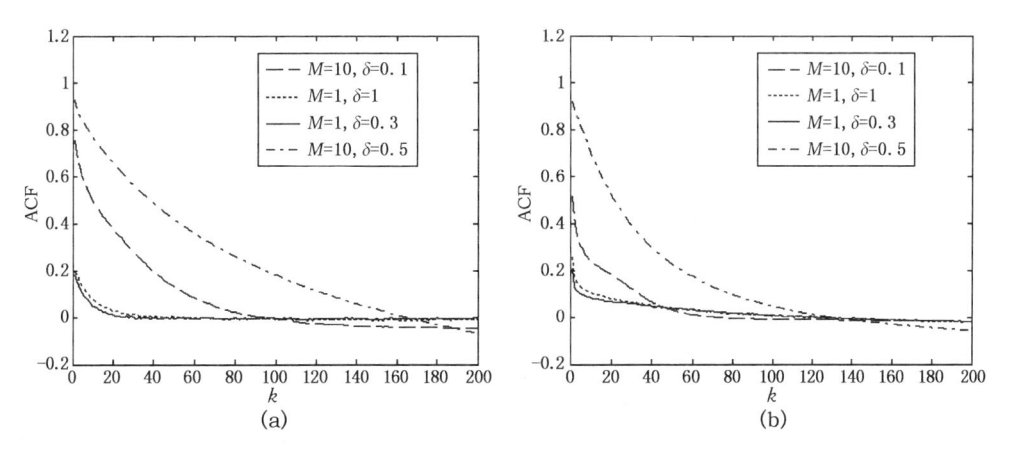

图2—7 不同从众模式下资产收益率的平均自相关系数随滞后阶数变化的关系

第四种方法是对资产收益率序列$\{R_t\}$进行偏度和峰度的检验,如果资产价格包含随机泡沫,则资产收益率序列应该表现出右偏(在短期内)和尖峰的特征。表2—3的第7列和第8列分别列出了在$M=1、\delta=0.3,M=1、\delta=1$和$M=10、\delta=0.1$这三种不同的从众行为模式下由随机模拟所生成的序列$\{R_t\}$的平均偏度和平均峰度。从表中的数据可以看出,与线性从众模式相比,在非线性从众模式下$\{R_t\}$具有更强的右偏和尖峰特征。

综合以上四种检验方法的结果,我们就可以对线性从众模式和非线性从众模式作一个比较清晰的对比。首先,在线性从众模式下,资产价格投机泡沫发生的几率以及投机泡沫的强度对从众系数变化的敏感度较低;而在非线性从众模式下,资产价格投机泡沫发生的几率以及投机泡沫的强度对从众系数的变化较为敏感。其次,在非线性从众模式下,资产价格投机泡沫发生的几率以及投机泡沫的强度要远远大于线性从众模式。

第六节 从众行为机制下的动态噪声交易模型

一、DSSW噪声交易模型

"噪声"原本是物理学中的一个概念,意指不规则、不和谐的声音,Black(1986)首次将噪声的概念引入经济学分析中。在经济学中,噪声是指那些虚假或失真的、与投资价值无关的信息。Black认为,人们有时基于真实信息进行交易,有时却基于噪声进行交易,虽然噪声交易对于维持市场的流动性是至关重要的,但是它阻碍了我们准确预测风险资产的预期收益,从而制造了除基础风险之外的另一种风险。

标准金融理论认为,市场上可能存在部分噪声交易者,但他们不会影响市场的有效性。首先,噪声交易者的非理性交易行为呈现出随机性,即使市场上存在大量这样的交易者,他们的交易行为则是相互独立的并彼此之间可以相互抵消,从而不会对资产价格造成系统性的偏差。其次,即使噪声交易者的行为均以相同的方式偏离理性预期,完全竞争市场中的理性套利者通过其套利过程也会消除噪声交易者对价格的影响,从而逐渐使资产价格回复到基本价值,同时噪声交易者的财富将逐渐减少,最终被市场淘汰出局。

De Long、Shleifer、Summers和Waldmann(1990a)基于Samuelson(1958)的世代交叠模型框架提出了静态噪声交易代表者模型(简称DSSW模型),对上述标准金融理论的解释提出了质疑。该模型表明,由于风险厌恶的理性套利者不仅要面对基础性因素变动的风险,而且还要面对噪声交易者非理性预期变动的风险(即噪声交易者风险),他们的套利行为受到限制。因此,噪声交易者不仅能够在与理性套利者的博弈中生存下来,还将有可能获得比理性套利者更高的超额收益。

由于本节的研究沿袭了 DSSW 噪声交易模型的基本框架,因此首先对该模型作一个较为详细的介绍。

(一)模型假设、选择优化与均衡价格

DSSW 模型将投资者的生命周期划分为两个阶段:第一个阶段是工作阶段,第二个阶段是消费阶段。为了便于分析,该模型假设投资者在第一个阶段(记为时期 t)中没有消费,不存在劳动供给决策,也不存在遗产馈赠。在这一阶段,投资者处于年轻时期,所做的唯一决策就是购买风险资产并确定购买的数量。在第二个阶段(记为时期 $t+1$),投资者已成为年老一代,他们将所持有的风险资产卖给年轻一代,并将所持有的财富消费掉。

DSSW 模型假设经济中有两种资产可供选择:一种是无风险资产,它按照固定的实际利率 r 支付红利,并且具有完全弹性的供给,其价格水平被固定为 1;另一种是风险资产,它支付的红利也是 r,但它的供给不具有完全弹性,供给数量被标准化为 1 单位。另外,模型还假设市场上有两类异质投资者:一类为噪声交易者(Noise Trader),即非理性交易者,用 n 来表示,他们在所有投资者中所占的比例记为 μ,在时期 t 购买风险资产的数量记为 λ_t^n;另一类为理性套利者(Arbitrager),用 a 来表示,他们在所有投资者中所占的比例显然为 $1-\mu$,在时期 t 购买风险资产的数量记为 λ_t^a。

假设风险资产在时期 t 的价格为 P_t,并且每一类投资者在年老时期对财富均具有如(2—39)式所示的 CARA 效用函数

$$U(W) = -e^{-2\gamma W} \qquad (2-39)$$

其中,W 为投资者在年老时期所拥有的财富,γ 为风险厌恶系数。每一类投资者均是通过最大化如(2—39)式所示的效用函数来确定购买风险资产的数量。在这里,我们假设风险资产的收益率服从正态分布,于是对(2—39)式的最大化等价于如(2—40)式所示的优化问题

$$\max \overline{W} - \gamma \sigma_W^2 \qquad (2-40)$$

其中,$\overline{W} = E_t(W)$,表示投资者对年老时期的预期财富;$\sigma_W^2 = E_t[W - E_t(W)]^2$,表示年老时期财富的方差。

对于理性套利者 a 而言,他们在年老时期所拥有的财富可表示为

$$W_a = C_t^a + \lambda_t^a [r + P_{t+1} - P_t(1+r)] \qquad (2-41)$$

其中,C_t^a 为理性套利者在年轻时期的劳动收入,$1+r$ 是贴现因子。于是有

$$\overline{W}_a = C_t^a + \lambda_t^a [r + {}_tP_{t+1} - P_t(1+r)] \qquad (2-42)$$

$$\sigma_{W_a}^2 = (\lambda_t^a)^2 ({}_t\sigma_{P_{t+1}}^2) \qquad (2-43)$$

其中,${}_tP_{t+1} = E_t(P_{t+1})$,${}_t\sigma_{P_{t+1}}^2 = E_t(P_{t+1} - {}_tP_{t+1})^2$。理性套利者的优化问题是

$$\max_{\lambda_t^a} C_t^a + \lambda_t^a [r + {}_tP_{t+1} - P_t(1+r)] - \gamma (\lambda_t^a)^2 ({}_t\sigma_{P_{t+1}}^2) \qquad (2-44)$$

求解一阶条件可得

$$\lambda_t^a = \frac{r + {}_tP_{t+1} - P_t(1+r)}{2\gamma({}_t\sigma_{P_{t+1}}^2)} \tag{2-45}$$

理性套利者在时期 t 基于真实的信息准确地预测到在时期 $t+1$ 风险资产收益的分布,然而非理性的噪声交易者却错误地认为他们拥有关于风险资产未来价格的特殊信息,并表现出过分的主观自信,于是对风险资产的预期价格产生了一个错误的认识。假设各代噪声交易者错误的定价相对于正确价格的偏离服从如(2—46)式所示的正态随机变量

$$\rho_t \sim N(\rho^*, \sigma_\rho^2) \tag{2-46}$$

其中,ρ^* 是对各代噪声交易者认知偏误的平均度量,σ_ρ^2 是各代噪声交易者认知偏误的方差。

于是,噪声交易者的优化问题是①

$$\max_{\lambda_t^n} C_t^n + \lambda_t^n [r + {}_tP_{t+1} + \rho_t - P_t(1+r)] - \gamma(\lambda_t^n)^2({}_t\sigma_{P_{t+1}}^2) \tag{2-47}$$

解得

$$\lambda_t^n = \frac{r + {}_tP_{t+1} + \rho_t - P_t(1+r)}{2\gamma({}_t\sigma_{P_{t+1}}^2)} \tag{2-48}$$

比较(2—45)式与(2—48)式可知,$\lambda_t^n = \lambda_t^a + \frac{\rho_t}{2\gamma({}_t\sigma_{P_{t+1}}^2)}$,这表明,当噪声交易者过高地估计预期收益时,他们就会需求更多的风险资产;反之则反是。另外,两类投资者都是风险厌恶型的,所以风险(分母中的价格方差)的增大均会降低他们对风险资产的需求。

在均衡状态下,两类投资者对风险资产的需求须满足

$$(1-\mu)\lambda_t^a + \mu\lambda_t^n = 1 \tag{2-49}$$

将(2—45)式和(2—48)式代入得

$$P_t = \frac{1}{1+r}[r + {}_tP_{t+1} - 2\gamma({}_t\sigma_{P_{t+1}}^2) + \mu\rho_t] \tag{2-50}$$

进一步地假定 P_{t+1} 与 P_t 有着相同的分布,通过递归求解可以得到风险资产的均衡价格

$$P_t = 1 + \frac{\mu(\rho_t - \rho^*)}{1+r} + \frac{\mu\rho^*}{r} - \frac{2\gamma\mu^2\sigma_\rho^2}{r(1+r)^2} \tag{2-51}$$

式中,等号右边的第二项表示由于噪声交易者认知偏误的波动而对资产价格产生的影响。当某一代的噪声交易者多头情绪强于平均水平时,资产价格会上扬;当空头情绪强于平均水平时,资产价格会下挫。等号右边的第三项表示各代噪声交易者的平均认知偏误对资产价格产生的影响。如果各代噪声交易者平均而言是多头,资产价

---

① 假设两类投资者具有相同的风险厌恶系数。

格则具有上涨压力;反之则反是。等号右边的第四项是均衡价格表达式的核心。在时期 t 两类投资者均认为资产价格被误定(虽然双方认为价格误定的方向是不一样的),但是由于时期 $t+1$ 的资产价格是不确定的,因此没有哪一方愿意在该错误定价上下过多的"赌注"。如果获得的收益不能补偿因噪声交易者转为空头而导致价格下跌的这种风险,理性交易者将不会持有风险资产,这样,噪声交易者就创造了其自身所创造的获利空间。

(二)理性套利者与噪声交易者的收益比较

假设噪声交易者与理性交易者在时期 t 的劳动收入相同,则他们在年老时期的收益之差可表示为

$$\Delta R_{n-a}=(\lambda_t^n-\lambda_t^a)[r+P_{t+1}-P_t(1+r)] \tag{2-52}$$

将式(2-45)、式(2-48)和式(2-50)代入,得到这两类投资者的预期收益之差为

$$E(\Delta R_{n-a})=\rho^* - \frac{(1+r)^2(\rho^*)^2+(1+r)^2\sigma_\rho^2}{2\gamma\mu\sigma_\rho^2} \tag{2-53}$$

式中,等号右边第一项被称为"多持效应"。当 $\rho^*>0$ 时,噪声交易者可以通过持有更多的风险资产以获得比理性套利者更多的收益;而当 $\rho^*<0$ 时,噪声交易者无法获得比理性套利者更多的收益。等号右边第二项分子中的第一项是 ρ^* 的平方,被称为"价格压力效应",它表明当噪声交易者持续乐观时,他们就会需要更多的风险资产,并且推动价格一路上扬,当价格被推至一定的高位后终将会因筹码价格过高而减少持有风险资产所带来的收益。分子中的第二项被称为"高买低卖效应",即所谓的"追涨杀跌效应"。噪声交易者的定价错误呈随机性,对入市时机的判断能力较差,当其他噪声交易者已大量买入风险资产时,才接手这些高价筹码,于是极有可能遭受损失。等号右边第二项的分母也是 DSSW 模型的核心,被称为"空间创造效应"。当各代噪声交易者的信念波动增大时,价格变动的风险也相应增加,这样就使得风险厌恶的理性套利者的套利行为受到限制,于是噪声交易者获得了自身所创造的获利空间。

二、基于从众行为机制的动态噪声交易模型

现在,我们基于前面几节所提出的从众行为机制对 DSSW 模型进行动态扩展。与已有相关文献的不同之处或者说本节的贡献在于以下三个方面:

首先,Binswanger(1999)也对 DSSW 模型进行了动态扩展,允许噪声交易者对资产价格的平均判断误差随时间变化,并且考虑资产的基本价值遵循有偏随机游走过程,深入地研究了噪声交易者的存在与资产泡沫形成、膨胀和破裂的动态过程之间的关系。但是,Binswanger(1999)仅考虑了噪声交易者对资产价格的平均判断误差随时间变化。在实际市场上,除平均判断误差随时间变化之外,市场结构(即基本面投资者与噪声交易者在市场中所占的比例)也会随时间变化,因此本节试图从市场结

构这一新的角度出发,基于从众行为机制对市场结构的动态演化过程(即两类异质投资者的信念扩散过程)进行深入的讨论,对 DSSW 模型进行动态扩展。

其次,在从众转移概率的设定上,许多理论模型都采用一些经验假设,如 Lux(1995)提出的模仿传染模型就采用指数函数来表示从众转移概率,而这些经验假设均缺乏对真实从众行为机制的深入刻画。本节运用群体压力原理来刻画从众转移概率。

最后,本节将市场结构的从众演化机制嵌入 DSSW 模型之中,考虑了认知偏误方差的 ARCH 效应,并通过动态随机模拟讨论了在牛市情绪起初在市场上占优的背景下风险资产均衡价格的动态演化过程及特征,运用多种统计方法综合检验资产价格投机泡沫发生的几率和强度。

(一)均衡价格

本节提出的动态噪声交易模型基于以下假设:

1. 资产类别假设

假设金融市场上有两种资产可供选择:一种是无风险资产,它按照固定的实际利率 r 支付红利,并且具有完全弹性的供给;另一种是风险资产,它的基本价值固定为 1,它所支付的红利也为 r,它的供给不具有完全弹性,供给数量被标准化为 1 单位。

2. 投资者类别假设

假设市场由两类异质投资者构成:一类为基本面分析投资者,这类投资者根据资产的基本面信息来形成预期;另一类为噪声交易者,这类投资者不是根据资产的基本面信息来发现价格,而是错误地认为自己拥有关于风险资产未来价格的特殊信息(实际上是噪声信息),并表现出过分的主观自信,于是对风险资产的预期价格产生了一个错误的认识。

3. 投资者风险偏好假设

假设上述两类异质投资者都是风险厌恶型的,且具有相同的风险厌恶系数 γ。

4. 噪声交易者的认知偏误假设

由于噪声交易者根据噪声信息来发现价格,所以噪声交易者对风险资产的基本价值预期存在认知偏误。用一个正态随机变量 ξ_t 来表示在时期 t 噪声交易者的认知偏误:

$$\xi_t \sim N(\xi_t^*, \sigma_{\xi t}^2) \qquad (2-54)$$

式中,ξ_t^* 表示在时期 t 噪声交易者的平均认知偏误,沿用 Binswanger(1999)的做法,假定它服从一个随机游走过程,即

$$\xi_t^* = \xi_{t-1}^* + \varepsilon_t \qquad (2-55)$$

其中,$\{\varepsilon_t\}$ 是一个白噪声过程。另外,$\sigma_{\xi t}^2$ 表示在时期 t 噪声交易者认知偏误的方差,考虑到 ARCH 效应,假定

第二章 非线性从众行为机制模型

$$\sigma_{\xi t}^2 = a_0 + \sum_{i=1}^{s} a_i (\xi_{t-i} - \xi_{t-i}^*)^2 + \sum_{i=1}^{s} b_i (\xi_{t-i} - \xi_{t-i}^*)^2 D_{t-i}^- \tag{2-56}$$

其中,s 为噪声交易者认知偏误方差对认知偏误冲击的记忆滞后期数,$a_0 > 0$;$a_i, b_i > 0 (i=1,2,\cdots,s)$,$D_{t-i}^- (i=1,2,\cdots,s)$ 为虚拟变量,反映认知偏误冲击的非对称效应,表示为

$$D_{t-i}^- = \begin{cases} 1 & \xi_{t-i} - \xi_{t-i}^* < 0 \\ 0 & \xi_{t-i} - \xi_{t-i}^* \geq 0 \end{cases} \tag{2-57}$$

令 k_t 表示在时期 t 基本面分析投资者的数量,记 $\omega_t = \dfrac{k_t}{N}$,于是由 DSSW 模型所确定的在时期 t 风险资产的均衡价格 P_t 为

$$P_t = 1 + \frac{(1-\omega_t)(\xi_t - \xi_t^*)}{1+r} + \frac{(1-\omega_t)\xi_t^*}{r} - \frac{2\gamma(1-\omega_t)^2 \sigma_{\xi t}^2}{r(1+r)^2} \tag{2-58}$$

(二)模拟仿真

接下来在牛市情绪起初在市场上占优的背景下考察风险资产均衡价格 P_t 的动态演化过程及特征,检验资产价格的投机泡沫。对如(2-58)式所示的风险资产均衡价格 P_t 的动态演化过程进行随机模拟,ω_t、ξ_t、ξ_t^* 和 $\sigma_{\xi t}^2$ 分别根据式(2-15)、式(2-54)、式(2-55)和式(2-56)进行随机演化,随机模拟的参数设定如下:

(1)投资者的总个数 $N = 1000$;

(2)对噪声交易者而言,平均认知偏误服从一个如(2-55)式所示的随机游走过程,其中的白噪声过程 $\{\varepsilon_t\}$ i.i.d. $N(0, 0.04)$,平均认知偏误的初始值 $\xi_0^* = 2$,认知偏误方差的初始值 $\sigma_{\xi 0}^2 = 0.01$,其对认知偏误冲击的记忆滞后期数 $s = 1$,$a_0 = 0.04$,$a_1 = b_1 = 0.5$;

(3)两类异质投资者的风险厌恶系数 $\gamma = 0.1$;

(4)无风险资产的固定实际利率 $r = 0.02$;

(5)基本面分析投资者数量的初始值 $k_0 = 450$;

(6)模拟 500 次。

图 2-8 是风险资产均衡价格演化的一个实现。

采用单位根检验、自相关检验和偏度峰度检验这三种方法来综合考察在不同的从众行为模式下通过随机模拟所生成的资产价格时间序列是否存在投机泡沫、投机泡沫发生的几率以及投机泡沫的强度,并对不同的从众行为模式进行对比分析。

表 2-5 的第 2、3、4 列分别列出了在 $M=1$、$\delta=0.3$,$M=1$、$\delta=1$,$M=10$、$\delta=0.1$,$M=10$、$\delta=0.5$ 和 $M=10$、$\delta=1$ 这五种不同的从众行为模式下,DF-GLS、KPSS 和 ERS 三种单位根检验的结果,表中所列的数据是在 500 次随机模拟中序列 $\{\ln P_t\}$ 服从单位根过程的百分比。从这些数据可以看出,在非线性从众模式下,投机泡沫发生的几率稍大于线性从众模式下投机泡沫发生的几率;另外,在线性从众模式下,即

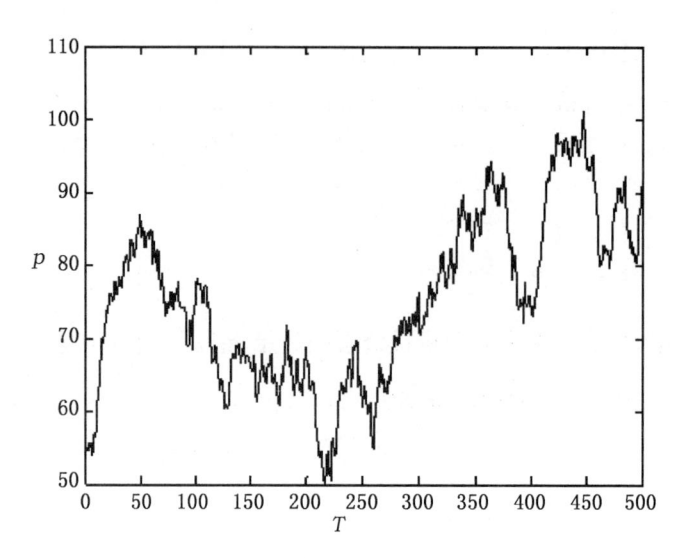

图 2-8　风险资产均衡价格演化的一个实现

使从众系数相差很大(如 $\delta=0.3$ 和 $\delta=1$),泡沫发生的几率也相差不大,换句话说,就是在线性从众模式下泡沫发生的几率对从众系数的变化不是很敏感。

表 2-5 的第 6 列和第 7 列分别列出了在五种不同的从众行为模式下由随机模拟所生成的收益率序列 $\{R_t\}$ 的平均偏度和峰度。从表中的数据可以看出,与线性从众模式相比,在非线性从众模式下 $\{R_t\}$ 具有更强的右偏和尖峰特征。

表 2-5 的第 5 列分别列出了在五种不同的从众行为模式下运用 Ljung-Box Q 统计量来检验 $\{R_t\}$ 是否存在显著一阶正自相关的结果,表中所列的数据是在 500 次随机模拟中 $\{R_t\}$ 存在显著一阶正自相关的百分比。

表 2-5　　　　　　　　金融资产价格投机泡沫的检验

从众模式	单位根检验			Ljung-Box Q 统计量	平均偏度	平均峰度
	DF-GLS	KPSS	ERS			
$M=1$ $\delta=0.3$	94.8%	91.4%	95.4%	1.6%	0.1947	5.2508
$M=1$ $\delta=1$	92.6%	91%	93%	2.4%	0.2414	5.5820
$M=10$ $\delta=0.1$	100%	89.4%	100%	11%	0.1710	4.0084
$M=10$ $\delta=0.5$	100%	92.2%	100%	78%	1.2631	11.046
$M=10$ $\delta=1$	100%	92%	100%	78.2%	3.6014	41.4157

注:单位根检验及自相关检验的显著性水平均为 0.05。

图 2—9(a)给出了在 $M=1$、$\delta=0.3$，$M=1$、$\delta=1$，$M=10$、$\delta=0.1$，$M=10$、$\delta=0.5$ 这四种不同的从众行为模式下，序列 $\{R_t\}$ 的平均自相关系数随滞后阶数变化的关系；图 2—9(b)给出了在 $M=1$、$\delta=0.3$，$M=1$、$\delta=1$ 和 $M=10$、$\delta=0.1$ 这三种不同的从众行为模式下，序列 $\{R_t^2\}$ 的平均自相关系数随滞后阶数变化的关系。图 2—9以非常直观的形式验证了表 2—5 中的数据所揭示的重要自相关特征。

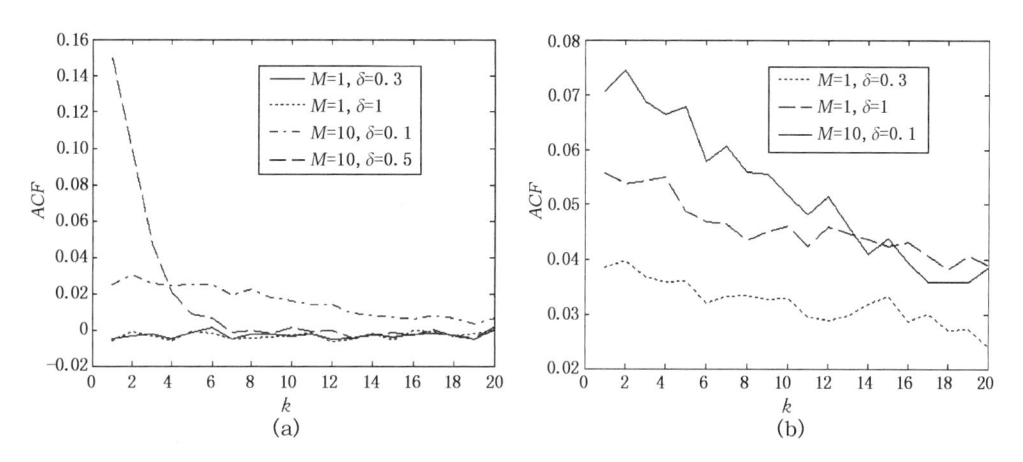

图 2—9 不同从众模式下金融资产收益率的平均自相关系数随滞后阶数变化的关系

综合以上三种检验方法的结果，我们可以对线性从众模式和非线性从众模式作一个比较清晰的对比。首先，在线性从众模式下，资产价格投机泡沫发生的几率以及投机泡沫的强度对从众系数变化的敏感度较低，而在非线性从众模式下，资产价格投机泡沫发生的几率以及投机泡沫的强度对从众系数的变化较为敏感。其次，在非线性从众模式下，资产价格投机泡沫发生的几率以及投机泡沫的强度要远远大于线性从众模式。

第七节 小 结

本章沿用 Kirman 模型的分析框架，将 Kirman 模型推广到更一般的情形，对金融市场中的从众行为机制进行了一些更深入的探索和讨论，发现了一些新的规律，得到了一些新的结果。

本章分析了从众参考样本容量 $M>1$ 的情形，这种情形更符合实际情况。在这种情形下，从众转移概率呈现出非线性特征。本章发现了这种非线性从众行为模式所具有的一些重要规律和特征，并将非线性从众行为模式与线性从众行为模式进行了综合比较分析。在这种非线性从众行为模式之下，从众转移概率呈现出类似

logistic曲线的特征,A类投资者数量k_t的演化Markov链的均衡分布呈对称的双峰分布,双峰位于$N/2$两侧且位于0和N附近。不论从众系数δ与从众参考样本容量M取何值,均衡分布的取值基本上位于A类投资者居绝大多数的区域及B类投资者居绝大多数的区域。与线性从众行为模式相比,非线性从众行为模式增加了两类异质投资者的均衡数量取极端值的几率,均衡数量取中间值的几率基本上为0。另外,A类投资者数量演化时间序列$\{k_t\}$在A类投资者居绝大多数的区域或B类投资者居绝大多数的区域平稳波动,且具有对初值的依赖性。

本章将非线性的从众转移概率模型嵌入金融风险资产的定价模型中,分别针对市场由基本面分析投资者和动量交易者这两类异质信念投资者构成的情形以及市场由基本面分析投资者和噪声交易者这两类异质信念投资者构成的情形,讨论了金融资产的均衡价格,并通过动态随机模拟仿真分别讨论了在追涨杀跌情绪或牛市情绪起初在市场上占优的背景下风险资产均衡价格的动态演化过程及特征,运用多种统计方法综合检验了资产价格投机泡沫发生的几率和强度。结果表明,在非线性从众模式下,资产价格投机泡沫发生的几率以及投机泡沫的强度要远远大于线性从众模式。

第三章 反馈型交易策略、学习机制与资产价格演化

第一节 引 言

在行为金融理论中,投资者的反馈型交易策略特别是正反馈交易策略是当前研究的重点和热点之一,学者们运用理论建模、实证计量和实验测试等方法分析正反馈交易策略及对资产价格演化的影响。

在理论建模方面,De Long、Shleifer、Summers 和 Waldmann(1990b)认为噪声交易者通过承担更多的、由他们自己创造的风险以及由于理性交易者套利的有限性,从而获得比风险厌恶的理性套利者更高的回报。另外,如果市场的噪声交易者执行正反馈策略,那么套利者的加入将会使得价格波动更大。Westerhoff(2004)建立的反映市场中恐惧和贪婪这两种基本心理因素的行为模型刻画了投资者的反馈机制。方勇(2010)构建了一个包含理性套利者、信息挖掘者和反馈型交易者这三类异质预期投资者在内的理论分析模型,推导出由这三类投资者共同决定的均衡价格,并通过参数模拟的方法综合分析了这三类投资者的投资行为对均衡价格的影响。Yong(2012)基于非线性从众机制构建了一个市场由基本面投资者和正反馈交易者所构成的风险资产价格演化模型,并运用多种统计方法综合检验了资产价格投机泡沫发生的几率和强度。

在实证计量方面,De Bondt 和 Thaler(1985)发现了赢者输者效应,这种现象表明,股票投资者对过去累积收益率较高的公司(赢家)产生过度乐观的情绪而高估其价值,对过去累积收益率较低的公司(输家)产生过度悲观的情绪而低估其价值,从而造成股票价格对其基本价值的偏离,当经过一段时间价格偏差得到纠正之后,输家的累积收益率会高于赢家的累积收益率。Grinblatt、Titman 和 Wermers(1995)在对 1975 年至 1984 年共同基金的季度持仓情况和投资风格进行实证分析后发现,77% 的共同基金是正反馈交易者,即购买过去的赢家组合,并且一般而言基金实施正反馈

投资策略后获得显著性收益。

在实验测试方面,Johnson 和 Tellis(2005)通过心理学实验研究认为,人们到底是犯"热手效应"偏误,还是犯"赌徒谬误"偏误,依赖于他们所面对的随机事件结果序列的当前游程的长度。具体来说,就是对于一家盈利持续增长(减少)的公司来说,随着游程长度的增加,被试们越来越倾向于买进(卖出)该公司的股票;但当游程长度到达某个临界值之后,随着游程长度的增加,被试们开始越来越倾向于卖出(买进)该公司的股票。林树等(2006)通过心理学实验研究认为,无论股票价格是连续上涨还是连续下跌,对中国股票市场中具有较高教育程度的个人投资者或潜在个人投资者而言,"赌徒谬误"效应均强于"热手效应",占据主导地位,并且,当股票价格连续上涨(下跌)时,随着上涨(下跌)时间的增加,被试们认为下一期股票价格下跌(上涨)的可能性会越来越大,从而卖出的倾向增大(减小)、买进的倾向减小(增大)。

本章研究投资者的反馈型交易策略和学习机制是如何影响资产价格演化的。本章的贡献主要体现在以下三个方面:首先,运用 Markov 链方法刻画了反馈型投资者的信念更新机制;其次,运用演化博弈模型分析了正反馈及负反馈这两种交易策略在市场中的演化;最后,构建了市场由基本面投资者和反馈型投资者构成的风险资产价格演化模型,分析了基本面投资者的信息收集成本对其套利行为的影响。

第二节　基于反馈型投资者信念学习机制的风险资产价格演化模型

在本节,我们假定市场上的投资者均为反馈型,总数量记为 N。根据预期的不同,所有这些反馈型投资者被分为两类:一类是持续预期交易者,他们采用正反馈交易策略(或者称为"热手效应"),预期下一期的价格趋势会持续,在数学上可用如表 3—1 所示的 Markov 链的一步转移概率矩阵来表示。

表 3—1　　　　　持续预期交易者的预期一步转移概率矩阵

	+	−
+	θ_t	$1-\theta_t$
−	$1-\theta_t$	θ_t

表 3—1 中,"+"表示价格上涨,"−"表示价格下跌,θ_t 是持续预期交易者在 t 期价格上涨(下跌)的情况下预期在 $t+1$ 期价格仍会继续上涨(下跌)的概率,$1-\theta_t$ 则是持续预期交易者在 t 期价格上涨(下跌)的情况下预期在 $t+1$ 期价格趋势会发生反转的概率,一般地,$0.5 \leqslant \theta_t \leqslant 1$。持续预期交易者的数量记为 N_1。

另一类是反转预期交易者,他们采用负反馈交易策略(或者称为"赌徒谬误"),预期下一期的价格趋势会反转,在数学上可用如表3-2所示的Markov链的一步转移概率矩阵来表示。

表3-2　　　　　　　　反转预期交易者的预期一步转移概率矩阵

	+	−
+	$1-\varphi_t$	φ_t
−	φ_t	$1-\varphi_t$

表3-2中,φ_t是反转预期交易者在t期价格上涨(下跌)的情况下预期在$t+1$期价格会下跌(上涨)的概率,$1-\varphi_t$则是反转预期交易者在t期价格上涨(下跌)的情况下预期在$t+1$期价格趋势会持续的概率,一般地,$0.5 \leqslant \varphi_t \leqslant 1$。反转预期交易者的数量记为$N_2$。显然,$N=N_1+N_2$。

不论是持续预期交易者还是反转预期交易者,都会根据自己所采用的交易策略的表现来更新自己的信念,为了简单起见,以初始三期的价格演化及信念更新来说明持续预期交易者及反转预期交易者的学习机制。

记风险资产在t期的价格为P_t,$P_t = P_{t-1} + \Delta P_t$。由于在0期,价格趋势还未形成,假定两类交易者预期1期价格上涨或下跌的概率均为0.5,即$\theta_0 = \varphi_0 = 0.5$,还假定持续预期交易者和反转预期交易者均以概率0.5买入风险资产,每个交易者的交易量是一个相同的常数,于是

$$\Delta P_1 = k \left[B(N_1, 0.5) + B(N_2, 0.5) - \frac{N}{2} \right] = k \left[B(N, 0.5) - \frac{N}{2} \right] \quad (3-1)$$

其中,$B(\cdot, \cdot)$表示二项分布随机变量,$k>0$是调节系数。

当$\Delta P_1 > 0$时,持续预期投资者以概率θ_1($\theta_1 > 0.5$)买入风险资产,反转预期投资者以概率$1-\varphi_1$($\varphi_1 > 0.5$)买入风险资产,于是

$$\Delta P_2 = k \left[B(N_1, \theta_1) + B(N_2, 1-\varphi_1) - \frac{N}{2} \right] \quad (3-2)$$

当$\Delta P_2 > 0$时,两类交易者根据价格的实际表现对信念进行了更新,持续预期投资者以概率θ_2买入风险资产,反转预期投资者以概率$1-\varphi_2$买入风险资产,信念更新过程为

$$\theta_2 = \theta_1 + s \quad (3-3)$$
$$\varphi_2 = \varphi_1 - s \quad (3-4)$$

其中,s为更新概率。于是

$$\Delta P_3 = k \left[B(N_1, \theta_2) + B(N_2, 1-\varphi_2) - \frac{N}{2} \right] \quad (3-5)$$

当$\Delta P_2 < 0$时,信念更新过程则为

$$\theta_2 = \theta_1 - s \quad (3-6)$$

$$\varphi_2 = \varphi_1 + s \tag{3-7}$$

持续预期投资者以概率 $1-\theta_2$ 买入风险资产，反转预期投资者以概率 φ_2 买入风险资产，于是

$$\Delta P_3 = k\left[B(N_1, 1-\theta_2) + B(N_2, \varphi_2) - \frac{N}{2}\right] \tag{3-8}$$

当 $\Delta P_1 < 0$ 时，持续预期投资者以概率 $1-\theta_1(\theta_1 > 0.5)$ 买入风险资产，反转预期投资者以概率 $\varphi_1(\varphi_1 > 0.5)$ 买入风险资产，于是

$$\Delta P_2 = k\left[B(N_1, 1-\theta_1) + B(N_2, \varphi_1) - \frac{N}{2}\right] \tag{3-9}$$

当 $\Delta P_2 > 0$ 时，信念更新过程为

$$\theta_2 = \theta_1 - s \tag{3-10}$$

$$\varphi_2 = \varphi_1 + s \tag{3-11}$$

持续预期投资者以概率 θ_2 买入风险资产，反转预期投资者以概率 $1-\varphi_2$ 买入风险资产，于是

$$\Delta P_3 = k\left[B(N_1, \theta_2) + B(N_2, 1-\varphi_2) - \frac{N}{2}\right] \tag{3-12}$$

当 $\Delta P_2 < 0$ 时，信念更新过程则为

$$\theta_2 = \theta_1 + s \tag{3-13}$$

$$\varphi_2 = \varphi_1 - s \tag{3-14}$$

持续预期投资者以概率 $1-\theta_2$ 买入风险资产，反转预期投资者以概率 φ_2 买入风险资产，于是

$$\Delta P_3 = k\left[B(N_1, 1-\theta_2) + B(N_2, \varphi_2) - \frac{N}{2}\right] \tag{3-15}$$

下面对上述价格演化模型进行模拟仿真，参数设定如下：$N=1000$，$P_0=200$，$\theta_1=0.6$，$\varphi_1=0.6$，$k=0.05$，$s=0.001$。模拟仿真结果表明，当持续预期交易者的数量远大于反转预期交易者的数量时，风险资产价格的演化一般会表现为如图 3-1(a) 所示的泡沫状态或如图 3-1(b) 所示的反泡沫状态；当反转预期交易者的数量远大于持续预期交易者的数量时，风险资产价格的演化一般会表现为如图 3-1(c) 所示的稳定震荡状态。

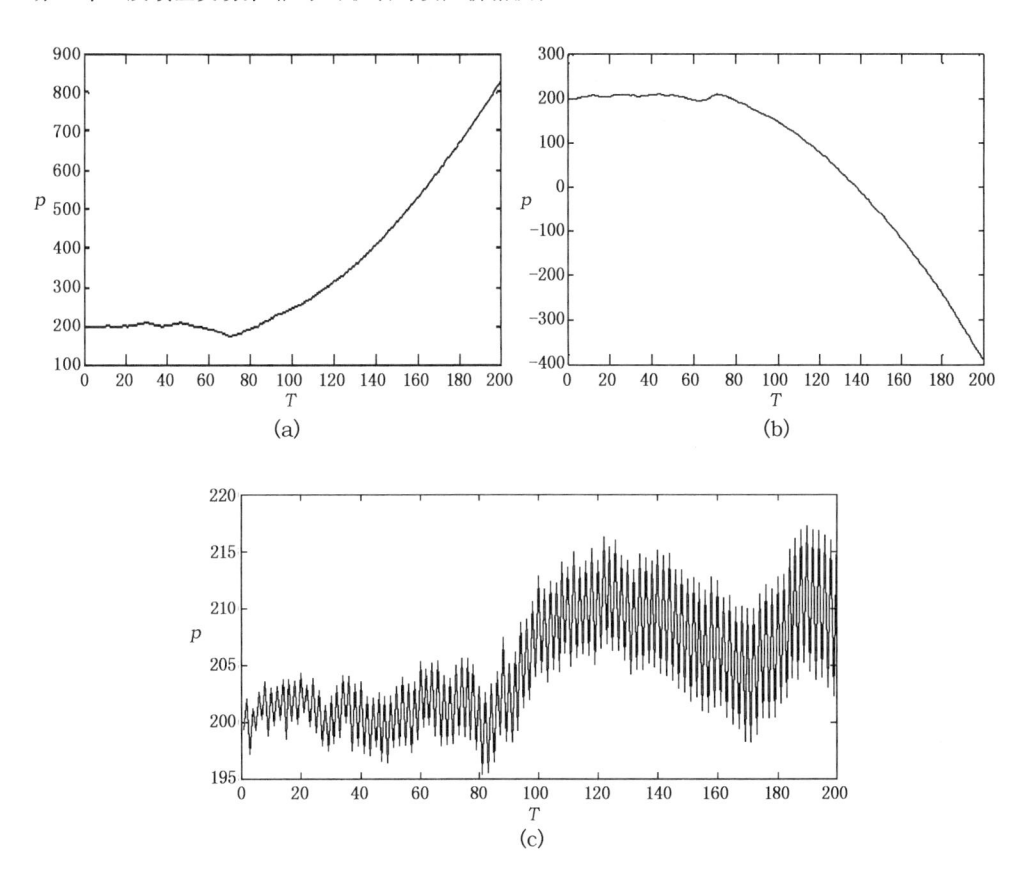

图 3—1 风险资产价格演化的实现

第三节　基于演化博弈方法的正反馈及负反馈交易策略演化模型

在本节,仍假定市场上的投资者均为反馈型,持续预期交易者和反转预期交易者在市场中的比例分别为 x 和 $y=1-x$。上一节假定两类反馈型投资者的数量是固定的,而实际情况并非如此。因此,在本节我们采用演化博弈方法来分析这两类反馈型投资者在市场中所占比例的演化。演化博弈论是在传统博弈论的基础上发展起来的一种理论。传统的博弈论强调参与者在每个决策阶段都保持理性,这种严格理性的要求限制了博弈论的应用。而演化博弈理论则摈弃了传统博弈论完全理性的假设,它是博弈论中的一个新领域,近年来国内外对演化博弈论的关注度上升,演化博弈论的理论和应用研究逐渐成为管理学、经济学和金融学领域的前沿研究热点之一。具体的关于演化博弈论的文献可参见 Maynard 和 Price(1973)、Taylor 和 Jonker

(1978)、Maynard(1982)、Weibull(1995)、刘伟兵和王先甲(2009)、王先甲等(2011)。

假定每个交易者每次买卖风险资产的数量是一个相同的常数 q。在 t 时期，记 $\Delta P_t = P_t - P_{t-1}$，每个持续预期交易者的交易量为

$$q^* = q \cdot D_{\Delta P_t} \tag{3-16}$$

其中，$q^* > 0$ 表示买入风险资产，$q^* < 0$ 表示卖出风险资产，$D_{\Delta P_t}$ 是一个两值变量，表示如下

$$D_{\Delta P_t} = \begin{cases} 1 & \Delta P_t > 0 \\ -1 & \Delta P_t < 0 \end{cases} \tag{3-17}$$

显然，每个反转预期交易者的交易量为 $-q^*$。

将持续预期交易者、反转预期交易者看成演化博弈中的局中人，那么这两个局中人在 $t+1$ 期的支付（每行中的数据）如表 3—3 所示。

表 3—3　　　　　　　　　　　博弈的支付矩阵

	持续预期交易者	反转预期交易者
持续预期交易者	0	$q^* \Delta P_{t+1}$
反转预期交易者	$-q^* \Delta P_{t+1}$	0

令

$$\Delta P_{t+1} = \delta(xq^* - yq^*) = \delta(2x-1)q^* \tag{3-18}$$

其中，$\delta > 0$ 为常数。于是

$$q^* \Delta P_{t+1} = \delta q^2 (2x-1) \tag{3-19}$$

令 $\delta q^2 = \alpha$，则

$$q^* \Delta P_{t+1} = \alpha(2x-1) \tag{3-20}$$

对于持续预期交易者而言，他的平均支付为 $\alpha(1-x)(2x-1)$；对于反转预期交易者而言，他的平均支付为 $-\alpha x(2x-1)$；所有交易者的平均支付为 $x \cdot \alpha(1-x)(2x-1) - (1-x) \cdot \alpha x(2x-1) = 0$。

演化博弈的复制动态方程为

$$\frac{dx}{dt} = \alpha x(1-x)(2x-1) \tag{3-21}$$

该动力系统的相图如图 3—2 所示。从图 3—2 可以看出，在区域 $(0, 0.5)$，$dx/dt < 0$，因此 $x=0$ 是稳态均衡点；在区域 $(0.5, 1)$，$dx/dt > 0$，因此 $x=1$ 是另一个稳态均衡点。

图 3—3 显示了上述复制动态方程在调节系数 α 取不同值时的数值分析结果。

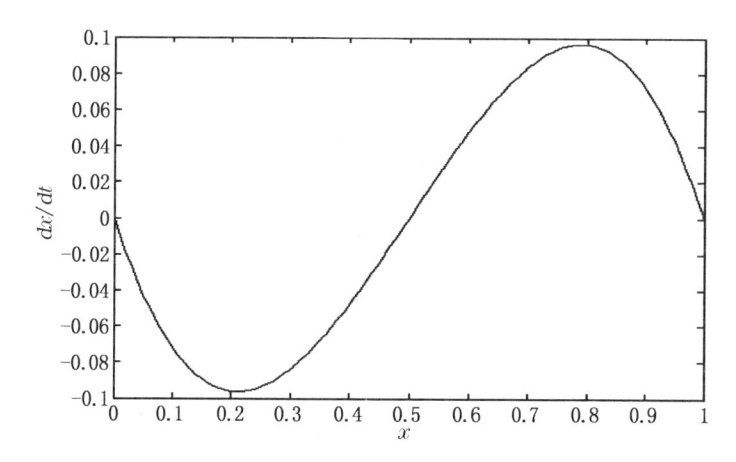

图 3—2 复制动态演化博弈动力系统的相图

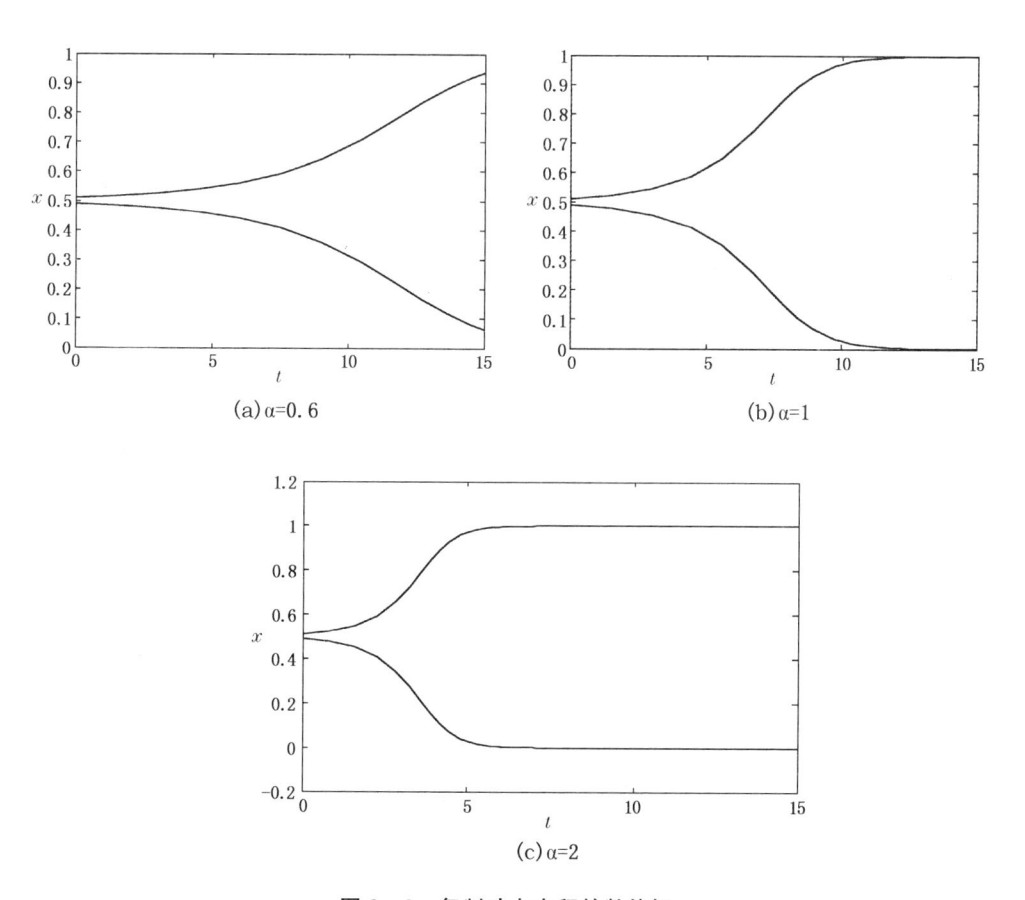

(a) α=0.6

(b) α=1

(c) α=2

图 3—3 复制动态方程的数值解

结合上述演化博弈动力系统的相图分析、数值分析与前一部分的价格演化模型分析可知,当最初市场中持续预期交易者的比例大于反转预期交易者的比例时,风险资产价格的演化一般会表现为泡沫状态或反泡沫状态;当最初市场中反转预期交易者的比例大于持续预期交易者的比例时,风险资产价格的演化一般会表现出稳定震荡状态。

第四节 包含基本面投资者和反馈型投资者的风险资产价格演化模型

在前面两节的分析中,我们假定市场上的投资者均为反馈型,因此我们只能从一些时间断面上观察到风险资产价格演化及交易策略演化的规律。为了从整体上观察这些演化规律,我们假定市场上有两类异质预期投资者:一类为基本面投资者,他们根据风险资产的基本面信息来形成预期,需要付出一定的信息收集成本;另一类为反馈型投资者,包括持续预期交易者和反转预期交易者,他们基于风险资产的历史价格来形成预期,信息收集成本为0。假定这两类异质预期投资者都是风险厌恶型的,且具有相同的风险厌恶系数 γ。另外,我们假定金融市场上有两种资产可供选择:一种是无风险资产,它在每期末按照固定利率 r 支付利息;另一种是风险资产,它在时期 t 的价格记为 P_t,为了简单起见,不考虑红利,将供给数量标准化为 1。

每一类型投资者的效用函数为

$$U^i(W^i_{t+1}|I_t) = E^i(W^i_{t+1}|I_t) - \gamma \mathrm{Var}^i(W^i_{t+1}|I_t) \quad (i=1,2,3) \tag{3-22}$$

其中,$i=1$ 表示基本面投资者,$i=2$ 表示持续预期交易者,$i=3$ 表示反转预期交易者,I_t 表示时期 t 的信息集,W^i_{t+1} 表示各类投资者在时期 $t+1$ 的财富,可以表示为

$$W^i_{t+1} = \lambda^i_t P_{t+1} + (W^i_t - \lambda^i_t P_t)(1+r) \quad (i=1,2,3) \tag{3-23}$$

其中,λ^i_t 表示各类投资者在时期 t 购买风险资产的数量。于是,各类投资者的效用函数可以改写为

$$U^i(W^i_{t+1}|I_t) = \lambda^i_t E^i(P_{t+1}|I_t) + (W^i_t - \lambda^i_t P_t)(1+r) - \gamma(\lambda^i_t)^2 \mathrm{Var}^i(P_{t+1}|I_t)$$
$$(i=1,2,3) \tag{3-24}$$

通过最大化上述效用函数,各类投资者决定购买风险资产的数量为

$$\lambda^i_t = \frac{E^i(P_{t+1}|I_t) - P_t(1+r)}{2\gamma \mathrm{Var}^i(P_{t+1}|I_t)} \quad (i=1,2,3) \tag{3-25}$$

假定风险资产的基本价值是一个常数,记为 P^*。在时期 t,假定基本面投资者对下一期风险资产价格的条件预期就是该风险资产的基本价值,即

$$E^1(P_{t+1}|I_t) = P^* \tag{3-26}$$

设在时期 t 反馈型投资者对下一期风险资产价格的条件预期为

$$E^i(P_{t+1}|I_t) = P_t + f^i(\Delta P_t, \Delta P_{t-1}, \cdots, \Delta P_{t-\mu+1}) \quad (i=2,3) \tag{3-27}$$

第三章　反馈型交易策略、学习机制与资产价格演化

其中,$\Delta P_t = P_t - P_{t-1}$ 为价格动量,μ 为记忆滞后期数。为了简单起见,$f^i(i=2,3)$ 采用记忆滞后 1 期的简单线性形式,即

$$f^2 = a\Delta P_t, a>0 \tag{3-28}$$

$$f^3 = b\Delta P_t, b<0 \tag{3-29}$$

假定各类投资者对下一期风险资产价格的条件预测方差均是一个常数 σ^2,即

$$\text{Var}^i(P_{t+1}|I_t) = \sigma^2 (i=1,2,3) \tag{3-30}$$

记在所有投资者中各类投资者所占的比例为 $w_t^i(i=1,2,3)$。于是,根据市场出清条件

$$\sum_{i=1}^{3} w_t^i \cdot \lambda_t^i = 1 \tag{3-31}$$

便可得到风险资产在时期 t 的市场均衡价格为

$$P_t = \frac{w_t^1}{A} P^* - \frac{aw_t^2 + bw_t^3}{A} P_{t-1} - \frac{2\gamma\sigma^2}{A} \tag{3-32}$$

其中,$A = w_t^1(1+r) - w_t^2(a-r) - w_t^3(b-r)$。

在时期 t,各类投资者的收益为

$$R_t^i = [P_t - P_{t-1}(1+r)] \cdot \frac{E^i(P_t|I_{t-1}) - P_{t-1}(1+r)}{2\gamma\text{Var}^i(P_t|I_{t-1})} - C^i (i=1,2,3) \tag{3-33}$$

其中,C^i 为各类投资者的信息收集成本。基本面投资者的信息收集成本 $C^1=C$,反馈型投资者的信息收集成本 $C^2=C^3=0$。

根据离散选择的 Logit 模型,在所有投资者中各类投资者所占的比例 w_t^i 可表示为

$$w_t^i = \frac{e^{\beta R_{t-1}^i}}{\sum_{j=1}^{3} e^{\beta R_{t-1}^j}} (i=1,2,3) \tag{3-34}$$

上式刻画了投资者的学习机制,其中,$\beta>0$ 表示选择强度。

下面对上述风险资产的价格演化模型进行模拟仿真,基本的模拟仿真参数设定如下:

(1)无风险资产支付的固定利率 $r=0.001$;
(2)投资者的风险厌恶系数 $\gamma=0.1$;
(3)投资者的条件预测方差 $\sigma^2=10$;
(4)风险资产的基本价值 $P^*=100$;
(5)风险资产的初始价格 $P_0=100$。

图 3-4 给出了在不同参数设定下一些关键变量的模拟仿真。

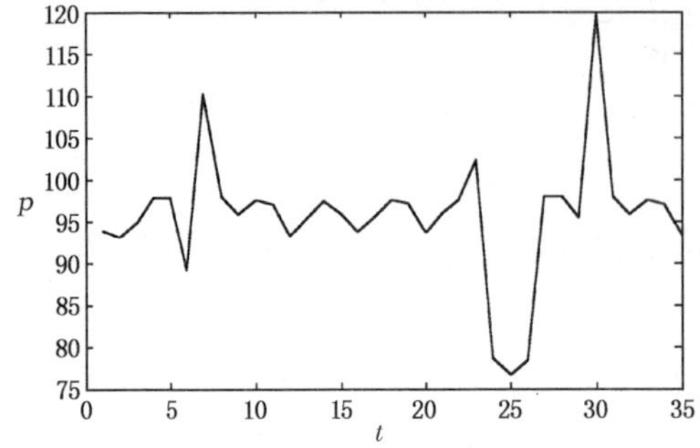

(a)

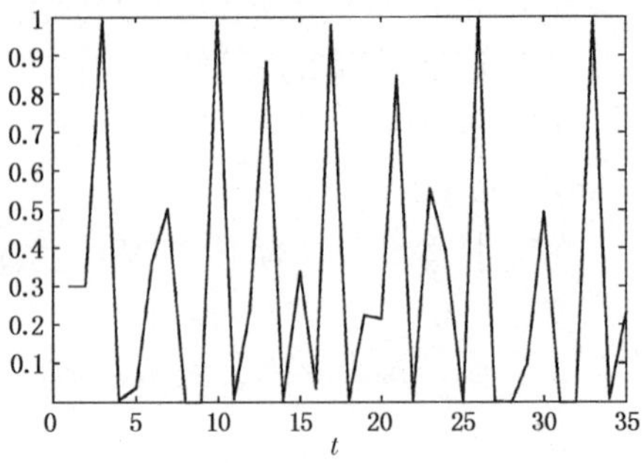

(b)

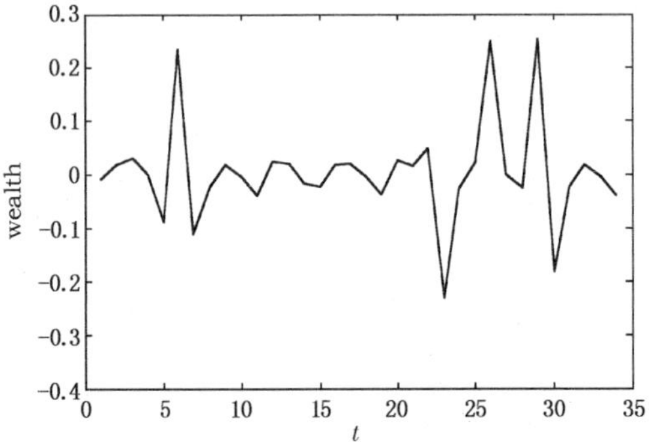

(c)

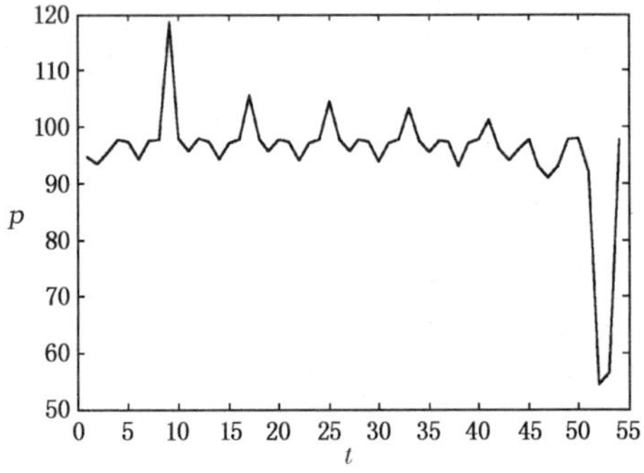

(d)

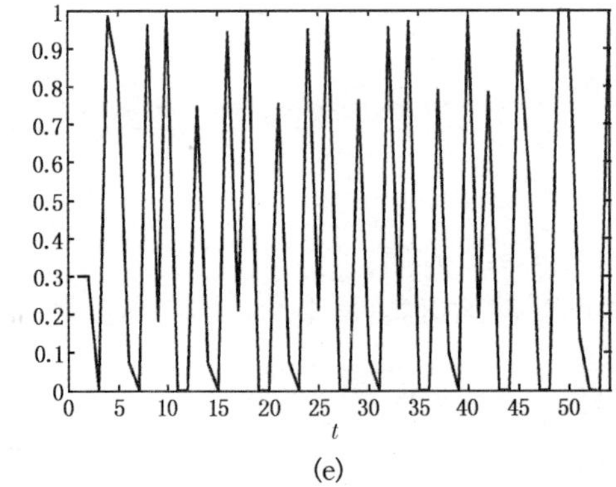

(e)

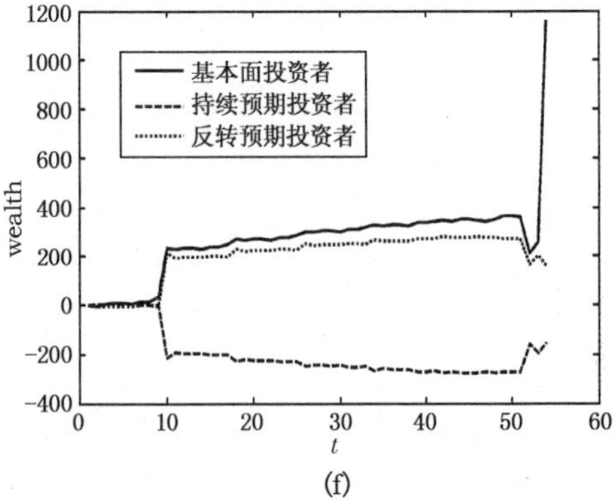

(f)

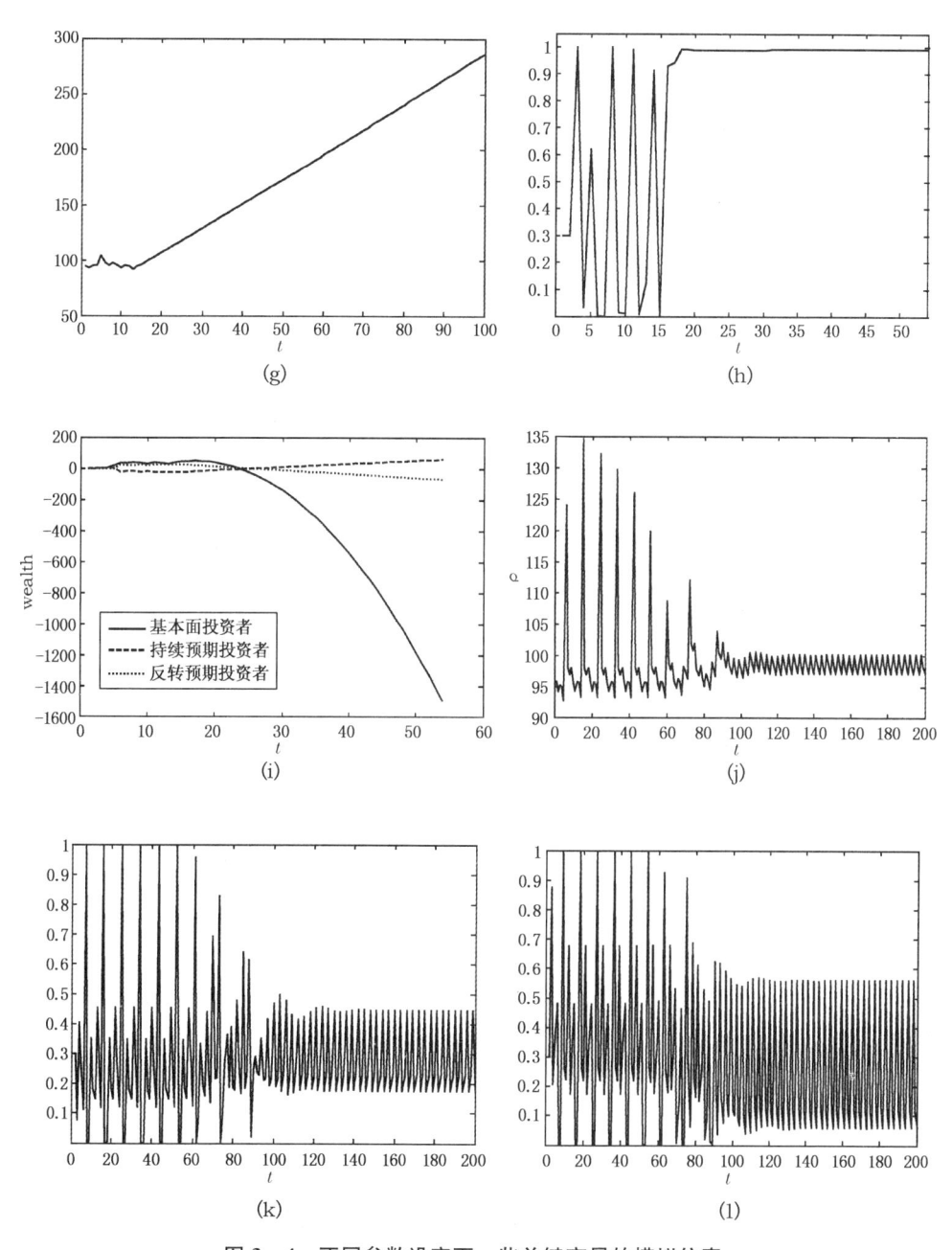

图 3-4 不同参数设定下一些关键变量的模拟仿真

在图 3-4(a)~(c)中,设定持续预期交易者的调节系数 $a=1.2$,反转预期交易者的调节系数 $b=-1.001$,基本面投资者的信息收集成本 $C=1$,投资者的选择强度

$\beta=1$。图3—4(a)显示了风险资产价格的演化,从该图可以观察到泡沫准周期性的生成与破灭。图3—4(b)显示了在所有投资者中持续预期交易者所占比例的演化,可以看出,持续预期交易者所占比例在0和1这两种稳定状态之间来回转换,其他两类投资者所占比例的演化与此图类似。图3—4(c)显示了风险资产收益 $return_t = (P_t - P_{t-1})/P_{t-1}$ 的演化,描述性统计显示,偏度为0.72,峰度为5.51,Jarque-Bera检验的 P 值为0.003,从该图及描述性统计量可以看出,风险资产收益呈现出明显的条件异方差性、波动聚集性和尖峰厚尾性。

图3—4(d)~(f)与图3—4(g)~(i)设定相同的参数是:持续预期交易者的调节系数 $a=1.001$,反转预期交易者的调节系数 $b=-1.001$,投资者的选择强度 $\beta=1$。唯一不同的是基本面投资者信息收集成本 C 的设定,在图3—4(d)~(f)中 $C=1$,在图3—4(g)~(i)中 $C=5$。图3—4(d)与图3—4(g)显示了风险资产价格的演化,图3—4(e)显示了在所有投资者中基本面投资者所占比例的演化,图3—4(h)显示了在所有投资者中持续预期交易者所占比例的演化,图3—4(f)与图3—4(i)显示了各类投资者财富的演化。对比图3—4(d)~(f)与图3—4(g)~(i)可以发现,当基本面投资者的信息收集成本较小时,与持续预期交易者和反转预期交易者类似,基本面投资者所占比例在0和1这两种稳定状态之间来回转换,当泡沫或反泡沫生成后,基本面投资者可以通过套利交易使风险资产的价格回复到基本价值,在泡沫或反泡沫生成过程中,基本面投资者的财富损失有限,在泡沫或反泡沫破灭过程中,基本面投资者的财富急剧增长;而当基本面投资者的信息收集成本较大时,基本面投资者的套利行为受到限制,持续预期交易者在与基本面投资者的博弈中生存下来,并逐渐将基本面投资者和反转预期交易者赶出市场,使得风险资产的价格持续地偏离基本价值,持续预期交易者的财富逐渐增加,而基本面投资者的财富急剧减少。

在图3—4(j)~(l)中,设定持续预期交易者的调节系数 $a=2$,反转预期交易者的调节系数 $b=-2$,基本面投资者的信息收集成本 $C=1$,投资者的选择强度 $\beta=0.2$。图3—4(j)显示了风险资产价格的演化,图3—4(k)显示了在所有投资者中基本面投资者所占比例的演化,图3—4(l)显示了在所有投资者中持续预期交易者所占比例的演化。从这三幅图可以看出,在泡沫准周期性地生成和破灭之后(泡沫和反泡沫的幅度逐渐减小),风险资产价格的演化呈现出极限环的震荡特征,三类投资者在所有投资者中所占比例也经历了由前期在0和1这两种稳定状态之间来回转换转化到后期的极限环状态。

第五节 小 结

本章研究投资者的反馈型交易策略和学习机制是如何影响资产价格演化的。

首先,假定市场上的投资者均为反馈型,运用Markov链方法刻画了反馈型投资者的信念更新机制。模拟仿真结果表明,当持续预期交易者的数量远大于反转预期交易者的数量时,风险资产价格的演化一般会表现出泡沫状态或反泡沫状态;当反转预期交易者的数量远大于持续预期交易者的数量时,风险资产价格的演化一般会表现出稳定震荡状态。

其次,仍假定市场上的投资者均为反馈型,运用演化博弈模型分析了正反馈及负反馈这两种交易策略在市场中的演化,数值分析结果表明,0 和 1 是两类反馈型投资者所占比例演化的稳态均衡点。

最后,为了从整体上观察交易策略及资产价格的演化规律,假定市场由基本面投资者和反馈型投资者这两类异质预期投资者所构成,构建了一个基于投资者学习机制的资产价格演化模型。通过模拟仿真发现,在某些参数设定下,可以观察到资产价格泡沫准周期性的生成与破灭,各类异质预期投资者所占比例在 0 与 1 这两种稳定状态之间来回转换,而在某些参数设定下,可以观察到资产价格及各类投资者所占比例呈现出极限环的震荡特征;资产的收益呈现出明显的条件异方差性、波动聚集性和尖峰厚尾性等特征事实。当基本面投资者的信息收集成本较小时,其所占比例在 0 和 1 这两种稳定状态之间来回转换,当泡沫或反泡沫生成后,基本面投资者可以通过套利交易使风险资产的价格回复到基本价值,在泡沫或反泡沫生成过程中,基本面投资者的财富损失有限,在泡沫或反泡沫破灭过程中,基本面投资者的财富急剧增长;而当基本面投资者的信息收集成本较大时,其套利行为受到限制,持续预期交易者在与基本面投资者的博弈中生存下来,并逐渐将基本面投资者和反转预期交易者赶出市场,使得风险资产的价格持续地偏离基本价值,持续预期交易者的财富逐渐增加,而基本面投资者的财富急剧减少。

本章提出的模型为泡沫及反泡沫产生的原因提供了一种可能的解释,表明市场并不总是有效的,同时表明,市场监管部门应尽力减少投资者的信息收集成本,增强市场的有效性。

第四章 投资者情绪的"热手效应"和"赌徒谬误"偏差实证分析

第一节 引 言

　　Fiske 和 Taylor(1991)认为，人类是"认知吝啬鬼"，即由于有限的信息加工能力，人们总是竭力节省认知能量，总是试图采用将复杂问题简化的策略。当人们对一个既复杂模糊又不确定的事件进行判断时，由于缺乏行之有效的方法，往往会走一些思维的捷径，根据某些原理、过去的经验或有限的相关信息进行分析处理，而不必进行大量的尝试或系统的算法，这种解决问题的程序和策略被称为"启发式"或"经验法则"。"启发式"的一个典型类型是"代表性启发式"，它是一种用于估计似然性的经验法则，是指人们倾向于根据样本是否代表(或类似)总体来判断其出现的概率。

　　虽然"启发式"这种思维捷径有时能帮助人们快速地做出准确的判断，但是如果缺失的信息是重要的，那么就会导致严重的判断偏差。"小数定律"是一种典型的代表性启发式偏差，是指人们错误地认为小样本可以反映总体特征。人们往往忽略样本的大小，认为小样本和大样本一样具有代表性，比如，人们会认为抛 10 次硬币出现 5 次正面和 5 次反面与抛 1000 次硬币出现 500 次正面和 500 次反面一样具有代表性。关于"小数定律"更加具体和深入的讨论可参见 Rabin(2002)。

　　当人们对一个由随机过程产生的事件的结果进行预测时，往往是通过对历史结果序列进行外推来形成自己对未来结果的心理预期，此时，"小数定律"发挥作用，导致的直接后果是人们倾向于认为随机事件结果序列在某种程度上隐含了自相关的关系。这种对历史结果序列的外推包括两种截然不同的形式：一种形式叫"热手效应"，是指人们倾向于认为随机事件结果序列的当前游程会持续。正如 Grether(1980)所认为的那样，人们在评估随机事件发生概率的高低时，会过度相信历史重演的可能。Gilovich、Vallone 和 Tversky(1985)通过研究发现，如果篮球队员投篮连续命中，球迷一般都相信球员"手感好",下次投篮还会命中。另一种形式叫"赌徒谬误",是指人们倾向于认为随机事件结果序列的当前游程会发生反转,比如,在轮盘游戏中,赌徒往往倾向于认为轮盘中的红黑两色会交替出现,如果之前红色出现过多,下次则更可能出现黑色。研究表明,上述两种认知偏差在股票市场的投资者中也普遍存在。De Bondt(1998)发现,华尔街的分析师们往往具有"赌徒谬误"这种认知偏差,他们倾向于认为股市趋势将会反转;而散户们则往往具有"热手效应"这种认知偏差,他们倾向于认为股市趋势将会持续。

到目前为止,股票市场中的"热手效应"和"赌徒谬误"现象已引起学者们的广泛关注,他们大致从两个不同的层面来对这两种认知偏差进行深入的探讨和研究。第一个层面是投资者层面,即在实验室环境中通过心理学实验直接面向潜在投资者探测他们是否具有"热手效应"或"赌徒谬误"认知偏差。Johnson 和 Tellis(2005)通过心理学实验研究认为,人们到底是犯"热手效应"偏误还是犯"赌徒谬误"偏误,依赖于他们所面对的随机事件结果序列的当前游程的长度。具体来说,就是对于一家盈利持续增长(减少)的公司来说,随着游程长度的增加,被试们越来越倾向于买进(卖出)该公司的股票;但当游程长度到达某个临界值之后,随着游程长度的增加,被试们开始越来越倾向于卖出(买进)该公司的股票。另外,Johnson 和 Tellis(2005)的研究结果还部分支持了情境会对由"热手效应"向"赌徒谬误"转移的临界值点产生影响的假设,具体来说,就是在买一只盈利持续增长的股票的实验环境下,处于乐观情境中的被试们由"热手效应"转向"赌徒谬误"的临界值点会迟于处于悲观情境中的被试们。林树等(2006)通过心理学实验研究认为,无论股票价格是连续上涨还是连续下跌,对中国股票市场中具有较高教育程度的个人投资者或潜在个人投资者而言,"赌徒谬误"效应均强于"热手效应",占据主导地位,并且,当股票价格连续上涨(下跌)时,随着上涨(下跌)时间的增加,被试们认为下一期股票价格下跌(上涨)的可能性会越来越大,从而卖出的倾向增大(减小)、买进的倾向减小(增大)。第二个层面是市场层面,即通过外在的股票(或市场)收益表现间接地探测投资者内在的"热手效应"或"赌徒谬误"偏差。De Bondt 和 Thaler(1985)发现的赢者输者效应表明,股票投资者对过去累积收益率较高的公司(赢家)产生过度乐观的情绪而高估其价值,对过去累积收益率较低的公司(输家)产生过度悲观的情绪而低估其价值,从而造成股票价格对其基本价值的偏离,当经过一段时间价格偏差得到纠正之后,输家的累积收益率会高于赢家的累积收益率。Johnson 和 Tellis(2005)通过事件研究发现,对于盈利持续增长的股票而言,当游程发生反转后,如果股票之前的游程长度越长,则它所获得的超额收益越小(为负)。上述实证研究均间接地表明了"热手效应"偏差的存在。

本章的研究焦点是中国股票市场中的"热手效应"或"赌徒谬误"认知偏差,但是本章研究与前述文献的不同之处或者说是本章的贡献体现在以下几个方面:

首先,Johnson 和 Tellis(2005)以及林树等(2006)都是在实验室环境下通过心理学实验向被试们征集他们对随机事件未来结果的预期数据,显然,实验室环境与真实的市场环境还是有一定差别的,并且,被试们并不能完全代表真正的市场投资者,他们中有一部分可能只是潜在的投资者,并没有市场投资经验。[①] 而本章的研究所使用的对未来市场涨跌的预期数据是通过华鼎多空民意调查或新浪财经中证网联合多空调查向真正的市场投资者征集的,这些数据发表在《中国证券报》上,应该说具有一定的权威性和代表性,并且更重要的是,这些数据所反映的预期是在真实的市场环境下形成的。

其次,Johnson 和 Tellis(2005)研究的是被试们对上市公司未来盈利是增长还是减少的预期,林树等(2006)研究的是被试们对股票未来价格是涨还是跌的预期,他们的研究对象均是个股。而本章的研究对象是整个市场,旨在探索"热手效应"或"赌徒谬误"认知偏差与系统性风险之间的内在联系。

再次,Johnson 和 Tellis(2005)以及林树等(2006)所使用的都是心理量表的等级或资金比例这些反映被试买或者卖股票倾向的数据,笔者认为这样的数据并不能直接用来预期对股票未来价格是涨还是跌。另外,他们没有基于统计方法清晰地界定什么是系统性的"热手效应"或"赌徒谬误"。而本章所使用的情绪指数数据是在原始调查数据的基础上加工得到的,它的符号能够反映出投资者对未来市场的预期是看涨还是看跌,它的绝对值大小能够反映出投资者对未来市场看涨或看跌预期的强弱。另外,本章还采用比例检验来定义系统性的"热手效应"或"赌徒谬误"。

最后,本章分别从不同时间尺度(日和周)、不同投资者类型(散户、大户和咨询机构)、不同市场阶段(牛市和熊市)以及游程反转后的市场累积收益等视角进行了一系列的稳健性检验,为本章结论的得出提供了更加有力的证据。

第二节 "热手效应"和"赌徒谬误"的统计检验

在本节,我们基于日的时间尺度、整体投资者的合力情绪及包括不同市场阶段的较长时期对这两种偏差进行统计检验。本节实证分析所使用的样本数据是上证指数的日对数收益率及新浪财经中证网联合多空调查数据,样本期为 2007 年 12 月 27 日至 2010 年 7 月 16 日,样本容量为 613。上证指数的日对数收益率数据来源于清华金融研究数据库(http://terminal.chinaef.com/index.action),新浪财经中证网联合多空调查数据是在每日交易结束后向市场投资者征集并整理完成的,其中包括在所有被调查的投资者中对下一交易日市场看涨、看跌和看平的投资者各自所占的比例,

---

[①] Johnson 和 Tellis(2005)选择的被试是某大学商学专业的本科生和研究生,林树等(2006)选择的被试是复旦大学管理学院工商管理硕士学员、成人教育学院会计学、经济管理专业学员以及注册金融分析师(CFA)培训学员。

发布在每周一至周五的《中国证券报》上。

定义市场情绪指数(Sentiment Index)为

$$SI = \frac{看涨比例 - 看跌比例}{看涨比例 + 看跌比例} \qquad (4-1)$$

它的符号能够反映出投资者对未来市场的合力预期是看涨还是看跌，$SI>(<)$ 0 表明投资者对未来市场是合力看涨(跌)的，它的绝对值大小能够反映出投资者对未来市场看涨或看跌合力预期的强弱，绝对值越大(小)，表明投资者对未来市场看涨或看跌合力预期的程度越强(弱)。该指数的取值区间为 $[-1,1]$。

采用比例检验来界定在什么情况下投资者对未来市场的预期并不是随机的，而是具有系统性的"热手效应"或"赌徒谬误"认知偏差。具体来说，就是当投资者面对一个市场连续上涨(下跌)游程时，给定游程长度，若投资者对未来市场看涨次数的比例显著地大(小)于 0.5，则判定投资者在给定游程长度下具有"热手效应"认知偏差；若投资者对未来市场看涨次数的比例显著地小(大)于 0.5，则判定投资者在给定游程长度下具有"赌徒谬误"认知偏差。

表 4—1 列出了在连续上涨游程和连续下跌游程两种不同的情形与不同的游程长度下比例检验的结果及对两种认知偏差的判定。游程长度前的"＋"表示当前游程是连续上涨的，游程长度前的"－"表示当前游程是连续下跌的。当样本看涨比例大于 0.5 时，检验的原假设是"总体看涨比例 $\leqslant 0.5$"；当样本看涨比例小于或等于 0.5 时，检验的原假设是"总体看涨比例 $\geqslant 0.5$"。当样本容量大于或等于 30 时，给出了大样本比例检验渐近 z 统计量及相应的 P 值，若原假设是"总体看涨比例 $\leqslant 0.5$"，该 P 值由 $1-\Phi$(渐近 z 统计量)计算；若原假设是"总体看涨比例 $\geqslant 0.5$"，则该 P 值由 Φ(渐近 z 统计量)计算，$\Phi(\cdot)$ 是标准正态分布的累积分布函数。当样本容量小于 30 时，仅给出了检验的 P 值，若原假设是"总体看涨比例 $\leqslant 0.5$"，该 P 值由 $\sum_{i=n}^{N} C_N^i \, 0.5^N$ 计算；若原假设是"总体看涨比例 $\geqslant 0.5$"，则该 P 值由 $\sum_{i=0}^{n} C_N^i \, 0.5^N$ 计算。其中，N 是总样本数，n 是看涨的样本数。P 值右上角的"＊"表示显著性水平为 0.1，"＊＊"表示显著性水平为 0.05，"＊＊＊"表示显著性水平为 0.01。[1]

表 4—1　　　　　　　　　　比例检验结果(日数据)

游程长度	总样本数	看涨的样本数	看涨比例	大样本比例检验渐近 z 统计量	P 值	认知偏差类型
＋1	158	133	0.84	8.55	0.0000＊＊＊	热手效应
＋2	81	78	0.96	8.28	0.0000＊＊＊	热手效应

---

[1] 后面部分比例检验的设定与本部分相同。

续表

游程长度	总样本数	看涨的样本数	看涨比例	大样本比例检验渐近 z 统计量	P 值	认知偏差类型
+3	40	39	0.98	6.07	0.0000***	热手效应
+4	22	22	1		0.0000***	热手效应
+5	8	7	0.88		0.0352**	热手效应
+6	4	4	1		0.0625*	热手效应
+7	4	4	1		0.0625*	热手效应
+8	1	1	1		0.5000	
−1	153	96	0.63	3.22	0.0006***	赌徒谬误
−2	75	30	0.40	−1.73	0.0418**	热手效应
−3	33	12	0.36	−1.61	0.0537*	热手效应
−4	16	4	0.25		0.0384**	热手效应
−5	8	2	0.25		0.1445	
−6	5	1	0.2		0.1875	
−7	3	0	0		0.1250	
−8	2	1	0.5		0.7500	

从表4-1中的比例检验结果可以看出：当投资者面对一个连续上涨游程且游程长度为1至7时，样本数据均拒绝了"总体看涨比例≤0.5"的原假设，表明此时投资者具有显著的系统性"热手效应"认知偏差；当投资者面对一个连续下跌游程且游程长度为1时，样本数据拒绝了"总体看涨比例≤0.5"的原假设，表明此时投资者具有显著的系统性"赌徒谬误"认知偏差，当游程长度为2至4时，样本数据均拒绝了"总体看涨比例≥0.5"的原假设，表明此时投资者具有显著的系统性"热手效应"认知偏差；当投资者面对一个连续上涨游程且游程长度为8时或面对一个连续下跌游程且游程长度为5至8时，样本数据均接受了"总体看涨比例等于0.5"的假设，表明此时投资者不存在显著的系统性"热手效应"或"赌徒谬误"认知偏差。至此，我们的比例检验结果充分支持了下面这个假设：

假设H1：无论当前游程是连续上涨还是连续下跌，"热手效应"均主导着市场情绪。

接下来考察"热手效应"发生的概率及强弱程度是否依赖于游程的长度。图4-1分别给出了在当前游程是连续上涨和连续下跌两种不同的情形下看涨比例、平均看涨情绪指数、平均看跌情绪指数及平均情绪指数与游程长度的相依关系。从图4-1给我们的直观感觉，下面两个假设似乎是成立的：

假设H2：无论当前游程是连续上涨还是连续下跌，"热手效应"发生的概率随着

第四章 投资者情绪的"热手效应"和"赌徒谬误"偏差实证分析   ▲ 59 ▲

游程长度的增加而增加。

假设 H3：无论当前游程是连续上涨还是连续下跌，"热手效应"的强度与游程长度的相依关系呈现出临界现象，具体来说，就是"热手效应"的强度随着游程长度的增加而增加，但当游程长度达到某个临界值之后，"热手效应"的强度则随着游程长度的增加而减小。

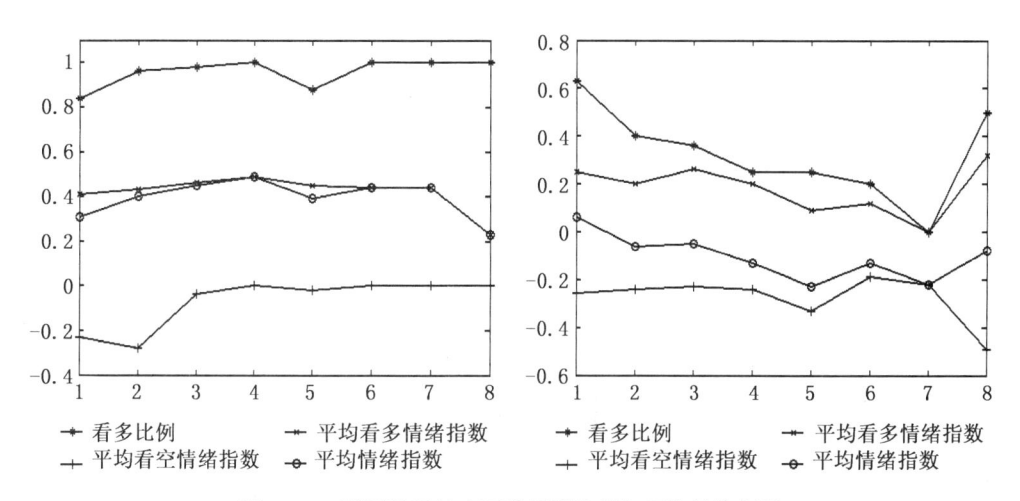

图 4—1　不同游程长度下的看涨比例与平均情绪指数

要想验证上述两个假设在统计意义上是否显著地成立，还需要更进一步的统计检验。首先采用 Probit 回归模型来检验假设 H2。Probit 回归模型为

$$E(D_{SI}) = \Pr(D_{SI}=1) = \Phi(\beta_0 + \beta_1 D_+ \times L + \beta_2 D_- \times L) \tag{4-2}$$

其中，L 表示游程的长度，D_{SI}、D_+ 及 D_- 分别是下式所示的虚拟变量

$$D_{SI} = \begin{cases} 1 & SI > 0 \\ 0 & SI < 0 \end{cases} \tag{4-3}$$

$$D_+ = \begin{cases} 1 & \text{当前游程连续上涨} \\ 0 & \text{当前游程连续下跌} \end{cases} \tag{4-4}$$

$$D_- = \begin{cases} 1 & \text{当前游程连续下跌} \\ 0 & \text{当前游程连续上涨} \end{cases} \tag{4-5}$$

β_0、β_1 和 β_2 均是待估计的参数。除去无显著认知偏差的样本外，共有 594 期样本数据用作 Probit 回归模型的训练样本。

表 4—2 列出了 Probit 模型系数估计及显著性检验结果，β_1 和 β_2 的显著性以及符号说明假设 H2 是成立的。[①] 另外，对假设 $\beta_1 = -\beta_2$ 进行 Wald 检验，检验统计量

---

① 我们也将 L^2 引入模型(4—2)的解释变量中，试图考察"热手效应"发生概率与游程长度的相依关系是否也存在临界现象，但结果显示，L^2 前的系数并不显著。

$\chi^2(1)=0.001753$，P 值为 0.9666，这表明在当前游程是连续上涨和连续下跌两种不同的情形下，游程长度对"热手效应"发生概率的影响并没有显著区别。

表 4—2　看涨概率与游程长度关系的 Probit 模型估计结果

系数	系数估计值	z 统计量	P 值
β_0	0.6726	5.17	0.0000***
β_1	0.3857	4.22	0.0000***
β_2	−0.3795	−5.12	0.0000***

然后采用一般的回归模型来检验假设 H3。一般的回归模型如下式所示

$$SI=\gamma_0+\gamma_1 D_+\times L+\gamma_2 D_+\times L^2+\gamma_3 D_-\times L+\gamma_4 D_-\times L^2+\varepsilon \quad (4-6)$$

表 4—3 列出了一般回归模型系数估计及显著性检验结果，各系数的显著性以及符号说明假设 H3 是成立的。在当前游程是连续上涨时，"热手效应"强度发生反转的最可能的临界游程长度为 $L=0.1235/(2\times 0.0138)\approx 4$；在当前游程是连续下跌时，"热手效应"强度发生反转的最可能的临界游程长度为 $L=0.1710/(2\times 0.0239)\approx 4$。另外，对假设 $\gamma_1=-\gamma_3$ 进行 Wald 检验，检验统计量 $\chi^2(1)=0.3467$，P 值为 0.5560；对假设 $\gamma_2=-\gamma_4$ 进行 Wald 检验，检验统计量 $\chi^2(1)=0.3770$，P 值为 0.5392。这表明在当前游程是连续上涨和连续下跌两种不同的情形下，游程长度对"热手效应"强度的影响并没有显著区别。

表 4—3　情绪指数与游程长度关系的回归模型估计结果

系数	系数估计值	t 统计量	P 值
γ_0	0.2029	4.85	0.0000***
γ_1	0.1235	3.49	0.0005***
γ_2	−0.0138	−2.39	0.0173**
γ_3	−0.1710	−3.45	0.0006***
γ_4	0.0239	1.94	0.0532*

第三节　稳健性检验

一、不同时间尺度下的检验

在这一部分，我们考察在周的时间尺度下的"热手效应"或"赌徒谬误"认知偏差。本部分实证分析所使用的样本数据是上证指数的周对数收益率及对券商和咨询机构

的多空调查数据,样本期为2004年3月27日至2010年8月7日,样本容量为281。上证指数的周对数收益率数据来源于清华金融研究数据库,对券商和咨询机构的多空调查数据是在每周交易结束后向券商和咨询机构征集并整理完成的,其中包括在所有被调查的投资者中对下一周市场看涨、看跌和看平的投资者各自所占的比例,来源于每周六《中国证券报》的"十大券商十大咨询机构预测下周大盘"栏目及"券商论道"栏目。

表4-4列出了在连续上涨游程和连续下跌游程两种不同的情形及不同的游程长度下比例检验的结果及对两种认知偏差的判定。从表4-4中的比例检验结果可以看出:当投资者面对一个连续上涨游程且游程长度为1至7时,样本数据均拒绝了"总体看涨比例≤0.5"的原假设,表明此时投资者具有显著的系统性"热手效应"认知偏差;当投资者面对一个连续下跌游程且游程长度为1和2时,样本数据均接受了"总体看涨比例等于0.5"的假设,表明此时投资者不存在显著的系统性"热手效应"或"赌徒谬误"认知偏差;当游程长度为3至5时,随着游程长度的增加,投资者的系统性"赌徒谬误"认知偏差和"热手效应"认知偏差会交替出现。其他情形,投资者均不存在显著的系统性认知偏差,检验结果未在表中列出(以下同)。

表4-4   比例检验结果(周数据)

游程长度	样本数	看涨的样本数	看涨比例	大样本比例检验渐近z统计量	P值	认知偏差类型
+1	65	55	0.85	5.64	0.0000***	热手效应
+2	24	21	0.88		0.0001***	热手效应
+3	17	15	0.88		0.0012***	热手效应
+4	13	12	0.92		0.0017***	热手效应
+5	9	7	0.78		0.0898*	热手效应
+6	5	5	1		0.0313**	热手效应
+7	5	5	1		0.0313**	热手效应
-1	63	34	0.54	0.63	0.5287	
-2	25	10	0.4		0.2122	
-3	13	10	0.77		0.0461**	赌徒谬误
-4	7	1	0.14		0.0625*	热手效应
-5	7	6	0.86		0.0625*	赌徒谬误

只考虑当前游程是连续上涨的情形。表4-5列出了Probit模型及一般回归模型系数估计及显著性检验结果,模型的形式如下所示

$$E(D_{SI}) = \Pr(D_{SI}=1) = \Phi(\beta_0 + \beta_1 L) \tag{4-7}$$

$$SI = \gamma_0 + \gamma_1 L + \varepsilon \tag{4-8}$$

除去无显著认知偏差的样本外,共有138期样本数据用作回归模型的训练样本。

现在可以对上述检验结果做一个总结:在周的时间尺度下,仅在当前游程是连续上涨时,热手效应主导着券商和咨询机构的情绪;回归结果显示,β_1 和 γ_1 均不显著,表明在周的时间尺度下,对于券商和咨询机构而言,"热手效应"发生的概率及强弱程度均不依赖于游程的长度。由此可见,在不同的时间尺度下,"热手效应"发生的模式也是不同的。于是,我们不禁要提出这样一个问题:较长的时间尺度能够在一定程度上削弱"热手效应"吗?我们的检验结果好像初步支持这样一个假设,当然这个假设是否显著和普遍成立还需要更进一步的证据来支持。

表4—5　　　　　情绪与游程长度关系的回归模型估计结果(周数据)

系数	系数估计值	z 或 t 统计量	P 值
β_0	0.9310	4.00	0.0001***
β_1	0.0870	0.98	0.3240
γ_0	0.4600	7.44	0.0000***
γ_1	0.0173	0.82	0.4153

二、不同投资者类型下的检验

在这一部分,我们考察不同类型投资者的"热手效应"或"赌徒谬误"认知偏差。本部分实证分析所使用的样本数据是上证指数的日对数收益率及华鼎多空民意调查数据,样本期为2004年2月10日至2007年3月23日,样本容量为1756。华鼎多空民意调查数据是在每日交易结束后向散户、大户和咨询机构征集并整理完成的,其中包括在被调查的每一类型的投资者中对下一交易日市场看涨、看跌和看平的投资者各自所占的比例,发布在每周一至周五的《中国证券报》上。

表4—6列出了三类投资者在连续上涨游程和连续下跌游程两种不同的情形及不同的游程长度下比例检验的结果及对两种认知偏差的判定。从表4—6中的比例检验结果可以看出:无论当前游程是连续上涨还是连续下跌,"热手效应"均主导着大户和散户的情绪;仅在当前游程是连续上涨时,"热手效应"主导着咨询机构的情绪,在当前游程是连续下跌且游程长度为1时,咨询机构存在系统性的"赌徒谬误"认知偏差,在其他情形时不存在显著的认知偏差。

表 4-6　不同投资者类型的比例检验结果

投资者类型	游程长度	总样本数	看涨的样本数	看涨比例	大样本比例检验渐近 z 统计量	P 值	认知偏差类型
大户	+1	152	134	0.88	9.37	0.0000***	热手效应
	+2	75	68	0.91	7.10	0.0000***	热手效应
	+3	48	44	0.92	5.82	0.0000***	热手效应
	+4	23	22	0.96		0.0000***	热手效应
	+5	13	12	0.92		0.0017***	热手效应
	−1	145	41	0.28	−5.30	0.0000***	热手效应
	−2	68	5	0.07	−7.09	0.0000***	热手效应
	−3	30	3	0.1	−4.38	0.0000***	热手效应
	−4	14	1	0.07		0.0009***	热手效应
	−5	6	0	0		0.0156**	热手效应
散户	+1	152	131	0.86	8.88	0.0000***	热手效应
	+2	75	68	0.91	7.10	0.0000***	热手效应
	+3	48	44	0.92	5.82	0.0000***	热手效应
	+4	22	20	0.91		0.0000***	热手效应
	+5	13	12	0.92		0.0017***	热手效应
	+6	4	4	1		0.0625*	热手效应
	−1	144	43	0.30	−4.80	0.0000***	热手效应
	−2	68	6	0.09	−6.76	0.0000***	热手效应
	−3	30	3	0.1	−4.38	0.0000***	热手效应
	−4	14	3	0.21		0.0287**	热手效应
	−5	6	0	0		0.0156**	热手效应
咨询机构	+1	154	129	0.84	8.44	0.0000***	热手效应
	+2	77	74	0.96	8.07	0.0000***	热手效应
	+3	47	46	0.98	6.58	0.0000***	热手效应
	+4	22	22	1		0.0000***	热手效应
	+5	12	12	1		0.0002***	热手效应
	+6	4	4	1		0.0625*	热手效应
	−1	147	127	0.86	8.73	0.0000***	赌徒谬误
	−2	70	34	0.49	−0.17	0.8650	
	−3	29	16	0.55		0.3555	
	−4	14	5	0.36		0.2120	
	−5	6	5	0.83		0.1094	

对咨询机构而言，只考虑当前游程是连续上涨的情形。表 4—7 列出了最合适的 Probit 模型及一般回归模型系数估计、显著性检验及 Wald 检验结果，模型的形式如下所示

$$E(D_{SI}) = \Pr(D_{SI} = 1)$$
$$= \Phi(\beta_0 + \beta_1 D_{散户} \times D_+ \times L + \beta_2 D_{散户} \times D_- \times L + \beta_3 D_{散户} \times D_- \times L^2$$
$$+ \beta_4 D_{大户} \times D_+ \times L + \beta_5 D_{大户} \times D_- \times L + \beta_6 D_{大户} \times D_- \times L^2$$
$$+ \beta_7 D_{咨询机构} \times L) \tag{4-9}$$

$$SI = \gamma_0 + \gamma_1 D_{散户} \times D_+ \times L + \gamma_2 D_{散户} \times D_+ \times L^2 + \gamma_3 D_{散户} \times D_- \times L + \gamma_4 D_{散户} \times D_- \times L^2 + \gamma_5 D_{大户} \times D_+ \times L + \gamma_6 D_{大户} \times D_+ \times L^2 + \gamma_7 D_{大户} \times D_- \times L + \gamma_8 D_{大户} \times D_- \times L^2 + \gamma_9 D_{咨询机构} \times L + \gamma_{10} D_{咨询机构} \times L^2 + \varepsilon \tag{4-10}$$

其中，$D_{散户}$、$D_{大户}$、$D_{咨询机构}$ 分别代表三类投资者的虚拟变量。除去无显著认知偏差的样本外，共有 1466 期样本数据用作回归模型的训练样本。

表 4—7 中各系数的显著性表明，当三类投资者面对连续上涨游程时，"热手效应"发生的概率随着游程长度的增加而增加，但散户和大户面对连续下跌游程时，"热手效应"发生的概率会出现临界现象（随着游程长度的增加，概率先增加后减小），另外，对三类投资者而言，"热手效应"的强度与游程长度的相依关系均满足假设 H3。从系数的 Wald 检验结果可以看出，在 0.05 的显著性水平下，无论是在游程长度对"热手效应"发生概率的影响方面，还是在游程长度对"热手效应"强度的影响方面，散户和大户并无显著差别，而咨询机构在这两种影响方面均要显著强于散户和大户。由此可见，对于不同的投资者而言，"热手效应"发生的行为模式也是不同的。

表 4—7　三类投资者情绪与游程长度关系的回归模型系数估计和 Wald 检验结果

系数	系数估计值	z 或 t 统计量	P 值	原假设	$\chi^2(1)$	P 值
β_0	0.8087	7.66	0.0000***	$\beta_1 = -\beta_2$	46.96	0.0000***
β_1	0.1954	3.08	0.0021***	$\beta_4 = -\beta_5$	43.54	0.0000***
β_2	−1.5344	−9.77	0.0000***	$\beta_1 = \beta_4$	0.20	0.6556
β_3	0.2490	6.14	0.0000***	$\beta_1 = \beta_7$	4.63	0.0314**
β_4	0.2251	3.35	0.0008***	$\beta_4 = \beta_7$	3.08	0.0795*
β_5	−1.5643	−9.61	0.0000***	$\beta_2 = \beta_5$	0.03	0.8568
β_6	0.2364	5.31	0.0000***	$\beta_3 = \beta_6$	0.06	0.8121
β_7	0.3698	4.22	0.0000***			
γ_0	0.0960	4.23	0.0000***	$\gamma_1 = -\gamma_3$	3.41	0.0649*
γ_1	0.1141	4.82	0.0000***	$\gamma_2 = -\gamma_4$	2.42	0.1200

续表

| 系数估计 |||| 系数的 Wald 检验 |||
系数	系数估计值	z 或 t 统计量	P 值	原假设	$\chi^2(1)$	P 值
γ_2	−0.0151	−3.12	0.0018***	$\gamma_5=-\gamma_7$	2.88	0.0895*
γ_3	−0.1995	−7.22	0.0000***	$\gamma_6=-\gamma_8$	1.24	0.2664
γ_4	0.0301	4.49	0.0000***	$\gamma_1=\gamma_5$	2.88	0.0899*
γ_5	0.1497	5.85	0.0000***	$\gamma_1=\gamma_9$	112.47	0.0000***
γ_6	−0.0232	−4.07	0.0000***	$\gamma_5=\gamma_9$	70.26	0.0000***
γ_7	−0.2311	−8.36	0.0000***	$\gamma_2=\gamma_6$	1.92	0.1654
γ_8	0.0346	5.18	0.0000***	$\gamma_2=\gamma_{10}$	19.71	0.0000***
γ_9	0.3255	13.74	0.0000***	$\gamma_6=\gamma_{10}$	7.05	0.0079***
γ_{10}	−0.0387	−7.95	0.0000***	$\gamma_3=\gamma_7$	1.66	0.1979
				$\gamma_4=\gamma_8$	0.36	0.5479

三、不同市场阶段下的检验

这一部分我们考察在牛市和熊市这两个不同市场阶段下的"热手效应"或"赌徒谬误"认知偏差。本部分实证分析所使用的样本数据与本章第二节完全相同。这里将样本期分为两个阶段:2008 年 11 月 5 日至 2009 年 8 月 4 日为牛市,2007 年 12 月 27 日至 2008 年 11 月 4 日以及 2009 年 8 月 5 日至 2010 年 7 月 16 日为熊市。

表 4−8 列出了不同的市场阶段在连续上涨游程和连续下跌游程两种不同的情形与不同的游程长度下比例检验的结果及对两种认知偏差的判定。从表 4−8 中的比例检验结果可以看出:在熊市阶段,无论当前游程是连续上涨还是连续下跌,"热手效应"均主导着市场情绪;在牛市阶段,仅在当前游程是连续上涨时,"热手效应"主导着市场情绪,在当前游程是连续下跌且游程长度为 1 时,市场情绪表现出"赌徒谬误",其余情形均不存在显著的认知偏差。由此可见,牛市情境削弱了连续下跌游程中的"热手效应"。

对于牛市而言,只考虑当前游程是连续上涨的情形。表 4−9 列出了最合适的 Probit 模型及一般回归模型系数估计、显著性检验及 Wald 检验结果,模型的形式如下所示

$$E(D_{SI}) = \Pr(D_{SI}=1) = \Phi(\beta_0 + \beta_1 D_{牛市} \times L + \beta_2 D_{熊市} \times D_+ \times L \\ + \beta_3 D_{熊市} \times D_- \times L) \quad (4-11)$$

$$SI = \gamma_0 + \gamma_1 D_{牛市} \times L + \gamma_2 D_{牛市} \times L^2 + \gamma_3 D_{熊市} \times D_+ \times L \\ + \gamma_4 D_{熊市} \times D_- \times L + \gamma_5 D_{熊市} \times D_- \times L^2 + \varepsilon \quad (4-12)$$

其中，$D_{牛市}$和$D_{熊市}$分别代表两种不同市场阶段的虚拟变量。除去无显著认知偏差的样本外，共有520期样本数据用作回归模型的训练样本。

表4—8 不同市场阶段的比例检验结果

市场阶段	游程长度	总样本数	看涨的样本数	看涨比例	大样本比例检验渐近z统计量	P值	认知偏差类型
牛市	+1	44	43	0.98	6.37	0.0000***	热手效应
	+2	28	28	1		0.0000***	热手效应
	+3	19	19	1		0.0000***	热手效应
	+4	11	11	1		0.0005***	热手效应
	−1	43	33	0.77	3.54	0.0002***	赌徒谬误
	−2	18	10	0.56		0.4073	
	−3	6	4	0.67		0.3437	
	−4	2	2	1		0.2500	
熊市	+1	114	90	0.79	6.19	0.0000***	热手效应
	+2	53	50	0.94	6.41	0.0000***	热手效应
	+3	21	20	0.95		0.0000***	热手效应
	+4	11	11	1		0.0005***	热手效应
	−1	110	63	0.57	1.47	0.0708*	赌徒谬误
	−2	57	20	0.35	−2.26	0.0119**	热手效应
	−3	27	8	0.29		0.0261**	热手效应
	−4	14	2	0.14		0.0065***	热手效应
	−5	7	1	0.14		0.0625*	热手效应
	−6	4	0	0		0.0625*	热手效应

表4—9中各系数的显著性表明，对牛市阶段的连续上涨游程、熊市阶段的连续上涨游程及连续下跌游程而言，假设H2均成立，即"热手效应"发生的概率随着游程长度的增加而增加。另外，对于牛市阶段的连续上涨游程和熊市阶段的连续下跌游程，"热手效应"的强度会出现临界现象（随着游程长度的增加，强度先增加后减小），而对于熊市阶段的连续上涨游程，"热手效应"的强度随着游程长度的增加而增加。从系数的Wald检验结果可以看出，无论是在连续上涨游程长度对"热手效应"发生概率的影响方面，还是在连续上涨游程长度对"热手效应"强度的影响方面，牛市阶段均要显著强于熊市阶段。由此可见，对于不同的市场阶段而言，"热手效应"发生的行为模式也是不同的。

表 4－9　不同市场阶段下情绪与游程长度关系的回归模型系数估计与 Wald 检验结果

系数估计				系数的 Wald 检验		
系数	系数估计值	z 或 t 统计量	P 值	原假设	$\chi^2(1)$	P 值
β_0	0.4482	3.05	0.0023***	$\beta_1=\beta_2$	6.89	0.0087***
β_1	1.5589	3.60	0.0003***	$\beta_2=-\beta_3$	0.34	0.5582
β_2	0.4578	3.84	0.0001***			
β_3	−0.3543	−4.66	0.0000***			
γ_0	0.1802	5.41	0.0000***	$\gamma_1=\gamma_3$	13.61	0.0002***
γ_1	0.2460	4.87	0.0000***	$\gamma_3=-\gamma_4$	2.77	0.0963*
γ_2	−0.0453	−3.22	0.0014***			
γ_3	0.0859	4.57	0.0000***			
γ_4	−0.1674	−4.89	0.0000***			
γ_5	0.01875	2.74	0.0064***			

四、基于市场收益层面的统计检验

在这一部分,我们基于市场收益层面来间接地考察"热手效应"偏差。本部分实证分析的样本数据与本章第二节完全相同。以每一个游程为研究对象,考察游程长度 L 与游程反转之后的累积收益 r 之间的关系,回归模型如下式所示

$$r=\alpha_0+\alpha_1 D_+\times L+\alpha_2 D_-\times L+\varepsilon \tag{4-13}$$

共有 306 期样本数据用作回归模型的训练样本。

表 4－10 列出了回归模型系数估计和显著性检验结果,α_1 和 α_2 的显著性以及符号说明,连续上涨游程的长度越长,则游程反转后的累积收益越小;连续下跌游程的长度越长,则游程反转后的累积收益越大。另外,对假设 $\alpha_1=-\alpha_2$ 进行 Wald 检验,检验统计量 $\chi^2(1)=13.53$,P 值为 0.0002,连续下跌游程长度对游程反转后累积收益的影响要显著强于连续上涨游程长度对游程反转后累积收益的影响。

表 4－10　游程长度与反转后累积收益关系的回归模型估计

系数	系数估计值	z 或 t 统计量	P 值
α_0	−0.0131	−3.27	0.0012***
α_1	−0.0067	−3.64	0.0003***
α_2	0.0207	8.62	0.0000***

依据本章第二节的基于投资者情绪层面的检验结果,我们可以对本部分的结果

做一个合理的解释。因为"热手效应"主导着市场情绪,并且"热手效应"发生的概率随着游程长度的增加而增加,所以若游程长度越长,"热手效应"会使得价格偏离其基本价值的程度越大,当游程发生反转后,价格偏差会得到纠正,于是反转后累积收益的绝对值越大。

第四节 小 结

与心理学实验研究不同,本章是在真实的市场环境下对中国股票市场中的"热手效应"或"赌徒谬误"认知偏差进行实证研究。本章的研究对象是整个市场,旨在探索"热手效应"或"赌徒谬误"认知偏差与系统性风险之间的内在联系。

Johnson 和 Tellis(2005)及林树等(2006)的心理学实验研究在探测"热手效应"和"赌徒谬误"这两类认知偏差的心理学实验方案设计方面确实具有很大的指导意义,也取得了很多有意思的结果,但是从实证的角度来看,笔者个人认为,他们的研究还存在一些局限性。第一,行为金融理论认为,股票市场投资者普遍存在的各种认知偏差能够造成市场价格的剧烈波动和对基本价值的严重偏离,对股票市场中"热手效应"和"赌徒谬误"这两种情绪状态的研究正是建立在这一理论基础之上的。值得注意的是,股票价格是由投资者的合力预期产生的,因此研究整体或某一类投资者的合力情绪才有意义。然而,Johnson 和 Tellis(2005)及林树等(2006)的结果是通过对被试个体进行横截面回归而得到的,缺乏合力情绪的度量。第二,他们所使用的都是心理量表的等级或资金比例这些反映被试买或者卖股票倾向的数据,这样的数据并不能直接用来预期股票未来价格是涨还是跌。第三,他们没有基于统计方法清晰地界定什么是系统性的"热手效应"或"赌徒谬误"。

本章试图采用一些新的度量和方法来弥补上述局限性。首先,定义情绪指数,它的符号能够反映投资者对未来市场的预期是看涨还是看跌,它的绝对值大小能够反映投资者对未来市场看涨或看跌预期的强弱,这样定义的情绪指数是对合力情绪的有效度量。其次,采用比例检验来定义系统性的"热手效应"或"赌徒谬误"。具体来说,就是当投资者面对一个市场连续上涨(下跌)游程时,给定游程长度。若投资者对未来市场看涨次数的比例显著地大(小)于 0.5,则判定投资者在给定游程长度下具有"热手效应"认知偏差;若投资者对未来市场看涨次数的比例显著地小(大)于 0.5,则判定投资者在给定游程长度下具有"赌徒谬误"认知偏差。

依据上面对情绪指数的定义和对系统性"热手效应"或"赌徒谬误"认知偏差的界定,本章首先基于日的时间尺度、整体投资者的合力情绪及包括不同市场阶段的较长时期对这两种偏差进行统计检验,结果均支持以下三个假设:

假设 H1:无论当前游程是连续上涨还是连续下跌,"热手效应"均主导着市场情绪。

假设 H2:无论当前游程是连续上涨还是连续下跌,"热手效应"发生的概率随着

第四章　投资者情绪的"热手效应"和"赌徒谬误"偏差实证分析

游程长度的增加而增加。

假设H3：无论当前游程是连续上涨还是连续下跌，"热手效应"的强度与游程长度的相依关系呈现出临界现象，具体来说，就是"热手效应"的强度随着游程长度的增加而增加，但当游程长度达到某个临界值之后，"热手效应"的强度则随着游程长度的增加而减小。

接下来，本章分别从不同的时间尺度（周），不同投资者类型（散户、大户和咨询机构），不同的市场阶段（牛市和熊市）以及游程反转后的市场累积收益等视角对"热手效应"或"赌徒谬误"偏差进行了一系列的稳健性检验，为本章结论的得出提供了更加有力的证据。

(1)在周的时间尺度下，仅在当前游程是连续上涨时，热手效应主导着券商和咨询机构的情绪，并且，对于券商和咨询机构而言，"热手效应"发生的概率及强弱程度均不依赖于游程的长度。检验结果初步支持了这样一个假设：较长的时间尺度能够在一定程度上削弱"热手效应"，当然这个假设是否显著和普遍成立还需要更进一步的证据来支持。

(2)无论当前游程是连续上涨还是连续下跌，"热手效应"均主导着大户和散户的情绪，仅在当前游程是连续上涨时，"热手效应"主导着咨询机构的情绪。当三类投资者面对连续上涨游程时，"热手效应"发生的概率随着游程长度的增加而增加，但散户和大户面对连续下跌游程时，"热手效应"发生的概率会出现临界现象（随着游程长度的增加，概率先增加后减小）。另外，对三类投资者而言，"热手效应"的强度与游程长度的相依关系均满足假设H3。在0.05的显著性水平下，无论是在游程长度对"热手效应"发生概率的影响方面，还是在游程长度对"热手效应"强度的影响方面，散户和大户并无显著差别，而咨询机构在这两种影响方面均要显著强于散户和大户。

(3)在熊市阶段，无论当前游程是连续上涨还是连续下跌，"热手效应"均主导着市场情绪；在牛市阶段，仅在当前游程是连续上涨时，"热手效应"主导着市场情绪。由此可见，牛市情境削弱了连续下跌游程中的"热手效应"。对牛市阶段的连续上涨游程、熊市阶段的连续上涨游程及连续下跌游程而言，假设H2均成立，即"热手效应"发生的概率随着游程长度的增加而增加。另外，对于牛市阶段的连续上涨游程和熊市阶段的连续下跌游程，"热手效应"的强度会出现临界现象（随着游程长度的增加，强度先增加后减小），而对于熊市阶段的连续上涨游程，"热手效应"的强度随着游程长度的增加而增加。无论是在连续上涨游程长度对"热手效应"发生概率的影响方面，还是在连续上涨游程长度对"热手效应"强度的影响方面，牛市阶段均要显著强于熊市阶段。

(4)连续上涨游程的长度越长，则游程反转后的累积收益越小；连续下跌游程的长度越长，则游程反转后的累积收益越大。

综上所述，在本章的最后，我们终于可以得出一个基本的结论：一般来讲，"热手效应"主导着市场情绪。

第五章 股市过度反应与反应不足实证研究

第一节 引 言

对信息的过度反应或反应不足是有限理性投资者所具有的重要行为特征。许多实证研究发现，股票收益率会呈现出显著的自相关现象。基于理性人假设的传统金融理论无法对此现象给出合理的解释。而行为金融学认为，投资者并不会在新信息出现时按照理性的贝叶斯法则修正他们先前的观点，而是对新信息产生不准确的反应，包括过度反应和反应不足两种方式。股票收益率显著自相关现象的产生主要是由于投资者对信息的过度反应或反应不足造成的。

在行为金融理论中，有很多经典的模型来刻画投资者对信息的过度反应或反应不足。Barberis、Shleifer 和 Vishny(1998)假定投资者在进行投资决策时存在两种心理偏差：一种是代表性偏差，即投资者过分重视近期数据的变化模式，太过于使用小样本进行推理和判断，而对产生这些数据的总体特征重视不够；另一种是保守性偏差，即投资者不能依据变化了的情况及时修正自己的预期。代表性偏差会造成投资者对新信息的反应过度，而保守性偏差则会造成投资者对新信息的反应不足。Daniel、Hirshleifer 和 Subrahmanyam(1998)从另外一个角度解释了过度反应和反应不足。他们将投资者划分为有信息的投资者和无信息的投资者两类，无信息的投资者不存在心理偏差，而有信息的投资者存在过度自信和自我归因这两种心理偏差。过度自信的投资者过高地估计自身的预测能力，低估自己的预测误差，过分相信私人信息，低估公开信息的价值，从而导致股票价格过度反应。然而，随着公开信息最终战胜行为偏差，过度反应的价格趋于反转。因此，过度自信导致了股票价格的短期惯性和长期反转。自我归因是指投资者将成功归因于自己的技术水平而将失败归因于外界噪声的影响，这种心理偏差会助长过度自信。De Bondt 和 Thaler(1985)将 1926 至 1982 年间所有在纽约股票交易所上市的股票根据过去 3 年内的累积收益率进行排序,将过去 3 年中表现最好的 35 只股票与表现最差的 35 只股票分别构建两个投资组合,称为"赢者组合"和"输者组合",然后考察这两个组合在随后 3 年中的累积收益率,结果发现输者组合在形成期后表现出很高的收益,而赢者组合则表现出较低的收益,这种现象被称为赢者输者效应。这种现象表明,股票投资者对过去累积收益率较高的公司(赢家)产生过度乐观的情绪而高估其价值,对过去累积收益率较低的公司(输家)产生过度悲观的情绪而低估其价值,从而造成股票价格对其基本价值的偏离,当经过一段时间价格偏差得到纠正之后,输家的累积收益率会高于赢家的累积收益率。

本章的贡献在于:采用 ANAR-TGARCH 模型,通过非对称的一阶自回归均值方程分别从是否属异常值、不同游程长度、不同时间尺度(日、周和月)、不同规模(大盘、中盘和小盘)、不同行业(能源、材料、工业、可选、消费、医药、金融、信息、电信和公用)、不同风格(成长股和价值股)以及不同市场周期(牛市和熊市)等视角对股市的过度反应与反应不足进行了一系列的稳健性检验,并运用系数 Wald 检验分别从横向和纵向对一阶自相关的强弱程度进行了对比,为股市投资策略的生成提供了较为有力的实证支持。

第二节 基于 ANAR-TGARCH 模型的实证分析

本章实证分析所使用的样本数据是上证指数日对数收益率,样本期为 2001 年 1 月 2 日至 2013 年 1 月 21 日,样本容量为 2917。

上证指数日对数收益率 r_t 根据下列公式计算

$$r_t = \ln P_t - \ln P_{t-1} \tag{5-1}$$

其中,P_t 为上证指数的日收盘价。

本章的所有数据均来源于 Wind 数据库。

如果不作特别说明,本章对股市过度反应与反应不足的实证检验采用如下所示的 ANAR-TGARCH 模型,其中,均值方程采用非对称的一阶自回归模型 ANAR(1):

$$r_t = \mu \cdot I\{r_{t-1} \geq 0\} \cdot r_{t-1} + \lambda \cdot I\{r_{t-1} < 0\} \cdot r_{t-1} + \varepsilon_t \tag{5-2}$$

波动率方程采用非对称的 TGARCH(1,1)模型:

$$\sigma_t^2 = w + \alpha \cdot \varepsilon_{t-1}^2 + \beta \cdot I\{\varepsilon_{t-1} < 0\} \cdot \varepsilon_{t-1}^2 + \gamma \cdot \sigma_{t-1}^2 \tag{5-3}$$

假定随机误差服从 GED 分布,上述模型的实证检验结果如表 5-1 所示。检验结果表明,无论是均值方程还是波动率方程,上证指数日对数收益率均呈现出显著的非对称模式。

表 5—1　　　　　　　上证指数日对数收益率 ANAR-TGARCH 模型估计结果

系数	估计值	z 检验 P 值
μ	0.071478	0.0027***
λ	−0.069902	0.0048***
w	0.000004	0.0007***
α	0.046011	0.0001***
β	0.037920	0.0059***
γ	0.920696	0.0000***

注："*"表示显著性水平为0.1，"**"表示显著性水平为0.05，"***"表示显著性水平为0.01（以下同）。

要考察股市投资者是否存在过度反应与反应不足现象，从均值方程的非对称模式可见一斑。从统计意义上来看，$\mu>0$ 表明，当收益率为正时，将呈现显著的一阶正自相关；$\lambda<0$ 表明，当收益率为负时，将呈现显著的一阶负自相关。从投资者行为的层面来看，在面对好消息时，投资者反应不足；而在面对坏消息时，投资者反应过度。

对假设 $\mu=-\lambda$ 进行 Wald 检验，P 值为 0.9633，这表明当收益率为正时一阶正自相关的强弱程度与当收益率为负时一阶负自相关的强弱程度并无显著性区别。

上述实证检验结果对采用什么样的投资策略具有一定的参考意义。当前期收益率为正时，可采用趋势投资策略；而当前期收益率为负时，可采用反向投资策略。

接下来，我们考察收益率游程长度对上述投资策略有效性的影响。波动率方程仍如(5—3)式，分别考察下列两个均值方程

$$r_t = \delta \cdot I\{r_{t-1} \geqslant 0\} \cdot r_{t-1} + \sum_{i=1}^{8} \varphi_i \cdot I\{r_{t-j}<0, j=1,\cdots,i\} \cdot r_{t-1} + \varepsilon_t$$

(5—4)

$$r_t = \nu \cdot I\{r_{t-1} \leqslant 0\} \cdot r_{t-1} + \sum_{i=1}^{9} \rho_i \cdot I\{r_{t-j}>0, j=1,\cdots,i\} \cdot r_{t-1} + e_t$$

(5—5)

上述模型的检验结果如表 5—2 所示。结果表明，投资者面对好消息的反应不足与面对坏消息的过度反应在较短的游程长度上呈现出来，并且游程长度越短，收益率的一阶自相关就越显著。另外，Wald 检验结果显示，收益率一阶自相关的强弱程度与所处的游程长度无关。Wald 检验结果未在表 5—2 中列出。

第五章 股市过度反应与反应不足实证研究

表5—2　考虑游程长度时上证指数日对数收益率 ANAR-TGARCH 模型估计结果

	方程(5—4)			方程(5—5)	
系数	估计值	z 检验 P 值	系数	估计值	z 检验 P 值
δ	0.071336	0.0026***	ν	−0.070442	0.0041***
φ_1	−0.090512	0.0094***	ρ_1	0.111062	0.0009***
φ_2	−0.088421	0.0634*	ρ_2	0.026338	0.5340
φ_3	0.090333	0.2724	ρ_3	0.075712	0.3345
φ_4	−0.165965	0.0940*	ρ_4	0.047697	0.6512
φ_5	0.180070	0.1775	ρ_5	0.199883	0.2348
φ_6	−0.081290	0.5742	ρ_6	0.307624	0.1308
φ_7	−0.391777	0.2408	ρ_7	−0.192091	0.5421
φ_8	−0.474708	0.5323	ρ_8	0.510290	0.3957
			ρ_9	−0.363655	0.8584
ω	0.000003	0.0009***	ω	0.000004	0.0006***
α	0.045303	0.0001***	α	0.045735	0.0001***
β	0.036155	0.0083***	β	0.038621	0.0060***
γ	0.922762	0.0000***	γ	0.920068	0.0000***

在本部分的最后,我们考察收益率的异常程度对前述投资策略有效性的影响。波动率方程仍如(5—3)式,分别考察下列两个均值方程

$$r_t = \theta \cdot I\{r_{t-1} \geqslant 0\} \cdot r_{t-1} + \eta_1 \cdot I\{E(r_t) - 2 \cdot \sqrt{\mathrm{Var}(r_t)} \leqslant r_{t-1} < 0\} \cdot r_{t-1}$$
$$+ \eta_2 \cdot I\{r_t < E(r_t) - 2 \cdot \sqrt{\mathrm{Var}(r_t)}\} \cdot r_{t-1} + \varepsilon_t \quad (5-6)$$

$$r_t = \xi \cdot I\{r_{t-1} \leqslant 0\} \cdot r_{t-1} + \zeta_1 \cdot I\{0 < r_{t-1} \leqslant E(r_t) + 2 \cdot \sqrt{\mathrm{Var}(r_t)}\} \cdot r_{t-1}$$
$$+ \zeta_2 \cdot I\{r_t > E(r_t) + 2 \cdot \sqrt{\mathrm{Var}(r_t)}\} \cdot r_{t-1} + e_t \quad (5-7)$$

上述模型的检验结果如表5—3所示。结果表明,无论收益率为正常值还是异常值,投资者面对好消息的反应不足与面对坏消息的过度反应仍显著地呈现出来;与负的正常收益率相比,当收益率为负的异常值时,一阶负自相关的显著性增强,但强弱程度并无显著区别;当收益率为正的正常值时,一阶正自相关显著,而当收益率为正的异常值时,一阶正自相关并不显著。

表5-3　考虑收益率异常程度时上证指数日对数收益率 ANAR-TGARCH 模型估计结果

	方程(5-6)			方程(5-7)	
系数	估计值	z 检验 P 值	系数	估计值	z 检验 P 值
θ	0.071624	0.0026***	ξ	-0.069828	0.0049***
η_1	-0.049303	0.0936*	ζ_1	0.076686	0.0055***
η_2	-0.138544	0.0028***	ζ_2	0.034994	0.4624
w	0.000004	0.0007***	w	0.000004	0.0007***
α	0.045387	0.0001***	α	0.046174	0.0001***
β	0.037406	0.0061***	β	0.038009	0.0057***
γ	0.921573	0.0000***	γ	0.920490	0.0000***
原假设	Wald 检验 P 值				
$\eta_1 = \eta_2$	0.1046				

第三节　上述实证结果的稳健性检验

一、不同时间尺度下的检验

本部分在更长的时间尺度(周和月)下来对股市的过度反应和反应不足进行实证检验。均值方程和波动率方程分别如(5-2)式和(5-3)式所示(以下同)。

检验结果如表5-4所示。结果表明,在周的时间尺度下,投资者并未显著地呈现出面对好消息的反应不足和面对坏消息的反应过度,波动率也未呈现出显著的非对称特征;在月的时间尺度下,投资者显著地表现出面对好消息的反应不足和面对坏消息的反应过度,波动率未呈现出显著的非对称特征,对假设 $\mu=-\lambda$ 进行 Wald 检验,P 值为0.3171,这表明当收益率为正时一阶正相关的强弱程度与当收益率为负时一阶负相关的强弱程度并无显著性区别。

表5-4　　　　上证指数周和月对数收益率 ANAR-TGARCH 模型估计结果

	周	月
样本期	2001年3月9日至 2013年1月25日	2001年1月至 2012年12月
样本容量	599	144

续表

系数	估计值	z 检验 P 值	估计值	z 检验 P 值
μ	0.072910	0.2498	0.279506	0.0291**
λ	0.041852	0.4641	−0.149887	0.0000***
w	0.000025	0.0590*	0.007757	0.0003***
α	0.048138	0.0373**	0.331250	0.1916
β	0.028244	0.2521	−0.391770	0.1240
γ	0.917706	0.0000***	−0.309830	0.3107

二、不同规模下的检验

本部分针对不同规模的股票对投资者的过度反应与反应不足进行实证检验，样本数据为巨潮大盘、中盘、小盘指数的日对数收益率，样本期为2005年2月16日至2013年1月28日，样本容量为1937。

检验结果如表5—5所示。结果表明，无论是何种规模的股票，投资者均显著地呈现出面对好消息的反应不足和面对坏消息的反应过度，但波动率并未呈现出显著的非对称特征。在三种规模的股票内进行纵向比较，对大盘股而言，当收益率为正时一阶正自相关的强弱程度与当收益率为负时一阶负自相关的强弱程度并无显著性区别；而对中盘股和小盘股而言，当收益率为正时一阶正自相关的强度显著大于当收益率为负时一阶负自相关的强度。在三种规模的股票之间进行横向比较，当收益率为正时，中盘股一阶正自相关的强度与小盘股相当，但要显著大于大盘股；当收益率为负时，三种规模的股票一阶负自相关的强度并无显著差异。

表5—5　　　不同规模指数日对数收益率 ANAR-TGARCH 模型估计结果

	大盘股			中盘股			小盘股	
系数	估计值	z 检验 P 值	系数	估计值	z 检验 P 值	系数	估计值	z 检验 P 值
μ_1	0.092523	0.0026***	μ_2	0.205111	0.0000***	μ_3	0.234120	0.0000***
λ_1	−0.096853	0.0017***	λ_2	−0.078101	0.0093***	λ_3	−0.068504	0.0223**
w_1	0.000002	0.0289**	w_2	0.000006	0.0043**	w_3	0.000009	0.0016**
α_1	0.041968	0.0004***	α_2	0.059151	0.0007***	α_3	0.068911	0.0010***
β_1	0.006879	0.5837	β_2	0.005264	0.7677	β_3	0.005448	0.7931
γ_1	0.948251	0.0000***	γ_2	0.924150	0.0000***	γ_3	0.909103	0.0000***

续表

	Wald 检验		
纵向		横向	
原假设	P 值	原假设	P 值
$\mu_1 = -\lambda_1$	0.9206	$\mu_1 = \mu_2$	0.0136**
$\mu_2 = -\lambda_2$	0.0040***	$\mu_1 = \mu_3$	0.0019***
$\mu_3 = -\lambda_3$	0.0002***	$\mu_2 = \mu_3$	0.5200
		$\lambda_1 = \lambda_2$	0.6721
		$\lambda_1 = \lambda_3$	0.4415
		$\lambda_2 = \lambda_3$	0.7191

从图 5—1 中可以比较直观地观察到上述纵向与横向关系。

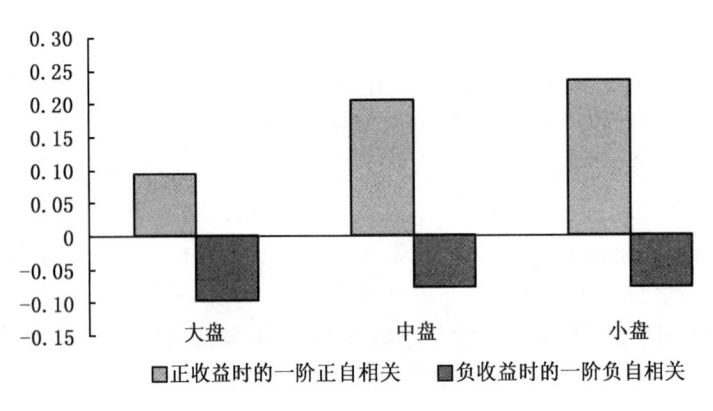

图 5—1　不同规模指数非对称一阶自相关强弱比较

三、不同行业下的检验

本部分针对不同行业的股票对投资者的过度反应与反应不足进行实证检验,样本数据为能源、材料、工业、可选、消费、医药、金融、信息、电信和公用 10 个指数的日对数收益率,样本期为 2003 年 1 月 3 日至 2013 年 1 月 28 日,样本容量为 2444。系数估计和 z 检验结果如表 5—6 所示,但系数 Wald 检验结果未在该表中列出。

表 5-6　　　不同行业指数日对数收益率 ANAR-TGARCH 模型估计结果

系数	能源 估计值	z 检验 P 值	材料 估计值	z 检验 P 值	工业 估计值	z 检验 P 值	可选 估计值	z 检验 P 值
μ	0.053524	0.0493**	0.132106	0.0000***	0.129285	0.0000***	0.134604	0.0000***
λ	−0.049932	0.0796*	−0.033213	0.2433	−0.045449	0.0937*	−0.037186	0.1738
w	0.000003	0.0282**	0.000003	0.0141**	0.000003	0.0081***	0.000003	0.0063***
α	0.046084	0.0000***	0.057802	0.0000***	0.050122	0.0001***	0.056480	0.0000***
β	0.008909	0.4614	0.005327	0.6786	0.012899	0.3496	0.007006	0.6213
γ	0.944255	0.0000***	0.933158	0.0000***	0.934946	0.0000***	0.931492	0.0000***

系数	消费 估计值	z 检验 P 值	医药 估计值	z 检验 P 值	金融 估计值	z 检验 P 值	信息 估计值	z 检验 P 值
μ	0.157876	0.0000***	0.140169	0.0000***	0.038696	0.1749	0.134857	0.0000***
λ	−0.008658	0.7602	0.033508	0.2098	−0.078657	0.0064***	−0.033056	0.2215
w	0.000003	0.0035***	0.000003	0.0077***	0.000002	0.0296**	0.000008	0.0019***
α	0.081883	0.0000***	0.076072	0.0000***	0.036239	0.0001***	0.067122	0.0000***
β	−0.006091	0.7201	−0.017324	0.2929	0.006602	0.5226	−0.000960	0.9521
γ	0.912163	0.0000***	0.924587	0.0000***	0.955134	0.0000***	0.916598	0.0000***

系数	电信 估计值	z 检验 P 值	公用 估计值	z 检验 P 值
μ	0.081796	0.0047***	0.080563	0.0042***
λ	−0.030607	0.2581	−0.031382	0.2468
w	0.000005	0.0086***	0.000002	0.0088***
α	0.057181	0.0000***	0.055550	0.0000***
β	−0.003283	0.8166	0.002466	0.8544
γ	0.933169	0.0000***	0.935295	0.0000***

结果表明,无论是何种行业的股票,波动率均未呈现出显著的非对称特征;除金融之外,在其他所有的行业中,投资者均显著地呈现出面对好消息的反应不足,就收益率为正时一阶正自相关的强弱程度而言,能源、电信与公用三行业相当,材料、工业、可选、消费、医药与信息六行业相当,但前者要显著低于后者;在所有的行业中,只有在能源、工业和金融三行业投资者才显著地呈现出面对坏消息的反应过度,而且金融的显著性强于能源和工业,当收益率为正时,这三行业的一阶正自相关的强弱程度也无显著差异;在所有的行业中,只有在能源和工业两行业投资者均显著地呈现出面对好消息的反应不足和面对坏消息的反应过度,在工业行业中收益率为正时一阶正自相关的强度显著大于当收益率为负时一阶负自相关的强度,而在能源行业中收益率为正时一阶正自相关的强度与收益率为负时一阶负自相关的强度并无显著差异。

四、不同风格下的检验

本部分针对不同风格的股票对投资者的过度反应与反应不足进行实证检验,样本数据为巨潮成长和价值指数的日对数收益率,样本期为 2003 年 1 月 3 日至 2013 年 1 月 28 日,样本容量为 2444。检验结果如表 5—7 所示。

表 5—7　　　　不同风格指数日对数收益率 ANAR-TGARCH 模型估计结果

系数	成长股 估计值	z 检验 P 值	系数	价值股 估计值	z 检验 P 值
μ_1	0.117944	0.0000***	μ_2	0.071920	0.0088***
λ_1	−0.063427	0.0243**	λ_2	−0.089074	0.0012***
w_1	0.000003	0.0105**	w_2	0.000002	0.0135**
α_1	0.044699	0.0001***	α_2	0.047957	0.0000***
β_1	0.017845	0.1720	β_2	0.004711	0.7051
γ_1	0.938243	0.0000***	γ_2	0.943149	0.0000***

Wald 检验			
纵向		横向	
原假设	P 值	原假设	P 值
$\mu_1=-\lambda_1$	0.1655	$\mu_1=\mu_2$	0.2304
$\mu_2=-\lambda_2$	0.6580	$\lambda_1=\lambda_2$	0.5556

结果表明,无论是何种风格的股票,投资者均显著地呈现出面对好消息的反应不足和面对坏消息的反应过度,但波动率并未呈现出显著的非对称特征;无论是在两种风格的股票内进行纵向比较,还是在两种风格的股票之间进行横向比较,当收益率为正时一阶正自相关的强度与当收益率为负时一阶负自相关的强度并无显著性差异。

五、不同市场周期下的检验

本部分针对不同的市场周期对投资者的过度反应与反应不足进行实证检验,样本数据为上证指数的日对数收益率。选择 2006 年 8 月 7 日至 2007 年 10 月 16 日为牛市样本期,样本容量为 289,在此约 14 个月的时间里,上证指数从 1547 点上涨至 6092 点,涨幅为 293.79%。选择 2001 年 6 月 13 日至 2005 年 6 月 3 日为熊市样本期,样本容量为 957,在此约 48 个月的时间里,上证指数从 2242 点跌至 1014 点,跌幅为 54.8%。检验结果如表 5—8 所示。

第五章 股市过度反应与反应不足实证研究

表5—8　不同市场周期下上证指数日对数收益率 ANAR-TGARCH 模型估计结果

牛市			熊市		
系数	估计值	z 检验 P 值	系数	估计值	z 检验 P 值
μ_1	0.325701	0.0000***	μ_2	−0.005410	0.8963
λ_1	−0.543874	0.0000***	λ_2	−0.023766	0.6078
w_1	0.000187	0.0011***	w_2	0.000008	0.0369**
α_1	−0.154632	0.0298**	α_2	0.019217	0.3057
β_1	0.550322	0.0214**	β_2	0.149326	0.0005***
γ_1	0.325373	0.1168	γ_2	0.867080	0.0000***

结果表明,在牛市周期下,投资者显著地呈现出面对好消息的反应不足和面对坏消息的反应过度,并且波动率也呈现出显著的非对称特征,对假设 $\mu_1=\lambda_1$ 进行 Wald 检验,P 值为 0.0000,这表明当收益率为负时一阶负自相关的强度显著大于当收益率为正时一阶正自相关的强度;在熊市周期下,投资者并未显著地呈现出面对好消息的反应不足和面对坏消息的反应过度,但波动率呈现出显著的非对称特征。

第四节　小　结

本章采用 ANAR-TGARCH 模型,通过非对称的一阶自回归均值方程对股市的过度反应与反应不足进行实证检验。

首先,本章基于日的时间尺度进行实证检验。结果表明,当收益率为正时,将呈现显著的一阶正自相关,当收益率为负时,将呈现显著的一阶负自相关;从投资者行为的层面来看,在面对好消息时,投资者反应不足,而在面对坏消息时,投资者反应过度;当收益率为正时一阶正自相关的强弱程度与当收益率为负时一阶负自相关的强弱程度并无显著性区别。

实证检验结果对采用什么样的投资策略具有一定的参考意义。当前期收益率为正时,可采用趋势投资策略,而当前期收益率为负时,可采用反向投资策略。

另外,收益率游程长度及收益率的异常程度对上述投资策略的有效性会产生影响:投资者面对好消息的反应不足与面对坏消息的过度反应在较短的游程长度上呈现出来,游程长度越短,收益率的一阶自相关就越显著,并且收益率一阶自相关的强弱程度与所处的游程长度无关;无论收益率为正常值还是异常值,投资者面对好消息的反应不足与面对坏消息的过度反应仍显著地呈现出来,与负的正常收益率相比,当收益率为负的异常值时,一阶负自相关的显著性增强,但强弱程度并无显著区别,当收益率为正的正常值时,一阶正自相关显著,而当收益率为正的异常值时,一阶正自相关并不显著。

接下来,本章从不同时间尺度、不同规模、不同行业、不同风格以及不同市场周期等视角对股市的过度反应与反应不足进行了一系列的稳健性检验,并运用系数 Wald 检验分别从横向和纵向对一阶自相关的强弱程度进行了对比,为股市投资策略的生成提供了较为有力的实证支持。

第六章 金融复杂系统与自组织临界性

第一节 引 言

金融市场本质上是一个复杂的非线性动态系统,金融市场的演化是许多相互作用的个体在不稳定的市场状态下彼此调节关系、不断学习和适应环境的结果。具体来说,金融市场具有以下几个核心本质特性:

一、复杂性

复杂性表现在系统各组分之间差异显著,但联系广泛而紧密,构成一个网络,具有很强的耦合作用和难以线性化的非线性性质,因此会出现极限环甚至混沌现象。

二、内随机性

复杂系统所表现出的貌似随机性和突变性可以来自确定性非线性动态系统内部(内生),是系统内在非线性机制发生作用的结果。

三、自组织临界性

一个组分之间具有非线性相互作用的多体系统,会自发地演化到一个临界状态,系统围绕这个状态的不规则涨落满足 $1/f$ 定律。[1] 当系统达到临界状态时,外界的微小扰动可能会引起系统发生一系列灾变(即一阶相变[2])。

---

[1] 即涨落的幅度与频率之间满足幂律关系。
[2] 化学势的一阶导数不连续的相变称为一阶相变。

四、多稳定性

系统既不是稳定的,也不是完全不稳定的。随着时间的推移,系统在两个或两个以上相互排斥的状态之间转换。

五、准周期性振荡

金融系统的演化呈现出准周期性振荡的特征。这种准周期性振荡并不是简单的循环往复,它既不发散也不消失,而是螺旋式地向前推进。

六、非均衡

作为一个耗散结构,在非线性相互作用下,金融系统具有内在的不确定性和常态的非均衡。在一定条件下,个体追求利益最大化的行为可能导致金融系统偏离全局最优化状态。金融市场的演化可以收敛于均衡,也可以收敛于稳定的准周期振荡,更多可能会收敛于混沌且有界的状态。

然而,遗憾的是,经典的金融市场理论认为金融市场中的个体是同质的、完全理性的,金融市场的不规则涨落源于外生扰动,并且金融系统对于外生扰动的反应是以连续的、线性的方式回归到稳定的均衡。因此,经典的金融市场理论描述的只是一种理想化状态,与实际情况相去甚远,它关于金融市场本质特性的认识还存在比较大的局限性,对于金融市场上不断涌现出的种种异象,诸如股票溢价之谜和股利之谜等,还不能给出令人信服的解释。令人感到欣慰的是,作为对经典金融市场理论的修正和补充,近年来迅速发展起来的金融物理学为人们认识金融市场的本质特性提供了一些全新的视角。

金融物理学运用一些统计物理学概念,如随机动力学、短程与长程相关、自相似性与标度、临界现象与相变、湍流及平均场等,来描述金融系统,为揭示金融市场的本质特性提供了一个崭新而独特的视角。Mantegna 和 Stanley(1996)将标准普尔 500 指数与具有高雷诺数的湍流进行平行分析,研究结果表明,湍流与金融市场的价格演化既有相似之处又有不同之处。上述两个过程在短的时间尺度上均表现出间歇性、非高斯特性、非平稳但渐近平稳性,但它们在功率谱上存在差异。Ghashghaie 等(1996)指出,湍流速度和外汇汇率之间也存在形式上的类似。他们观测到,对不同的时间间隔,外汇市场价格增量的概率密度函数与完全扰动湍流速度增量的概率密度函数的形状都会随之发生变化,在较短的时间间隔上,两者的概率密度函数的形状都表现出尖峰特征,但这两个系统的时间相关性(功率谱)却完全不同。Kaizoji(2000)运用伊辛模型和平均场近似方法建立了一个代理人投机行为的交互作用模型,以此来解释股票市场中的泡沫和崩盘。他认为,当投资者之间的交互作用变得越来越强

第六章 金融复杂系统与自组织临界性

烈时,二阶相变[①]和临界现象将会被观察到,牛市相位和熊市相位将会出现。当系统停留在牛市相位时,投机泡沫将会发生。当市场环境(即外部场)处于一定的范围内,多稳定性和磁滞现象将会被观察到。当市场环境达到某一个临界值,一阶相变就会发生。

目前,国内在金融物理学领域的研究才刚刚起步,研究文献还不多见。本章将沿袭金融物理学及金融复杂系统的研究思路和框架,对中国股票市场的自组织临界性进行实证研究。

第二节 中国股票市场对数周期性幂律实证分析

一、经典的理论模型

(一)Johansen-Ledoit-Sornette 市场微观模型

Johansen、Ledoit 和 Sornette(2000)提出了一个 Ising 模型来解释金融市场崩盘是一个临界过程。

考虑一个由社会网络支撑的金融市场。与每个交易者 i 直接相邻的交易者所构成的集合记为 N。在任一时刻,每个交易者 i 发出买[$s_i(t)=+1$]或者卖[$s_i(t)=-1$]1 股股票的指令,买卖决策 $s_i(t)$ 由下式确定

$$s_i(t) = sign\left[\sum_{j \in N} K_{ij}(t) E(s_j(t)) + \sigma_i(t) G(t) + \varepsilon_i(t)\right] \quad (6-1)$$

影响交易者 i 买卖决策的因素有三个:该交易者对其他交易者的模仿、市场公开信息、交易者特质。在(6-1)式中,$\sum_{j \in N} K_{ij}(t) E(s_j(t))$ 表示交易者 i 对其他交易者的模仿,系数 K_{ij} 表示交易者 i 受交易者 j 的观点影响的程度,称为 i 对 j 的模仿系数;$\sigma_i(t) G(t)$ 表示市场公开信息对交易者 i 买卖决策的影响,其中的 $G(t)$ 表示市场公开信息 $I(t)$(服从正态分布的随机变量)对交易者决策过程的正面的或者负面的影响,如下式所示

$$G(t) = \begin{cases} 1 & I(t) > 0 \\ -1 & I(t) \leq 0 \end{cases} \quad (6-2)$$

$\sigma_i(t)$ 表示交易者 i 对市场公开信息的敏感程度;$\varepsilon_i(t)$ 表示交易者 i 本身的特质对买卖决策的影响,这种特质包括交易者 i 的个人偏好、经历、关于市场的私有信息等。

模仿系数 K_{ij} 的演化方程为

$$K_{ij}(t) = b_{ij} + \alpha_i K_{ij}(t-1) + \beta r(t-1) G(t-1) \quad (6-3)$$

该式描述了交易者的自适应特征和学习能力,其中,b_{ij} 表示没有其他因素影响

[①] 化学势的一阶导数连续的相变称为二阶相变。

时交易者 i 对交易者 j 的模仿程度，$\alpha_i>0$ 描述模仿过程的记忆性，β 表示交易者 i 根据市场公开信息 $G(t-1)$ 对收益率 $r(t-1)$ 的预测正确程度更新自己的模仿系数。

t 期的收益率 $r(t)$ 由下式决定

$$r(t)=D(t)/\lambda \tag{6-4}$$

其中，$D(t)$ 为总体需求和供应的差额，即超额需求。

(二) LPPL 模型

为了简单起见，假定当崩盘发生时金融资产的价格以一个固定的比例 $\kappa\in(0,1)$ 下跌，则金融资产价格 $p(t)$ 的动力学方程为

$$dp=\mu(t)p(t)dt-\kappa p(t)dj \tag{6-5}$$

其中，$\mu(t)$ 为漂移系数，j 表示一个跳跃过程，崩盘未发生时其值为 0，崩盘发生后其值为 1。

设崩盘的风险率为 $h(t)$，则有

$$E_t(dj)=h(t)dt \tag{6-6}$$

为了得到理性预期下的价格动力学方程，需要在鞅条件下确定 $\mu(t)$，结合 (6-5) 式和 (6-6) 式，鞅条件可以写作

$$E_t[dp]=\mu(t)p(t)dt-\kappa p(t)h(t)dt=0 \tag{6-7}$$

于是有

$$\mu(t)=\kappa h(t) \tag{6-8}$$

将 (6-8) 式代入 (6-5) 式中可得

$$dp=\kappa h(t)p(t)dt-\kappa p(t)dj \tag{6-9}$$

在崩盘发生前，$dj=0$，于是金融资产价格的动力学方程为

$$dp=\kappa h(t)p(t)dt \tag{6-10}$$

崩盘的风险率 $h(t)$ 可以用如下所示的简单幂律来表示

$$h(t)=B_0(t_c-t)^{-\alpha} \tag{6-11}$$

其中，t_c 为临界点，即崩盘最有可能发生的时间，$\alpha=(\xi-1)^{-1}$，ξ 为一个典型网络中交易者的人数。于是常微分方程 (6-10) 的解的形式为

$$\log(p(t))=\log(p(t_0))-\frac{\kappa B_0}{\beta}(t_c-t)^{\beta} \tag{6-12}$$

考虑到在泡沫和反泡沫期间交易者相互模仿所导致的间歇性正反馈，崩盘的风险率 $h(t)$ 可用如下所示的对数周期幂律来近似

$$h(t)\approx B_0'(t_c-t)^{-\gamma}+B_1'(t_c-t)^{-\gamma}\cos[\omega\log(t_c-t)+\varphi] \tag{6-13}$$

于是常微分方程 (6-10) 的解的形式为

$$\log(p(t))=A+(t_c-t)^z\{B+C\cos[\omega\ln(t_c-t)+\varphi]\} \tag{6-14}$$

称 (6-14) 式为一阶的对数周期性幂律 (LPPL) 模型。

二、实证分析

Sornette、Johansen 和 Bouchaud(1996)通过将股市崩盘与材料断裂进行类比，发现泡沫在趋向崩盘的过程中呈现出临界行为和对数周期振荡特征，并采用对数周期性幂律(LPPL)模型来刻画泡沫的演化过程。他们认为，泡沫的形成是由于交易者之间相互模仿，通过正反馈形成集体效应，最终的崩盘是由市场动力学机制所致。Feigenbaum 和 Freund(1996)也独立地发现了类似的规律。Johansen 和 Sornette(1999)最早提出了反泡沫的概念，并在 20 世纪 80 年代的黄金价格和 90 年代的日本日经指数中找到了证据。Zhou 和 Sornette(2003)首次发现了反转泡沫的存在。[①]

本节对中国股票市场的对数周期性幂律进行实证研究。

(一)样本数据

本节选取上证指数从 1990 年 12 月 19 日至 2010 年 3 月 22 日的日收盘价 P_t 和日收益率 R_t 作为样本数据，日收盘价和日收益率的样本容量分别为 4720 和 4719。样本数据来源于 RESSET 金融研究数据库(http://www.resset.cn)。

(二)泡沫与反泡沫的 LPPL 拟合

上证指数日收盘价时间序列 $P_t(t=1\sim4720)$ 的演化如图 6—1 所示。将整个样本期分为 14 个阶段，包括 7 个市场上升期和 7 个市场下跌期。这里需要指出的是，1995 年 5 月 18 日至 1995 年 5 月 22 日，由于受到管理层关闭国债期货消息的影响，在 3 个交易日内，上证指数从 582 点暴涨到 926 点，涨幅高达 59.11%。由于这三天的上涨行情是由突发事件的刺激引起的，所以没有考虑这三天的价格演化。表 6—1

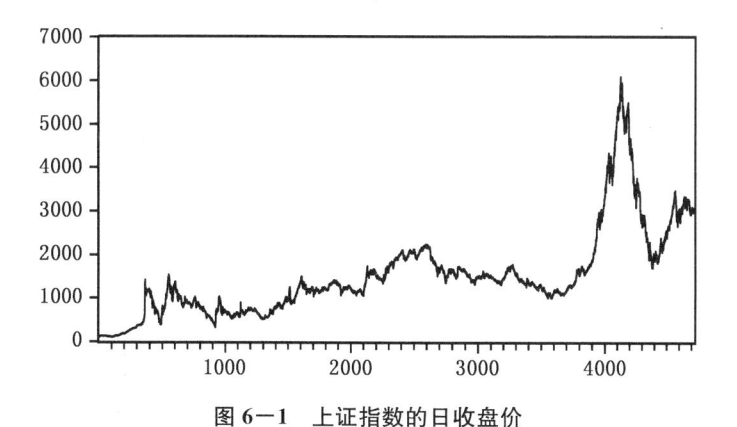

图 6—1 上证指数的日收盘价

[①] Zhou 和 Sornette(2003)将发现的这种新现象称为牛市反泡沫(Bullish Anti-bubble)。Gnacinski 和 Makowiec(2004)在波兰股市中独立地发现了这一现象，他们称为反转泡沫(Inverted Bubble)。在本文中我们采用 Gnacinski 和 Makowiec(2004)的叫法。

列出了这 13 个不同阶段的时窗选择、时窗长度、价格区间及涨跌幅。图 6-1 和表 6-1 中的数据都明显地反映了中国股市作为一个新兴的、不成熟的市场所具备的一个主要特征：暴涨暴跌。

表 6-1　　　　　　　　不同阶段上证指数日收盘价格的演化特性

序号	时　窗	时窗长度	价格区间	涨幅或跌幅	价格演化属性
1	1990.12.19~1992.05.25 ($t=1$~363)	约 18 个月	99.98↑1421.57	涨 1324.85%	泡沫
2	1992.05.25~1992.11.17 ($t=363$~487)	约 6 个月	1421.57↓393.52	跌 72.32%	反转反泡沫
3	1992.11.17~1993.02.15 ($t=487$~548)	约 3 个月	393.52↑1536.82	涨 290.53%	反转泡沫
4	1993.02.15~1994.07.29 ($t=548$~920)	约 18 个月	1536.82↓333.92	跌 78.27%	反泡沫
5	1994.07.29~1994.09.13 ($t=920$~952)	约 2 个月	333.92↑1033.47	涨 209.50%	反转泡沫
6	1994.09.13~1995.05.10 ($t=952$~1114)	约 8 个月	1033.47↓565.14	跌 45.32%	反泡沫
7	1995.05.22~1996.01.22 ($t=1122$~1294)	约 8 个月	897.42↓516.46	跌 42.45%	反泡沫
8	1996.09.12~1997.05.12 ($t=1451$~1607)	约 8 个月	757.09↑1500.40	涨 98.18%	反转泡沫
9	1997.05.12~1997.09.23 ($t=1607$~1701)	约 5 个月	1500.40↓1041.97	跌 30.55%	反泡沫
10	1999.12.27~2001.06.13 ($t=2251$~2595)	约 18 个月	1345.35↑2242.42	涨 66.68%	反转泡沫
11	2001.06.13~2005.06.03 ($t=2595$~3551)	约 48 个月	2242.42↓1013.64	跌 54.80%	反泡沫
12	2006.08.07~2007.10.16 ($t=3838$~4126)	约 14 个月	1547.44↑6092.06	涨 293.69%	泡沫
13	2007.10.16~2008.11.04 ($t=4126$~4384)	约 13 个月	6092.06↓1706.70	跌 71.98%	反泡沫
14	2008.11.04~2009.08.04 ($t=4384$~4568)	约 9 个月	1706.70↑3471.44	涨 103.40%	泡沫

运用 Levenberg-Marquardt 通用全局优化算法分别对上述 14 个子样本进行如 (6-14) 式所示的 LPPL 拟合，未知参数值的先验约束为：$A>0, z\in[0.2,0.8], \omega\in[5,15], \varphi\in[0,2\pi]$。各未知参数的估计值和拟合优度列在表 6-2 中，各个子样本的拟合结果如图 6-2 所示。14 个子样本期的价格演化属性列在表 6-1 的最后一列，其中第 1,12,14 个子样本期的价格演化属于泡沫。第 3,5,8,10 个子样本期的价格演化属于反转泡沫，第 4,6,7,9,11,13 个子样本期的价格演化属于反泡沫。值得

注意的是,我们发现了一个新的价格演化特性:第 2 个子样本期的价格演化属于反转反泡沫。①

表 6—2　　　　　　　　不同阶段 LPPL 拟合的参数估计和拟合优度

时窗	A	B	C	ω	φ	t_c	z	R^2
$t=1\sim363$	1043.46	−302.80	−9.61	6.31	4.17	$t=363$	0.20	0.8684
$t=363\sim487$	0	35.06	−2.38	9.24	3.68	$t=516$	0.72	0.9695
$t=487\sim548$	75.90	74.53	12.78	5.00	3.64	$t=477$	0.65	0.9789
$t=548\sim920$	1975.02	−231.50	−24.34	5.82	2.64	$t=522$	0.30	0.9273
$t=920\sim952$	0	152.67	20.20	5.00	5.54	$t=912$	0.51	0.9522
$t=952\sim1114$	1147.37	−217.46	17.63	7.06	2.62	$t=954$	0.20	0.8214
$t=1122\sim1294$	1572.13	−336.81	36.96	5.00	6.04	$t=1056$	0.20	0.8988
$t=1451\sim1607$	834.85	8.39	5.36	5.92	2.02	$t=1455$	0.74	0.8913
$t=1607\sim1701$	1599.29	−182.93	22.03	12.43	1.69	$t=1606$	0.20	0.7539
$t=2251\sim2595$	838.20	409.22	10.54	11.57	0.92	$t=2250$	0.20	0.8901
$t=2595\sim3551$	2426.25	−273.74	32.22	13.71	4.81	$t=2607$	0.20	0.7986
$t=3838\sim4126$	7287.50	−455.70	−26.50	5.00	4.22	$t=4136$	0.44	0.9850
$t=4126\sim4384$	7691.30	−59.77	−2.73	8.39	4.62	$t=4058$	0.80	0.9696
$t=4384\sim4568$	3531.53	−113.64	8.84	15.00	4.78	$t=4563$	0.53	0.9762

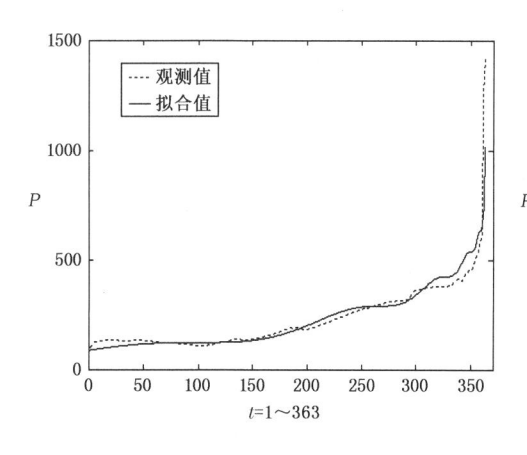

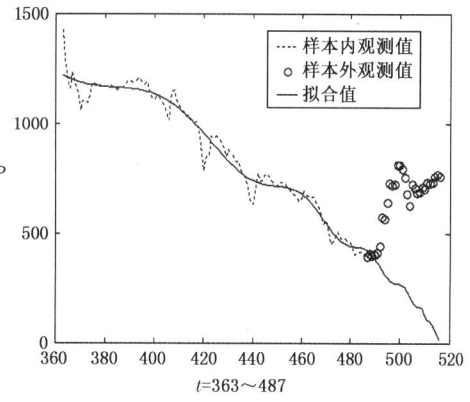

---

① 当价格演化属于泡沫或反泡沫时,$B<0$;当价格演化属于反转泡沫或反转反泡沫时,$B>0$。

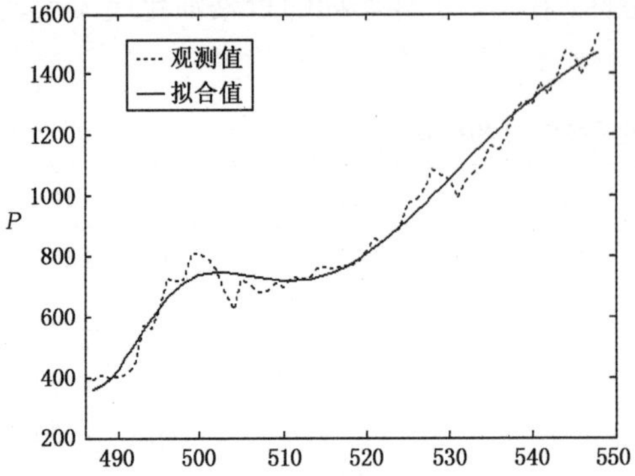

t=487～548

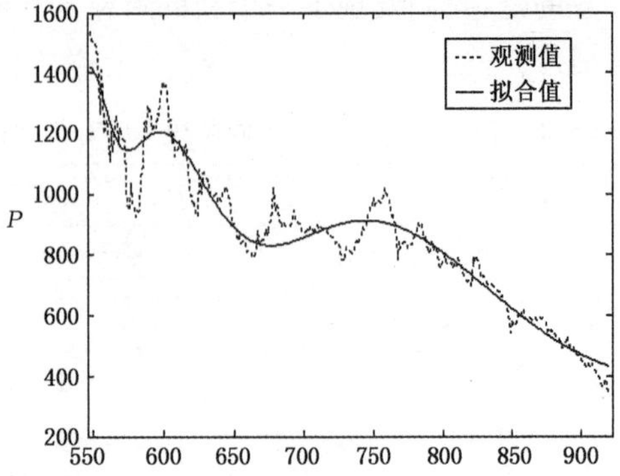

t=548～920

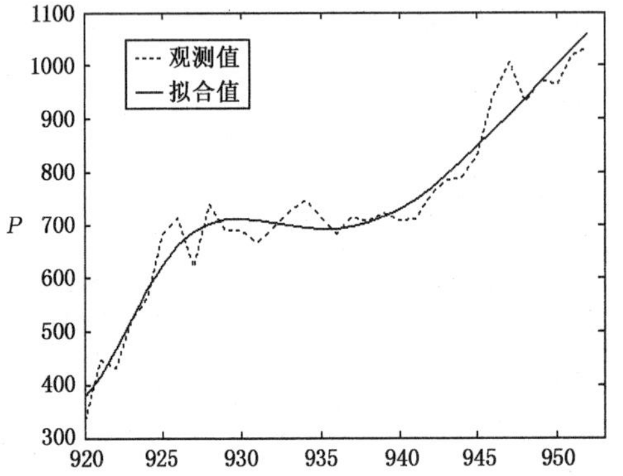

t=920～952

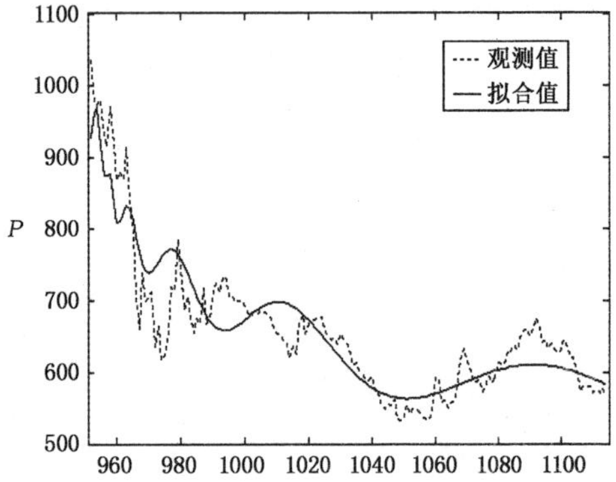

t=952～1114

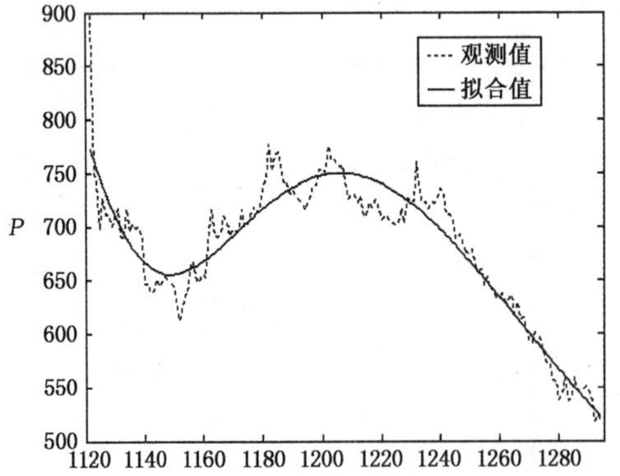

t=1112～1294

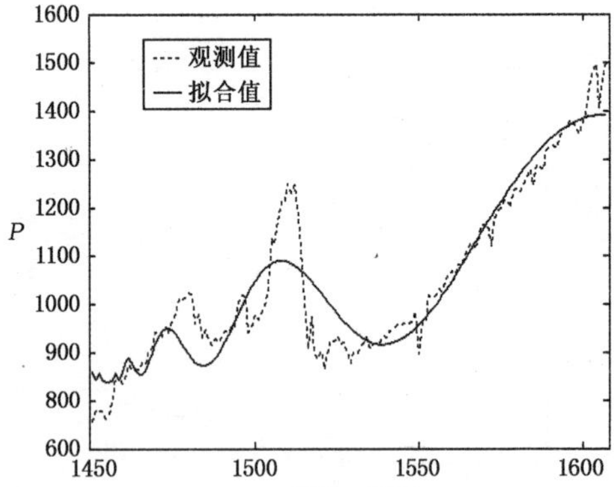

t=1451～1607

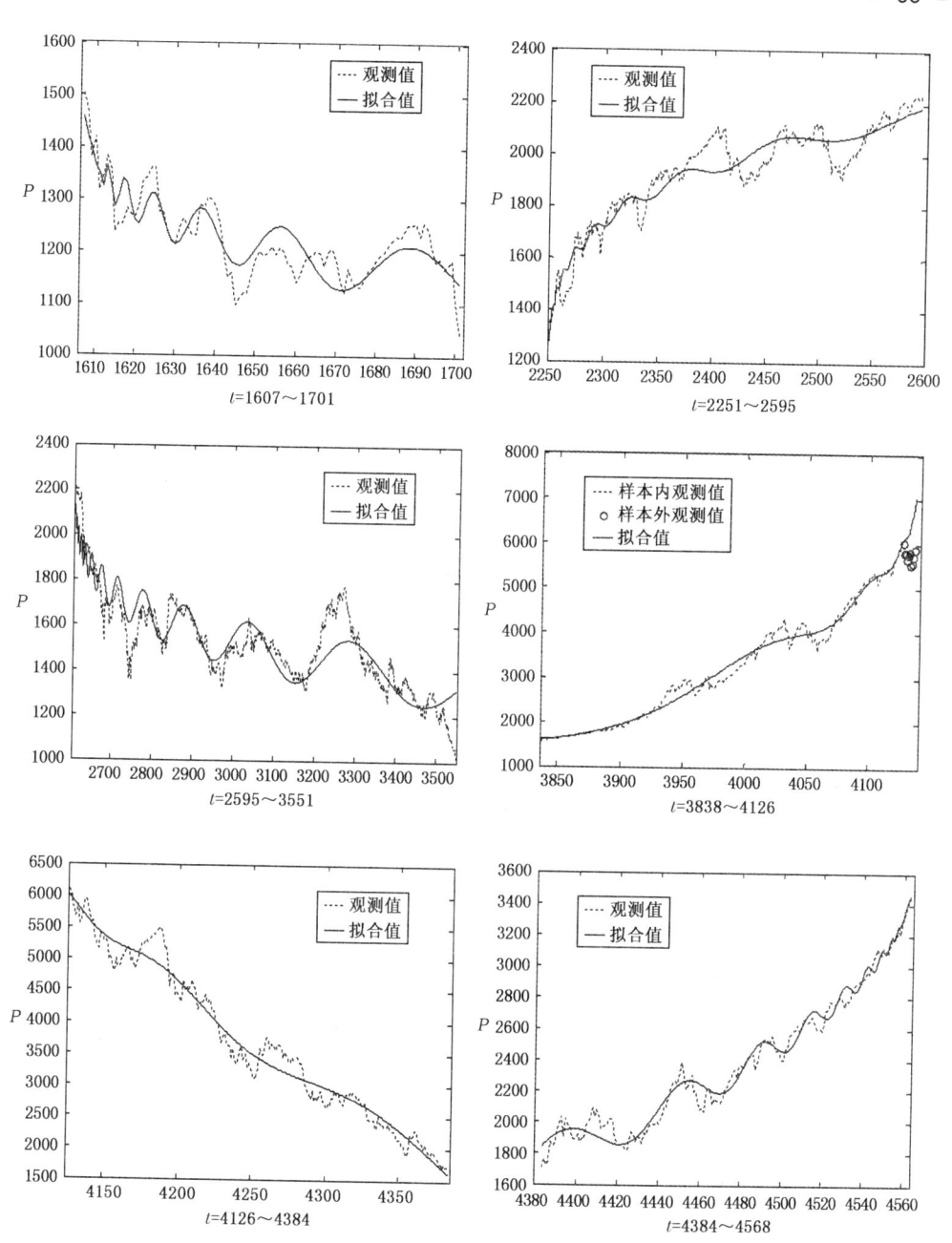

图6—2 不同阶段的 LPPL 拟合图

(三)粗粒持续损失的扩展指数函数拟合

上证指数从 1990 年 12 月 20 日至 2010 年 3 月 22 日的日收益率 R_t 的演化如图 6-3 所示,其描述性统计量列在表 6-3 中。从图 6-3 和表 6-3 可以看出,上证指数的日收益率时间序列显著地偏离正态分布,具有明显的波动聚集与尖峰厚尾特性。

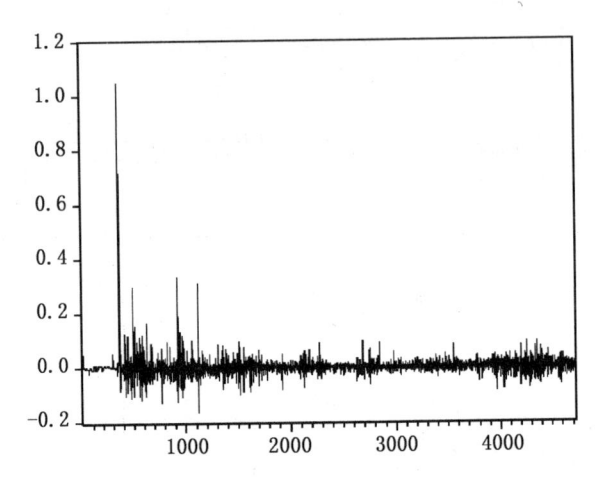

图 6-3 上证指数的日收益率序列

表 6-3　　　　　　　上证指数日收益率序列的描述性统计量

样本容量	4719
均值	0.001084
标准差	0.028687
最大值	1.052700
最小值	-0.163900
偏度	11.57256
峰度	397.4702
Jarque-Bera 统计量	30701500
P 值	0.000000

设上证指数日收盘价时间序列 $\{P_t:t=1\sim 4720\}$ 有一个子序列 $\{P_t:t=k\sim l\}$,满足 $P_k>P_{k+1}>\cdots>P_{l-1}>P_l$,且 $P_{k-1}<P_k$,$P_{l+1}>P_l$,表明在这个过程中,价格在持续下降,P_k 是一个局部最大价格,P_l 是一个局部最小价格。定义这个过程的持续损失(drawdown)为

$$\text{drawdown} = \frac{P_l - P_k}{P_k} \tag{6-15}$$

类似地,设上证指数日收盘价时间序列$\{P_t : t = 1 \sim 4720\}$有一个子序列$\{P_t : t = m \sim n\}$,满足$P_m < P_{m+1} < \cdots < P_{n-1} < P_n$,且$P_{m-1} > P_m$,$P_{n+1} < P_n$,表明在这个过程中,价格在持续上升,$P_m$是一个局部最小价格,$P_n$是一个局部最大价格。定义这个过程的持续收益(drawup)为

$$\text{drawup} = \frac{P_n - P_m}{P_m} \tag{6-16}$$

考虑到时间序列含有噪声,这里将上述持续损失的概念推广到粗粒持续损失。设上证指数日收盘价时间序列$\{P_t : t = 1 \sim 4720\}$有一个子序列$\{P_t : t = a \sim b\}$,$P_a$是一个局部最大价格,$P_b$是一个局部最小价格,这个过程可能含有若干个持续上升子过程,若每个持续上升子过程的持续收益[由(6-16)式定义]均不大于一个给定的阈值ε,则定义过程$\{P_t : t = a \sim b\}$的粗粒持续损失(也称为ε-持续损失)为

$$\varepsilon - \text{drawdown} = \frac{P_b - P_a}{P_a} \tag{6-17}$$

将崩盘定义为最大的四个粗粒持续损失。现关于粗粒持续损失提出以下几个假设:

H1:粗粒持续损失满足如(6-18)式所示的扩展指数函数(幂律分布)

$$N(|x|) = A e^{-b|x|^z} \tag{6-18}$$

其中,$N(|x|)$表示粗粒持续损失不大于$x(x<0)$的累积频数;A,b,z均大于0,是待估的参数;z反映了幂律分布的厚尾特性,z越小,幂律分布的尾部越厚。

H2:崩盘是幂律分布的异常点。

H3:崩盘的产生源于三种途径:紧随LPPL泡沫或反转泡沫之后;产生于LPPL反泡沫或反转反泡沫过程中;源于外生的冲击。

运用上证指数的日收益率样本数据对上述三个假设进行检验。

对粗粒持续损失进行如(6-18)式所示的扩展指数函数拟合,但是为了拟合的稳健性,对(6-18)式的变形

$$\ln N(|x|) = \ln A - b|x|^z \tag{6-19}$$

进行拟合。设日收益率样本标准差为σ,阈值ε分别取为0和0.5σ。拟合的参数估计值和拟合优度列在表6-4中。拟合结果表明,假设H1是成立的。

表6-4　　　　　扩展指数函数拟合的参数估计与拟合优度

ε	$\ln A$	b	z	R^2
$\varepsilon = 0$	7.25	15.90	0.69	0.9947
$\varepsilon = 0.5\sigma$	6.53	13.47	0.80	0.9975

$\varepsilon=0$ 和 $\varepsilon=0.5\sigma$ 时粗粒持续损失的幂律拟合图及拟合残差图分别如图 6-4 和图 6-5 所示。残差图中的两条水平直线代表正负两倍的残差标准差,如果某个残差的绝对值大于两倍的残差标准差,则将与其相对应的样本数据判定为异常点。从图 6-5 中的拟合残差图可以看出,当 $\varepsilon=0$ 时,在四个崩盘中,第一个和第二个最大持续损失是异常点,而第三个和第四个最大持续损失不是异常点。从图 6-5 中的拟合残差图可以看出,当 $\varepsilon=0.5\sigma$ 时,四个崩盘均是异常点。因此,两个拟合残差图表明,对我们的样本数据而言,假设 H2 基本上是成立的。[①]

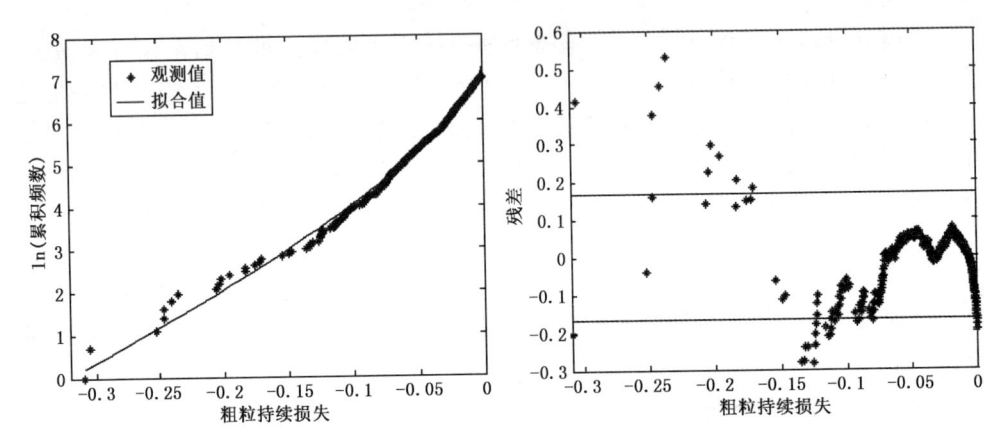

图 6-4 $\varepsilon=0$ 时粗粒持续损失的扩展指数函数拟合图及残差图

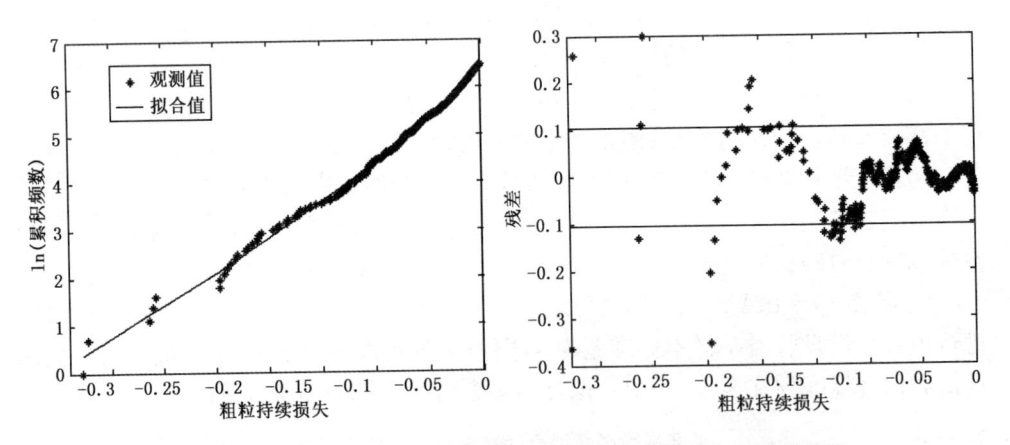

图 6-5 $\varepsilon=0.5\sigma$ 时粗粒持续损失的扩展指数函数拟合图及残差图

---

① 对瑞典 OMXS30 指数的实证研究发现,所有的崩盘均不是异常点,此时,假设 H2 不成立。

表 6—5 列出了当 ε＝0 和 ε＝0.5σ 时四个崩盘的属性及触发事件,结果表明,假设 H3 是成立的。另外,当 ε＝0 和 ε＝0.5σ 时,四个崩盘均发生在 1992 年至 1996 年期间,在这个期间,中国股票市场才刚刚起步,极端不成熟,"政策市"特征明显,"暴涨暴跌"成为这个时期的主要特征。

表 6—5　　　　　　　　　　崩盘的属性及触发事件

ε	崩盘开始日期	持续损失大小	持续时间	是否异常点	事件
ε＝0	1994-09-29	30.95%	4 天	是	反转泡沫
ε＝0	1996-12-12	30.49%	4 天	是	外生冲击[①]
ε＝0	1992-09-02	25.22%	6 天	否	反转反泡沫
ε＝0	1993-03-17	24.70%	7 天	否	反转泡沫
ε＝0.5σ	1994-03-17	37.78%	25 天	是	反泡沫
ε＝0.5σ	1992-07-28	37.25%	12 天	是	反转反泡沫
ε＝0.5σ	1992-08-27	31.29%	10 天	是	反转反泡沫
ε＝0.5σ	1994-09-29	30.95%	4 天	是	反转泡沫

三、小结

本节沿袭金融物理学的研究思路和框架,选取上证指数从 1990 年 12 月 19 日至 2010 年 3 月 22 日的日收盘价和日收益率作为样本数据,对中国股票市场的自组织临界性和对数周期性幂律进行实证研究。

首先,将整个样本期分为 14 个阶段,包括 7 个市场上升期和 7 个市场下跌期,分别在这 14 个时期对上证指数日收盘价进行 LPPL 拟合。拟合结果表明,第 1,12,14 个子样本期的价格演化属于泡沫,第 3,5,8,10 个子样本期的价格演化属于反转泡沫,第 4,6,7,9,11,13 个子样本期的价格演化属于反泡沫。值得注意的是,我们发现了一个新的价格演化特性:第 2 个子样本期的价格演化属于反转反泡沫。

其次,分别考察 ε＝0 和 ε＝0.5σ 时的粗粒持续损失,将崩盘定义为最大的四个粗粒持续损失。运用样本数据对关于粗粒持续损失的三个假设进行检验:

H1:粗粒持续损失满足如 $N(|x|)=Ae^{-b|x|^z}$ 所示的扩展指数函数;

H2:崩盘是幂律分布的异常点;

H3:崩盘的产生源于三种途径:紧随 LPPL 泡沫或反转泡沫之后;产生于 LPPL 反泡沫或反转反泡沫过程中;源于外生的冲击。

[①] 1996 年下半年,管理层采取一系列打压股市的措施,被称为"12 道金牌"。

结果显示,对于中国股票市场而言,上述三个假设均是基本成立的。

实证数据分析表明,中国股票市场还是一个新兴的、不成熟的市场,"政策市"特征和"暴涨暴跌"特征明显。因此,研究自组织临界性和对数周期性幂律对于危机的预警和控制具有重要而深远的意义。

第三节　股市崩盘后余震的动态演化实证分析

一、模型

Gutenberg 和 Richter(1956)发现,在主震发生之后,震级大于 M 的余震数目 N 满足如下经验关系式

$$\lg N = a - bM \qquad (6-20)$$

该式通常被称为 Gutenberg-Richter 关系式,它表明,在主震发生之后,余震在一定程度上可以预测,即震级每降低一级,余震的次数就会增加 10 倍。另外,斜率参数 $b(b>0)$ 反映主震发生后由震荡状态收敛到稳定状态的速度,b 越大(小),则表明在主震发生之后由震荡状态收敛到稳定状态的速度越快(慢)。

本节将股票市场中的崩盘(Crash),即最大损失,与地震学中的主震概念相对应,将崩盘之后超过一定阈值的损失(Aftershock)与地震学中的余震概念相对应,来考察股市崩盘后余震的动态演化是否满足如(6-20)式所示的 Gutenberg-Richter 关系。

二、研究方法

接下来的关键问题是如何度量崩盘和余震的损失大小。Kapopoulos 和 Siokis(2005)用最大的日损失率来度量崩盘,用崩盘发生后超过一定阈值的日损失率来度量余震。与 Kapopoulos 和 Siokis(2005)不同的是,为了更好地反映股票市场中崩盘和余震的特性,我们采用在上一节中所使用的 ε-持续损失的概念。

本节将崩盘界定为最大的 ε-持续损失,分别考察 $\varepsilon=0$ 和 $\varepsilon=0.5\sigma$(σ 为日收益率的标准差)两种情形,将余震界定为崩盘之后绝对值超过 τ 的 ε-持续损失,分别考察 $\tau=0.5\sigma、\sigma、1.5\sigma$ 三种情形,考察的时窗为崩盘后的 200 个交易日。

三、样本数据与实证结果

本节选取上证指数从 1990 年 12 月 19 日至 2009 年 12 月 31 日大约 20 年的日收盘价和日收益率作为样本数据。在这近 20 年中,中国股票市场经历了很大的变化,发展逐渐趋于成熟。为了将这一发展过程的前后作一个对比,将总样本分成两个子样本:子样本 1 的跨期是前一个十年(1990s),即从 1990 年 12 月 19 日至 1999 年

12月31日;子样本2的跨期是后一个十年(2000s),即从2000年1月1日至2009年12月31日。上述样本数据来源于RESSET金融研究数据库(http://www.resset.cn)。

表6-6列出了总样本、子样本1和子样本2的一些描述性统计量,结果表明,前一个十年比后一个十年表现出更强的波动性[①]和尖峰厚尾特征。

表6-6　　　　　　　　上证指数日收益率的描述性统计量

	子样本1	子样本2	总样本
样本容量	2253	2415	4668
均值	0.001747	0.000513	0.001109
标准差	0.037369	0.017370	0.028814
最大值	1.052700	0.098600	1.052700
最小值	−0.163900	−0.088400	−0.163900
偏度	10.91952	0.075855	11.54270
峰度	288.1293	7.027697	394.7103
Jarque-Bera统计量	7676690	1634.689	29947146
P值	0.000000	0.000000	0.000000

表6-7列出了两个不同时期里崩盘的描述性统计量,其中相对损失等于损失比上σ。

表6-8列出了如(6-20)式所示的Gutenberg-Richter关系回归结果,括号中的数字是Newey-West t 统计量,"**"表示0.01的显著性水平,"***"表示0.001的显著性水平。结果表明,在各种不同的阈值设定情形下,Gutenberg-Richter关系均是显著的。

表6-7　　　　　　　　崩盘的描述性统计

	年代	崩盘起始日期	持续天数	损失	σ	相对损失
$\varepsilon=0$	1990s	1994-09-29	4	30.95%	0.037369	8.28
	2000s	2008-06-03	8	18.29%	0.017370	10.53
$\varepsilon=0.5\sigma$	1990s	1994-03-17	25	37.78%	0.037369	10.11
	2000s	2008-09-01	13	23.10%	0.017370	13.30

---

① 波动性可从标准差(二阶矩)、最大值、最小值、偏度和峰度(高阶矩)等指标中体现出来。

表 6-8　　　　　　　　　　Gutenberg-Richter 关系回归结果

			样本数	a	b	R^2
$\varepsilon=0$	1990s	$\tau=0.5\sigma$	34	1.63 (28.55***)	8.57 (7.99***)	0.91
		$\tau=\sigma$	23	1.56 (18.86***)	7.89 (6.84***)	0.88
		$\tau=1.5\sigma$	14	1.41 (12.53***)	6.75 (6.79***)	0.83
	2000s	$\tau=0.5\sigma$	40	1.80 (104.00***)	11.83 (34.12***)	0.99
		$\tau=\sigma$	34	1.82 (90.97***)	12.11 (34.63***)	0.99
		$\tau=1.5\sigma$	29	1.83 (67.94***)	12.25 (29.89***)	0.98
$\varepsilon=0.5\sigma$	1990s	$\tau=0.5\sigma$	26	1.61 (44.35***)	5.31 (19.04***)	0.96
		$\tau=\sigma$	23	1.65 (48.49***)	5.58 (22.24***)	0.97
		$\tau=1.5\sigma$	21	1.68 (53.89***)	5.79 (23.45***)	0.97
	2000s	$\tau=0.5\sigma$	30	1.54 (69.09***)	10.16 (27.17***)	0.97
		$\tau=\sigma$	22	1.50 (51.67***)	9.75 (18.73***)	0.97
		$\tau=1.5\sigma$	16	1.48 (33.53***)	9.47 (13.66***)	0.96

如(6-19)式所示的 Gutenberg-Richter 关系式中的斜率参数 b 是反映股市崩盘后余震动态演化的重要参数，是股市泡沫破灭后回复到新的稳定状态(均值回复)的速度的度量，也是股市效率的一个重要表征。b 越大(小)，则表明股市泡沫破灭后均值回复的速度越快(慢)，股市的效率也就越高(低)。从表 6-8 中的斜率参数 b 的估计结果初步可以看出，在各种不同的阈值设定情形下，后一个十年的斜率要明显大于前一个十年的斜率。为了使这一结论更加具有可信性，采用 Wald 检验来检验前后两个十年的斜率参数是否相等，检验的 χ^2 统计量和 P 值列在表 6-9 中。Wald 检验结果印证了前面的直观观察，即后一个十年的斜率显著地大于前一个十年的斜率，这表明随着中国股票市场的发展，在后一个十年里，股市泡沫破灭后均值回复的速度要显著高于前一个十年，即股市的效率显著高于市场的发展初期。

表 6—9　　　　　　　　　　系数 b 比较的 Wald 检验结果

		$\chi^2(1)$	P 值
$\varepsilon=0$	$\tau=0.5\sigma$	9.352997	0.0022**
	$\tau=\sigma$	14.62638	0.0001***
	$\tau=1.5\sigma$	32.57320	0.0000***
$\varepsilon=0.5\sigma$	$\tau=0.5\sigma$	105.96	0.0000***
	$\tau=\sigma$	59.22	0.0000***
	$\tau=1.5\sigma$	31.10	0.0000***

第四节　小　结

本节沿袭金融物理学的研究思路和框架,将股票市场中的崩盘与地震学中的主震概念相对应,将崩盘之后超过一定阈值的损失与地震学中的余震概念相对应,通过实证分析来考察股市崩盘后余震的动态演化是否满足著名的 Gutenberg-Richter 关系。

为了更好地反映股票市场中崩盘和余震的特性,本节采用 ε-持续损失来度量崩盘和余震的损失大小。将崩盘界定为最大的 ε-持续损失,分别考察 $\varepsilon=0$ 和 $\varepsilon=0.5\sigma$ 两种情形,将余震界定为崩盘之后绝对值超过 τ 的 ε-持续损失,分别考察 $\tau=0.5\sigma$、σ、1.5σ 三种情形,考察的时窗为崩盘后的 200 个交易日。

为了将中国股票市场二十年发展历程的前后作一个对比,将总样本分成两个子样本:子样本 1 的跨期是前一个十年(1990s),子样本 2 的跨期是后一个十年(2000s)。实证结果表明:(1)前一个十年比后一个十年表现出更强的波动性和尖峰厚尾特征;(2)在各种不同的阈值设定情形下,Gutenberg-Richter 关系均是显著的;(3)在后一个十年里,股市泡沫破灭后均值回复的速度要显著高于前一个十年,即股市的效率显著高于市场的发展初期。

第七章 投资者情绪演化与股市危机预报

第一节 引　言

　　许多文献通过度量投资者情绪对其是否能预报股票或市场的未来收益进行实证检验。Fisher 和 Statman(2000)发现，代表华尔街战略家情绪的投资组合持股比例与代表个人投资者情绪的牛市情绪指数(BSI)均可作为 S&P500 指数收益的反向指示器。Brown 和 Cliff(2004)研究了投资者情绪对市场的短期和长期收益的影响，结果表明，投资者情绪对股市短期收益的影响并不显著，但与未来 1~3 年的股市收益率存在显著的负相关关系。Baker 和 Wurgler(2006)研究了投资者情绪对股票横截面收益的影响，认为投资者情绪是影响股票收益率的系统性因子。Schmeling(2009)基于 18 个国家的面板数据进行实证研究，发现投资者情绪对股票的预期收益具有较好的反向预测能力。Chung、Hung 和 Yeh(2012)的研究发现，在经济扩张时期投资者情绪对证券组合收益具有显著的预测能力，而在经济衰退时期投资者情绪对证券组合收益的预测能力并不显著。Huina、Scott 和 Johan(2011)运用新闻调查、Twitter 以及 Google 等网络大数据，研究这些指标对道琼斯工业指数价格、股市交易量、VIX 以及黄金价格等重要金融指标的影响，结果表明，每周的 Google 金融搜索数据能够较好地预测股票市场的变化，用 Twitter 数据计算的投资者情绪指标能显著预测 1~2 天后的股市收益率。Chen 等(2014)运用投资者在美国最大的投资社交网站 Seeking Alpha 上发表的文章和评论以及在道琼斯新闻服务网站 DJNS 上发布的新闻报道和评论，在经过一系列的文本识别方法和算法对内容进行辨识及分析后，计算投资者情绪指标，结果发现此投资者情绪指标能够有效地预测股票的未来收益。

　　由于金融危机的周期性发生以及它给全球经济带来的巨大危害，因此如何利用投资者情绪对危机进行预警逐渐引起了学者们的关注，但是相对于前述在理论建模和收益预报方面较系统和深入的研究文献，情绪预警方面的研究成果还相对较少，本

第七章　投资者情绪演化与股市危机预报

章试图在这方面作一些有益的探索。

本章的贡献主要体现在以下两个方面：

首先，本章运用动态因子模型从多个情绪代理变量中提取情绪因子。已有的关于投资者情绪的实证分析文献一般采用单个情绪代理变量，Baker 和 Wurgler(2006)选取了六个情绪代理变量并将它们的第一主成分作为最终的情绪测度。这些方法存在两个方面的不足：一是情绪测度来源单一；二是没有考虑情绪因子的动态自相关特征。因此，采用动态因子模型从多个情绪代理变量中提取情绪因子克服了上述两个方面的不足，是一个较理想的选择。

其次，本章对危机、临界点和极端高涨情绪进行界定，分别检验情绪对危机、情绪对临界点及极端高涨情绪对危机的预报能力，另外还发现了在临界点之前情绪演化的一些模式。

第二节　情绪指数的构建

一、情绪代理变量的选取

鉴于我国证券市场的实际情况和数据的可获取性，采用以下五个变量作为投资者情绪的代理变量：A 股新增开户数(X_1)，A 股换手率(X_2)，IPO 公司家数(X_3)，IPO 首日算术平均收益率(X_4)，封闭式基金算术平均折价率(X_5)。选取这五个情绪代理变量从 1999 年 1 月到 2011 年 2 月的月度数据作为样本数据，共 146 期，其中 A 股新增开户数数据来源于中经网统计数据库(http://db.cei.gov.cn)，封闭式基金算术平均折价率数据来源于国泰安 CSMAR 研究数据库(http://www.gtarsc.com)，A 股换手率、IPO 公司家数和 IPO 首日收益率数据来源于 RESSET 金融研究数据库(http://www.resset.cn)。

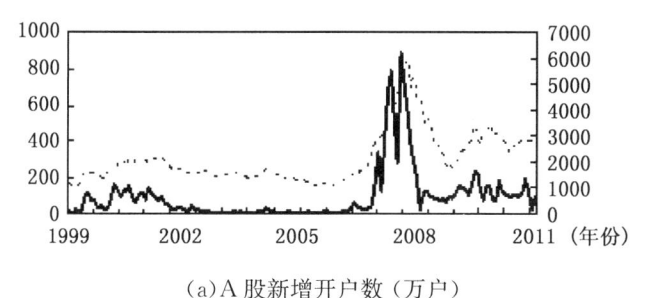

图 7-1 显示了各情绪代理变量与上证指数的时间序列折线。[①]

(a) A 股新增开户数（万户）

---

① 上证指数的月度数据来源于 RESSET 金融研究数据库(http://www.resset.cn)。

(b) A股换手率

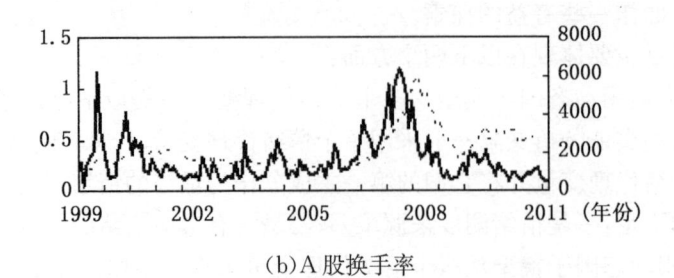

(c) IPO公司家数

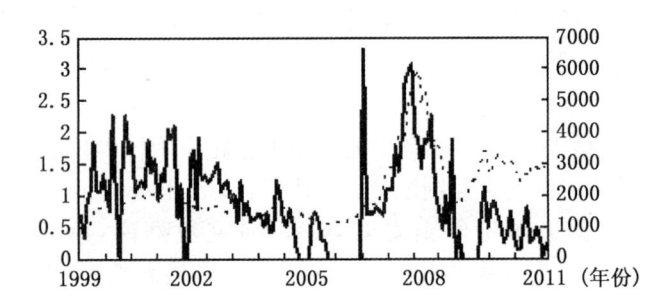

(d) IPO首日算术平均收益率

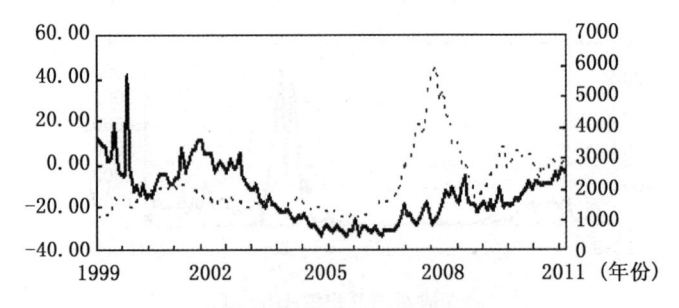

(e) 封闭式基金算术平均折价率(%)

注：左边的纵轴和实线代表情绪代理变量，右边的纵轴和虚线代表上证指数。

图7—1 情绪代理变量

二、运用动态因子模型构建情绪指数

因子模型是一种通过可观测的显在变量测评不可观测的潜在变量(抽象因子)的多元统计分析方法。传统的因子模型只考虑静态因子的情形,因此无法满足经济和金融中时间序列数据的动态建模需求。动态因子模型(Dynamic Factor Model,DFM)在经济和金融研究中逐渐发展起来,它允许隐含在多元时间序列中的潜在因子存在自回归的结构,随机扰动项也可以存在自相关。具体关于 DFM 的介绍和应用可参见 Geweke(1977)、Sargent 和 Sims(1977)、Stock 和 Watson(1989,1991)、Watson 和 Engle(1983)。

运用 DFM 从上述五个情绪代理变量中提取情绪因子,构建情绪指数,具体模型为

$$X_{it} = \gamma_i Sentiment_t + \varepsilon_{it} \quad (i=1,\cdots,5) \tag{7-1}$$

其中,$Sentiment_t$ 是情绪因子,γ_i 是因子载荷。情绪因子 $Sentiment_t$ 具有如下的 $AR(p)$ 结构

$$Sentiment_t = \sum_{j=1}^{p} \varphi_j Sentiment_{t-j} + w_t, w_t \sim N(0,1) \tag{7-2}$$

随机扰动项 ε_{it} 具有如下的 $AR(q)$ 结构

$$\varepsilon_{it} = \sum_{j=1}^{q} \psi_{iq} \varepsilon_{i,t-j} + \nu_{it}, \nu_{it} \sim N(0,\sigma_i^2), E(V_t V_t') = diag(\sigma_1^2,\cdots,\sigma_5^2) \tag{7-3}$$

其中,$V_t = (v_{1t},\cdots,v_{5t})'$。

根据 AIC 准则确定 $p=3$ 和 $q=2$,DFM 的参数估计结果列在表 7-1 中。

表 7-1　　　　　　　　　　　DFM 的参数估计结果

参数	估计值	OIM 标准误	z 统计量	prob>$\mid z\mid$
ϕ_1	0.8514	0.0996	8.55	0.000
ϕ_2	−0.1698	0.1384	−1.23	0.220
ϕ_3	0.2994	0.0911	3.29	0.001
γ_1	75.2561	7.2099	10.44	0.000
ψ_{11}	0.8854	0.4265	2.08	0.038
ψ_{12}	0.1096	0.4250	0.26	0.797
σ_1^2	613.7599	743.7494	0.83	0.409
γ_2	0.0726	0.0097	7.46	0.000
ψ_{21}	0.6582	0.0884	7.45	0.000
ψ_{22}	0.1024	0.0907	1.13	0.259

续表

参数	估计值	OIM 标准误	z 统计量	prob>$|z|$
σ_2^2	0.0143	0.0018	8.04	0.000
γ_3	0.0592	0.4887	0.12	0.904
ψ_{31}	0.6262	0.0808	7.75	0.000
ψ_{32}	0.3086	0.0811	3.80	0.000
σ_3^2	31.7181	3.7271	8.51	0.000
γ_4	0.2095	0.0330	6.34	0.000
ψ_{41}	0.3156	0.1137	2.78	0.005
ψ_{42}	−0.0016	0.1143	−0.01	0.989
σ_4^2	0.2678	0.0379	7.07	0.000
γ_5	−0.7061	0.5303	−1.33	0.183
ψ_{51}	0.6193	0.0783	7.91	0.000
ψ_{52}	0.3190	0.0783	4.08	0.000
σ_5^2	41.8088	4.9180	8.50	0.000
Wald Chi2(18)		28070.52		
Prob>Chi2		0.0000		

通过对 DFM 进一步预测可以得到情绪因子 $Sentiment_t$ 的估计值,它包含两个部分:一部分与宏观经济有关;另一部分则是纯的情绪测度,它反映了投资者的心理,与宏观经济正交,记作 $Sentiment_t^\perp$。为了得到纯的情绪测度 $Sentiment_t^\perp$,将宏观经济景气指数(Macro-economic Climate Index,MECI)作为宏观经济的代理变量[①],并将 $Sentiment_t$ 对宏观经济景气指数 $MECI_t$ 进行回归,经验回归方程为

$$\widehat{Sentiment}_t = -14.67 + 0.19 MECI_t \qquad (7-4)$$
$$\phantom{\widehat{Sentiment}_t =\ } (0.0040) \quad (0.0003)$$

其中,括号中的数字是系数显著性 t 检验的 P 值。将上述回归模型中的残差项作为纯的情绪测度 $Sentiment_t^\perp$ 的估计值。

图 7—2 显示了宏观经济景气一致指数 $MECI_t$ 和纯的情绪测度 $Sentiment_t^\perp$ 的时间序列折线及与上证指数的对比。后面的分析将使用纯的情绪测度 $Sentiment_t^\perp$。

---

① 考虑到选取多个宏观经济变量作为回归的自变量会导致复共线性,这里只选取宏观经济景气一致指数作为宏观经济的代理变量,它反映当前经济的基本走势,由工业生产、就业、社会需求(投资、消费、外贸)、社会收入(国家税收、企业利润、居民收入)4 个方面合成。宏观经济景气一致指数月度数据来源于中经网统计数据库(http://db.cei.gov.cn)。

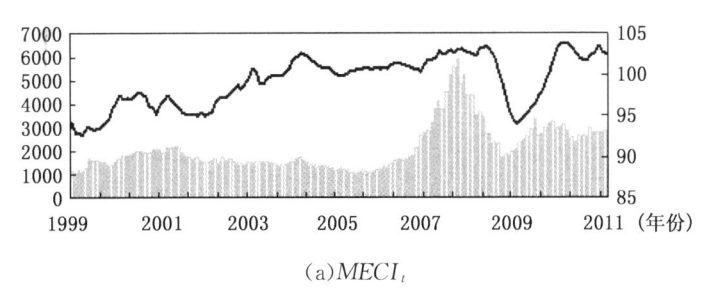

(a)$MECI_t$

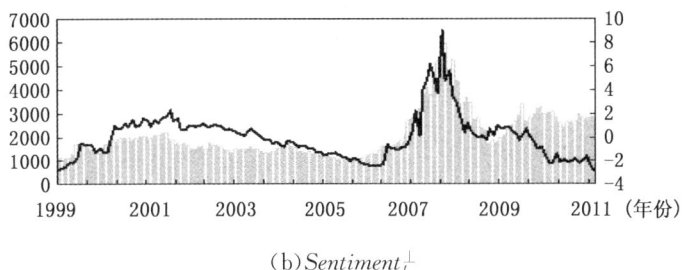

(b)$Sentiment_t^{\perp}$

注：左边的纵轴和柱形代表上证指数，右边的纵轴和折线代表 $MECI_t$ 或 $Sentiment_t^{\perp}$。

图7—2 宏观经济景气一致指数与纯的情绪测度

第三节 投资者情绪对市场收益的预报

在这一部分，我们将检验纯的情绪测度 $Sentiment_t^{\perp}$ 能否对未来市场收益进行预报。为了探究情绪对未来短期、中期和长期市场收益影响的异同，分别考察持有期 k 为 1、2、3、6、9、12 个月的上证指数对数收益率 R_t^k，如下式所示

$$R_t^k = \ln P_{t+k-1} - \ln P_{t-1} \tag{7-5}$$

其中，P_t 表示上证指数的价格。

鉴于收益率序列 R_t^k 和情绪序列 $Sentiment_t^{\perp}$ 均是平稳的，并且收益率序列 R_t^k 具有显著的自相关和波动集聚特征，采用 GARCH(1,1) 模型来检验情绪对未来市场收益及条件方差的预报能力。

GARCH 模型的均值方程为

$$R_t^k = a^k R_{t-1}^k + b^k Sentiment_{t-1}^{\perp} + u_t^k \tag{7-6}$$

其中，u_t^k 为随机误差。

波动率方程为

$$\sigma_t^{k2} = \alpha^k + \beta^k u_{t-1}^{k2} + \gamma^k \sigma_{t-1}^{k2} + \delta^k Sentiment_{t-1}^{\perp} \tag{7-7}$$

其中，σ_t^{k2} 为随机误差 u_t^k 的条件方差。

表7—2中a部分列出了在各持有期下 GARCH(1,1) 模型的参数估计结果。从估计结果可以看出，除了情绪对持有期为3个月的市场收益没有显著的影响之外，情

绪对其余各持有期市场收益的预报能力均是显著的且为负相关关系,并且情绪对长期(持有期 $k=9$、12)市场收益的预报能力比对中期(持有期 $k=6$)和短期(持有期 $k=1、2、3$)市场收益的预报能力显著。另外,情绪对持有期为 6 个月的市场收益的条件方差有显著的正相关影响,除此之外,情绪对其余各持有期市场收益的条件方差均没有显著的预报能力。上述结论与 Fisher 和 Statman(2000)所得出的结论一致,表明纯的情绪测度 $Sentiment_t^{\perp}$ 对市场收益具有较好的反向预报能力。

进一步地,我们运用 Logit 回归模型来检验纯的情绪测度 $Sentiment_t^{\perp}$ 能否对未来市场收益的方向(正或负)进行预报。

建立未来市场收益方向的指示变量

$$SR_t^k = \begin{cases} 1 & R_t^k > 0 \\ 0 & R_t^k \leq 0 \end{cases} \tag{7-8}$$

Logit 回归模型为

$$Pr\{SR_t^k = 1\} = f(\mu^k Sentiment_{t-1}^{\perp}) \tag{7-9}$$

其中,$f(x) = e^x/(1+e^x)$。

表 7—2b 列出了在各持有期下 Logit 回归模型的参数估计结果。从估计结果可以看出,除了情绪对持有期为 1 个月的市场收益方向没有显著的影响之外,情绪对其余各持有期市场收益方向的预报能力均是显著的且为负相关关系,并且情绪对中期和长期市场收益方向的预报能力比对短期市场收益方向的预报能力显著。上述结论表明,情绪越高,则未来市场收益为负的概率也就越大,且情绪对未来市场收益方向的影响随着持有期的增长而增强。

表 7—2 情绪对各持有期市场收益的预报

		$k=1$	$k=2$	$k=3$	$k=6$	$k=9$	$k=12$
a	a^k	0.108263	0.593569***	0.731523***	0.853289***	0.905356***	0.909849***
		(1.22)	(12.61)	(12.40)	(26.33)	(29.79)	(35.40)
	b^k	−0.006319*	−0.007412**	−0.005042	−0.008334*	−0.020803***	−0.020383***
		(−1.74)	(−2.00)	(−1.10)	(−1.71)	(−4.08)	(−2.89)
b	α^k	0.000402	0.017979***	0.000677	0.020633***	0.0009	0.000569
		(1.24)	(8.60)	(0.99)	(5.46)	(0.85)	(0.83)
	β^k	0.165807*	−0.020508	0.118005	0.017417	0.116393*	0.097775
		(1.66)	(−0.70)	(1.42)	(0.25)	(1.75)	(1.32)
	γ^k	0.778554***	−0.908382***	0.817443***	−0.497371***	0.802187***	0.858383***
		(6.53)	(−9.59)	(7.38)	(−2.62)	(5.46)	(7.77)
	δ^k	0.0000154	0.001172	0.0000928	0.005502***	0.0000176	0.00000733
		(0.13)	(1.20)	(0.43)	(3.64)	(0.11)	(0.05)
	μ^k	0.009128	−0.166044*	−0.174138*	−0.307868***	−0.487679***	−0.802298***
		(0.10)	(−1.73)	(−1.81)	(−2.85)	(−3.89)	(−5.08)

注:括号中的数字是参数显著性检验的 z 统计量,*、** 和 *** 分别表示显著性水平为 0.1、0.05 和 0.01。

第四节 投资者情绪对危机的预报

一、危机的界定

在这一部分,我们将检验纯的情绪测度 $Sentiment_t^{\perp}$ 能否对危机进行预报。为了对危机进行界定,采用 Patel 和 Sarkar(1998)提出的衡量股价变动程度的 CMAX 指数,即当期股票价格与当期及过去 24 个月中最高股票价格之比,如下式所示

$$CMAX_t = \frac{P_t}{\max(P_{t-24}, \cdots, P_t)} \tag{7-10}$$

其中,P_t 表示月度股票价格。

根据 2σ 原则建立如下式所示的危机指示变量

$$C_t = \begin{cases} 1 & CMAX_t < \overline{CMAX} - 2\sigma_{CMAX} \\ 0 & 其他 \end{cases} \tag{7-11}$$

其中,$\overline{CMAX}$ 和 σ_{CMAX} 分别表示 CMAX 指数的样本均值和样本标准差。若 CMAX 指数低于其样本均值减去 2 倍的样本标准差,则表明危机发生($C_t=1$)。

根据上述界定危机的方法,在中国股票市场 20 年的发展历程中,上证指数经历了两次危机:第一次危机于 1994 年 6 月触发,在 16 个月的时间里,CMAX 指数从最高值 1(1993 年 4 月)下跌至最低值 0.246(1994 年 7 月),上证指数从 1358.78 点跌至 333.92 点,下跌了 75.4%,危机期为 2 个月(1994 年 6 月至 1994 年 7 月);第二次危机于 2008 年 9 月触发,此时全球都在经受由美国次贷危机所引发的金融海啸,在 13 个月的时间里,CMAX 指数从最高值 1(2007 年 10 月)下跌至最低值 0.29(2008 年 10 月),上证指数从 5954.77 点跌至 1728.79 点,下跌了 71%,危机期为 6 个月。

图 7-3 显示了在本书研究的样本期内(从 1999 年 1 月至 2011 年 2 月)上证指数的 CMAX 指数折线及与上证指数和纯的情绪测度 $Sentiment_t^{\perp}$ 的对比。后面的分析将使用上证指数的 CMAX 指数。

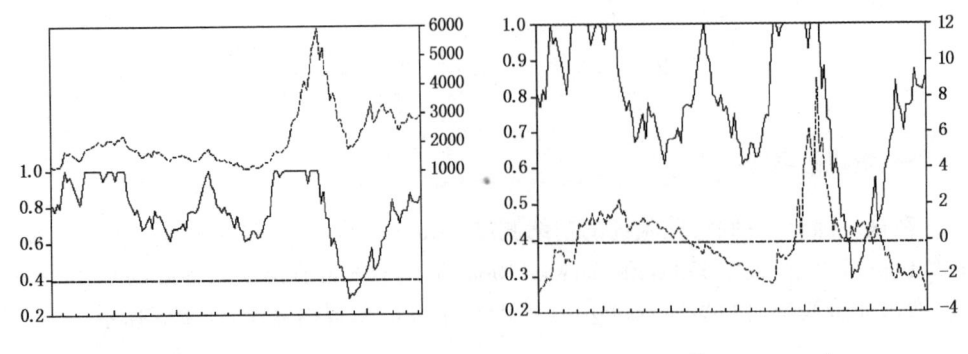

(a) *CMAX* 与上证指数 (b) *CMAX* 与 $Sentiment_t^{\perp}$

注:在(a)中,右边的纵轴和虚线表示上证指数,左边的纵轴和实线表示上证指数的 *CMAX* 指数。在(b)中,左边的纵轴和实线表示上证指数的 *CMAX* 指数,右边的纵轴和虚线表示纯的情绪测度 $Sentiment_t^{\perp}$。(a)和(b)中水平直线所代表的数值为危机触发阈值 $\overline{CMAX} - 2\sigma_{CMAX}$。

图7-3 上证指数的 *CMAX* 指数

二、情绪对危机的预报

在对危机界定好之后,这一部分我们运用 Logit 回归模型来检验纯的情绪测度 $Sentiment_t^{\perp}$ 能否对未来 12 个月内发生危机的概率进行预报。沿用 Bussiere 和 Fratzscher(2006)提出的方法,建立下列指示变量

$$PC_t = \begin{cases} 1 & \exists k \in \{1,\cdots,12\}, 使得 C_{t+k}=1 \\ null & \exists k \in \{1,\cdots,11\}, 使得 C_{t-k}=1 \\ 0 & 其他 \end{cases} \qquad (7-12)$$

其中,"*null*"表示将危机之后 11 个月的数据剔除掉。

鉴于宏观经济对股市的影响,考虑下列三个不同的 Logit 回归模型

模型 1:$\Pr\{PC_t=1\} = f(\alpha_0 + \alpha_1 MECI_t)$ （7-13）

模型 2:$\Pr\{PC_t=1\} = f(\beta_0 + \beta_1 Sentiment_t^{\perp})$ （7-14）

模型 3:$\Pr\{PC_t=1\} = f(\gamma_0 + \gamma_1 MECI_t + \gamma_2 Sentiment_t^{\perp})$ （7-15）

模型 1 仅检验宏观经济代理变量 $MECI_t$ 对危机发生概率的预报能力,模型 2 仅检验纯的情绪测度 $Sentiment_t^{\perp}$ 对危机发生概率的预报能力,模型 3 检验 $MECI_t$ 和 $Sentiment_t^{\perp}$ 对危机发生概率的联合预报能力。

表 7-3 列出了三个 Logit 回归模型的参数估计结果。从估计结果可以看出,无论是宏观经济代理变量 $MECI_t$ 或纯的情绪测度 $Sentiment_t^{\perp}$ 对危机发生概率的单独预报能力还是它们二者对危机发生概率的联合预报能力均是显著的且为正相关关系,这表明过热的宏观经济和过度高涨的市场情绪均会增加危机发生的风险。值得注意的是,在模型 3 中,将宏观经济代理变量 $MECI_t$ 作为控制变量后,纯的情绪测

度 $Sentiment_t^\perp$ 对危机发生概率的预报能力仍然是显著的,而且使得 $McFadden\ R^2$ 比模型1增加了10.1%,AIC 却相应减小了,这说明除宏观经济变量之外运用纯的情绪测度 $Sentiment_t^\perp$ 可以提高对危机发生概率的预报能力。

表 7—3　　　　　　　情绪预报危机的 Logit 回归模型参数估计结果

	模型 1	模型 2	模型 3
截距	−119.512***	−2.583***	−108.342***
	(−3.43)	(−6.92)	(−2.89)
MECI	1.155***		1.043***
	(3.39)		(2.85)
$Sentiment_t^\perp$		0.514***	0.361***
		(3.57)	(2.67)
AIC	0.466	0.563	0.415
$McFadden\ R^2$	0.331	0.182	0.432
LR 统计量	27.936***	15.362***	36.526***

注:括号中的数字是参数显著性检验的 z 统计量,** 和 *** 分别表示显著性水平为 0.05 和 0.01。

三、情绪对临界点的预报

上一部分讨论了投资者情绪对危机的预报,然而危机是极端程度的下跌,从风险管理的角度来看,如果将预报危机的发生提前至预报市场从上升过程反转为下跌过程的临界点则更具有实际意义。因此,在这一部分我们将运用 Logit 回归模型来检验纯的情绪测度 $Sentiment_t^\perp$ 能否对未来 12 个月内出现临界点进行预报。这里,将临界点界定为在危机发生之前距危机触发点最近的 $CMAX$ 值为 1 的时点,记为 t_0,在该时点,市场由上升过程反转为下跌过程。

建立如下式所示的指示变量

$$PR_t = \begin{cases} 1 & \exists k \in \{0,\cdots,12\}, 使得\ t+k=t_0 \\ \text{null} & \exists k \in \{1,\cdots,11\}, 使得\ t-k=t_0 \\ 0 & 其他 \end{cases} \quad (7-16)$$

与上一部分类似,考虑下列三个不同的 Logit 回归模型

模型 4:$\Pr\{PR_t=1\}=f(\alpha_0+\alpha_1 MECI_t)$ (7—17)

模型 5:$\Pr\{PR_t=1\}=f(\beta_0+\beta_1 Sentiment_t^\perp)$ (7—18)

模型 6:$\Pr\{PR_t=1\}=f(\gamma_0+\gamma_1 MECI_t+\gamma_2 Sentiment_t^\perp)$ (7—19)

表 7—4 列出了三个 Logit 回归模型的参数估计结果。从估计结果可以看出,无论是宏观经济代理变量 $MECI_t$ 或纯的情绪测度 $Sentiment_t^\perp$ 对临界点的单独预报

能力还是它们二者对临界点的联合预报能力均是显著的且为正相关关系,这表明过热的宏观经济和过度高涨的市场情绪均会增加市场由上升过程反转为下跌过程的风险。值得注意的是,在模型 6 中,将宏观经济代理变量 $MECI_t$ 作为控制变量后,纯的情绪测度 $Sentiment_t^\perp$ 对临界点的预报能力仍然是显著的,而且使得 $McFadden\ R^2$ 比模型 4 增加了 37.6%,AIC 却相应地减小很多,这说明除宏观经济变量之外运用纯的情绪测度 $Sentiment_t^\perp$ 可以极大地提高对临界点的预报能力。

表 7—4　　　　　　情绪预报临界点的 Logit 回归模型参数估计结果

	模型 4	模型 5	模型 6
截距	−68.536***	−3.045***	−98.901***
	(−3.22)	(−6.45)	(−2.87)
MECI	0.658***		0.962***
	(3.14)		(2.80)
$Sentiment^\perp$		0.982***	1.641**
		(3.98)	(2.42)
AIC	0.522	0.423	0.298
$McFadden\ R^2$	0.223	0.379	0.599
LR 统计量	19.091***	32.411***	51.287***

注:括号中的数字是参数显著性检验的 z 统计量,** 和 *** 分别表示显著性水平为 0.05 和 0.01。

四、极端高涨情绪对危机的预报

前面的实证分析表明,市场情绪越高,在未来 12 个月内发生危机的概率就越大,然而从风险预警的角度来看,这种结论的表述显得有些模糊,可操作性不强,而检验特定程度的高涨情绪对危机的预报能力则更具有实际意义,因此在这一部分我们将运用 Logit 回归模型来检验极端高涨情绪能否对未来 12 个月内出现危机进行预报。这里,将极端高涨情绪界定为情绪大于情绪样本均值 $\overline{Sentiment^\perp}$ 加上 1 倍的样本标准差 $\sigma_{Sentiment^\perp}$,并将该区间划分为如下所示的两个子区间①:

$$I_1 = (\overline{Sentiment^\perp} + \sigma_{Sentiment^\perp}, \overline{Sentiment^\perp} + 2\sigma_{Sentiment^\perp}] \tag{7-20}$$

$$I_2 = (\overline{Sentiment^\perp} + 2\sigma_{Sentiment^\perp}, +\infty) \tag{7-21}$$

建立下列两个极端高涨情绪的显示变量

---

① 运用 Logit 回归模型发现,位于区间 $(\overline{Sentiment^\perp}, \overline{Sentiment^\perp} + \sigma_{Sentiment^\perp})$ 的情绪不能对危机发生的概率进行预报。

$$ES_t^1 = \begin{cases} 1 & Sentiment_t^{\perp} \in (\overline{Sentiment^{\perp}} + \sigma_{Sentiment^{\perp}}, \overline{Sentiment^{\perp}} + 2\sigma_{Sentiment^{\perp}}] \\ 0 & 其他 \end{cases}$$

(7—22)

$$ES_t^2 = \begin{cases} 1 & Sentiment_t^{\perp} \in (\overline{Sentiment^{\perp}} + 2\sigma_{Sentiment^{\perp}}, +\infty) \\ 0 & 其他 \end{cases}$$

(7—23)

考虑下列两个不同的 Logit 回归模型

模型 7：$\Pr\{PC_t = 1\} = f(\alpha_0 + \alpha_1 ES_t^1)$ (7—24)

模型 8：$\Pr\{PC_t = 1\} = f(\alpha_0 + \alpha_1 ES_t^2)$ (7—25)

其中，显示变量 PC_t 如式(7—12)所示。

表 7—5 列出了两个 Logit 回归模型的参数估计结果。从估计结果可以看出，无论是位于区间 I_1 的高涨极端情绪还是位于区间 I_2 的更加高涨的极端情绪，它们二者对危机的预报能力均是显著的且为正相关关系，这表明极端高涨的市场情绪能够很好地预警危机的发生。值得注意的是，模型 8 的 $McFadden\ R^2$ 比模型 7 增加了 2.7%，并且模型 8 中回归系数的估计值大于模型 7 中回归系数的估计值①，这说明位于区间 I_2 的更加高涨的极端情绪比位于区间 I_1 的高涨极端情绪更加加大了危机发生的可能性。

表 7—5　　　　极端高涨情绪预报危机的 Logit 回归模型参数估计结果

	模型 7	模型 8
截距	−2.338***	−2.425***
	(−7.41)	(−7.35)
ES^1	1.933**	
	(2.00)	
ES^2		2.137**
		(2.57)
$McFadden\ R^2$	0.039	0.066
LR 统计量	3.320*	5.605**

注：括号中的数字是参数显著性检验的 z 统计量，*、** 和 *** 分别表示显著性水平为 0.1、0.05 和 0.01。

五、临界点之前的情绪演化模式

在这一部分，我们讨论临界点之前的情绪演化模式。考察从 2005 年 5 月至 2007 年 10 月（临界点）的子样本期，在这个时期，上证指数从 2005 年 5 月的局部极

---

① 可进一步通过 Wald 检验来检验 ES^1 前的系数与 ES^2 前的系数相等的原假设，检验结果否定了原假设。

小值 1060.74 点开始逐渐攀升,到 2007 年 10 月达到历史最高值 5954.77 点,历时 30 个月,涨幅达 461.4%。

图 7—4 显示了在前述子样本期内上证指数和纯的情绪测度折线,从图中可以看出,在临近临界点的 7 个月里,投资者情绪基本上都达到了位于区间 I_2 的极端高涨水平。

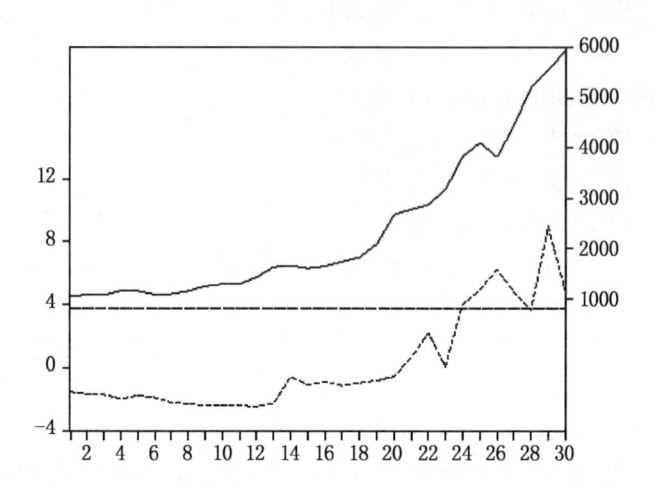

注:左边的纵轴和虚线表示纯的情绪测度 $Sentiment_t^\perp$,右边的纵轴和实线表示上证指数,水平直线所代表的数值为 $\overline{Sentiment^\perp} + 2\sigma_{Sentiment^\perp}$。

图 7—4 临界点之前的上证指数与 $Sentiment_t^\perp$

图 7—5 显示了在前述子样本期内纯的情绪测度 $Sentiment_t^\perp$ 的条件方差折线,此条件方差由 GARCH(1,1)模型经动态预测得到。GARCH(1,1)模型的均值方程为

$$Sentiment_t^\perp = aSentiment_{t-1}^\perp + u_t \tag{7—26}$$

其中,u_t 为随机误差。波动率方程为

$$\sigma_t^2 = \alpha + \beta u_{t-1}^2 + \gamma \sigma_{t-1}^2 \tag{7—27}$$

其中,σ_t^2 为随机误差 u_t 的条件方差。

图 7—5 表明,在临近临界点的几个月时间里,投资者情绪的条件方差快速增大。

在这里值得一提的是,图 7—4 和图 7—5 所显示的结果为 DSSW 模型提供了实证证据。在临近临界点的几个月时间里,投资者情绪达到极端高涨水平以及投资者情绪的条件方差快速增大,分别使得"多持效应"和"空间创造效应"极大增强,助推上证指数达到历史最高位,同时也使得价格反转的风险逐渐增大。

Vandewalle 等(1999)运用包络方法发现,在临界点之前道琼斯工业平均指数(DJIA)的上方包络和下方包络之差可用如下所示的对数周期振动模式方程来拟合

$$y_{max}^t - y_{min}^t = (C_1 + C_2 t)\{1 - \cos[\omega \ln(t_c - t) + \varphi]\} \tag{7—28}$$

其中,y 表示 DJIA 指数,y_{max}^t 表示在 t 时期 DJIA 指数的上方包络,等于 DJIA 指数

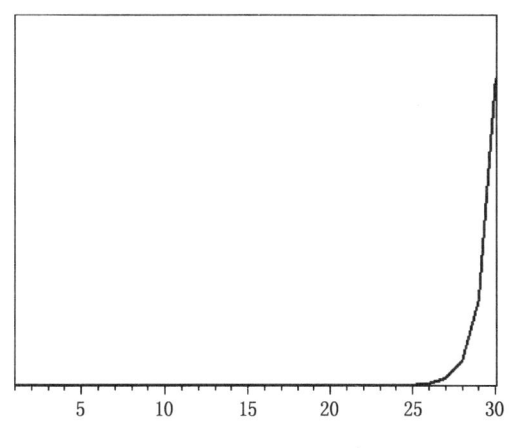

第七章 投资者情绪演化与股市危机预报

图 7－5 临界点之前 $Sentiment_t^{\perp}$ 的条件方差

在区间 $[t_i, t]$ 中的最大值，t_i 是样本期的起始点，$y_{\min}^t$ 表示在 t 时期 DJIA 指数的下方包络，等于 DJIA 指数在区间 $[t, t_c]$ 中的最小值，t_c 是临界点。从（7－28）式可以看出，在临界点之前，上方包络与下方包络之差值呈现出周期性振动模式，并且越临近临界点，振幅越大。

沿用 Vandewalle 等的方法，我们计算纯的情绪测度 $Sentiment_t^{\perp}$ 的上方包络 $S_{\max}$、下方包络 $S_{\min}$ 及它们之间的差值 $S_{\max} - S_{\min}$，如图 7－6 所示。结果表明，在临界点之前，投资者情绪的上、下方包络之差呈现出明显的由（7－28）式所表达的对数周期振动模式。

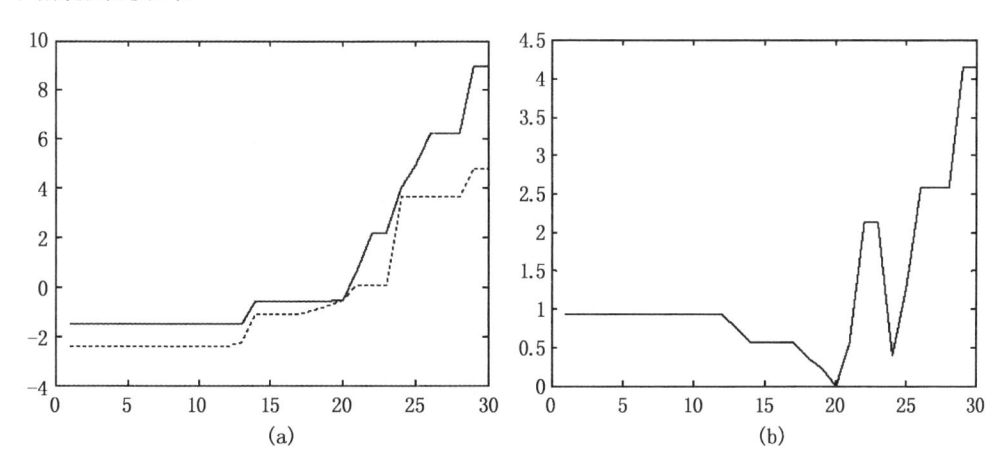

注：(a) 中的实线表示 $Sentiment_t^{\perp}$ 的上方包络线 $S_{\max}$，虚线表示 $Sentiment_t^{\perp}$ 的下方包络线 $S_{\min}$。(b) 中的实线表示 $S_{\max} - S_{\min}$。

图 7－6 临界点之前 $Sentiment_t^{\perp}$ 的包络线及其差值

第五节 小 结

本章试图在利用投资者情绪预警市场危机方面作一些有益的探索。

首先,运用动态因子模型(DFM)从 A 股新增开户数、A 股换手率、IPO 公司家数、IPO 首日算术平均收益率和封闭式基金算术平均折价率这五个情绪代理变量中提取情绪因子,这种方法克服了已有相关文献中情绪测度来源单一和没有考虑情绪因子的动态自相关特征这两方面的不足,进一步得到与宏观经济正交的纯的情绪测度 $Sentiment_t^{\perp}$。

其次,检验纯的情绪测度 $Sentiment_t^{\perp}$ 能否对未来市场收益的大小及方向进行预报。结果表明,纯的情绪测度 $Sentiment_t^{\perp}$ 对市场收益具有较好的反向预报能力,且持有期越长,情绪的反向预报能力越显著;情绪越高,则未来市场收益为负的概率也就越大,且情绪对未来市场收益方向的影响随着持有期的增长而增强;情绪对各持有期市场收益的条件方差基本上没有显著的预报能力。

再次,对危机、临界点及极端高涨情绪进行界定,分别检验情绪对危机、情绪对临界点及极端高涨情绪对危机的预报能力,结果表明,过度高涨的市场情绪均会增加危机及临界点发生的风险,除宏观经济变量之外运用纯的情绪测度 $Sentiment_t^{\perp}$ 可以提高对危机及临界点发生概率的预报能力。另外,极端高涨的市场情绪能够很好地预警危机的发生。

最后,发现了在临界点之前情绪演化的一些模式。一方面,在临近临界点的几个月时间里,投资者情绪基本上都达到了极端高涨水平,并且投资者情绪的条件方差快速增大,这为 DSSW 模型提供了实证证据。另一方面,在临界点之前,投资者情绪上方包络与下方包络之差值呈现出周期性振动模式,并且越临近临界点,振幅越大。

第八章 基于 EEMD 方法的投资者情绪与股指和宏观经济的关系实证分析

第一节 引 言

从信号学的角度来看,投资者情绪作为一种信号,是由各种不同频率的信号源叠加而成的。本文将运用集成经验模态分解方法(Ensemble Empirical Mode Decomposition,EEMD)将投资者情绪信号分解成若干不同频率的重要信号源(即本征模态函数,Intrinsic Mode Function,IMF),然后将 IMF 重构为短期波动项(高频信号)、中期波动项(低频信号)和长期趋势(残差)三个分量,并分别考察投资者情绪的短期波动、中期波动、长期趋势与股指和宏观经济的关系,以及它们对股市未来收益率的预测能力。

第二节 EMD 及 EEMD 方法的基本原理

经验模态分解(EMD)方法由 Huang 等(1998,1999)提出。该方法是一种循环迭代算法,能自适应地从时间序列中分解出一系列不同频率的本征模态函数(IMF)。其分解过程包括以下四个步骤:

步骤 1:确定原始时间序列 $x(t)$ 的局部极大值点和局部极小值点,分别运用三次样条函数将所有的局部极大值点和局部极小值点连接起来,构成 $x(t)$ 的上包络线 $u_1(t)$ 和下包络线 $l_1(t)$,并计算上、下包络线的均值

$$m_1(t)=\frac{u_1(t)+l_1(t)}{2} \qquad (8-1)$$

步骤 2:将 $x(t)$ 减去 $m_1(t)$,得到一个去除低频的新序列

$$h_1(t)=x(t)-m_1(t) \qquad (8-2)$$

步骤3:检验$h_1(t)$是否满足两个特性:一是极值点与过零点的数目相等或最多相差1个;二是在任意时刻,上、下包络线的平均值都是0。如果$h_1(t)$满足上述两个特性,则将其作为第1个IMF,记为$c_1(t)=h_1(t)$,它是序列$x(t)$中具有最高频率的分量。如果$h_1(t)$不满足上述两个特性,则将其作为待处理时间序列重复步骤1~3,直到去除低频的序列满足上述两个特性,并将最终满足这两个特性的序列作为第1个IMF。

步骤4:将$x(t)$减去最高频分量$c_1(t)$,得到$r_1(t)=x(t)-c_1(t)$。然后将$r_1(t)$作为原始时间序列重复步骤1~4,依次得到第2、3…n个IMF,直到$r_n(t)$只有一个局部极值点或者是一个单调函数。

最终,原始时间序列$x(t)$被分解为n个不同频率的IMF以及最低频率的残差项$r_n(t)$(代表$x(t)$的趋势)

$$x(t)=\sum_{i=1}^{n}c_i(t)+r_n(t) \tag{8-3}$$

然而,EMD方法存在模式混淆的重要缺陷,即不同的IMF具有相似的频率,导致IMF的物理意义不清晰。针对这个不足,Wu等(2009a,2009b)提出了集成经验模态分解方法(EEMD),其基本原理是:在原始时间序列中加入白噪声形成新的时间序列,然后对新时间序列进行EMD分解,得到系列IMF;重复上述EMD分解n次,将n次的IMF结果进行平均,得到最终的IMF。

第三节 情绪指数的计算

首先,我们选取以下5个变量作为投资者情绪的代理变量:A股新增开户数(X_1),A股换手率(X_2),IPO公司家数(X_3),IPO首日算术平均收益率(X_4),封闭式基金算术平均折价率(X_5)。选取上述5个代理变量从1999年1月到2014年12月的月度数据作为样本,共192期,其中A股新增开户数、A股换手率、IPO公司家数、IPO首日算术平均收益率数据来源于Wind资讯金融终端,封闭式基金算术平均折价率数据来源于国泰安CSMAR研究数据库。图8-1显示了上述5个代理变量在样本期内的时间序列折线(实线),数据对应于左轴,图中的虚线代表上证指数时间序列,数据对应于右轴,来源于Wind资讯金融终端。

接下来,我们运用动态因子模型(Dynamic Factor Model,DFM),从上述5个情绪代理变量中提取情绪因子,构建情绪指数。DFM在第七章已经介绍过。

在模型运算之前,由于在样本期内IPO遭遇过几次暂停,对于IPO公司家数和IPO首日算术平均收益率的缺失数据,我们采用三次样条插值方法进行填补。设定$p=q=1$,DFM的参数估计结果列在表8-1中。**和***分别表示显著性水平为0.05和0.005。

(a) A 股新增开户数（万户）

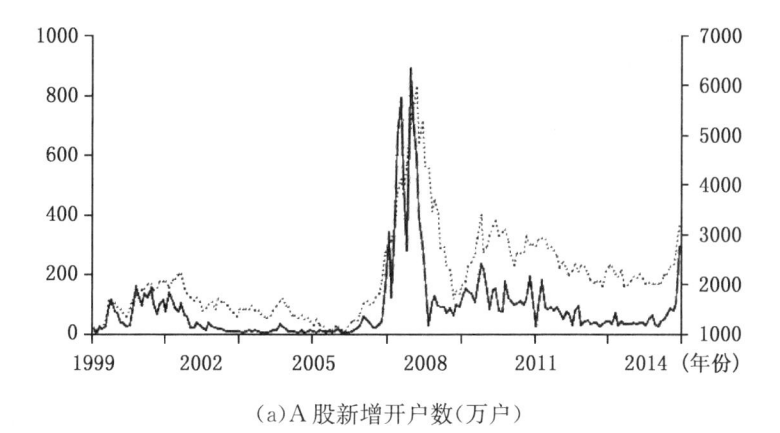

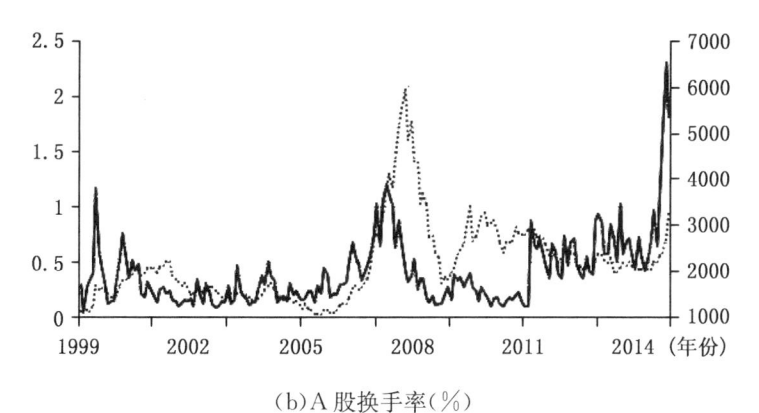

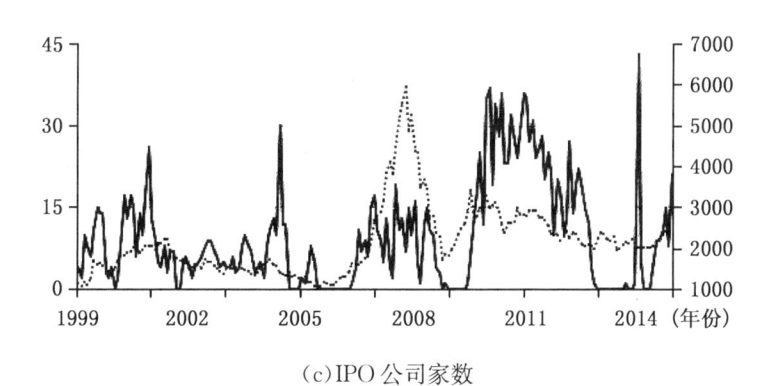

(b) A 股换手率（%）

(c) IPO 公司家数

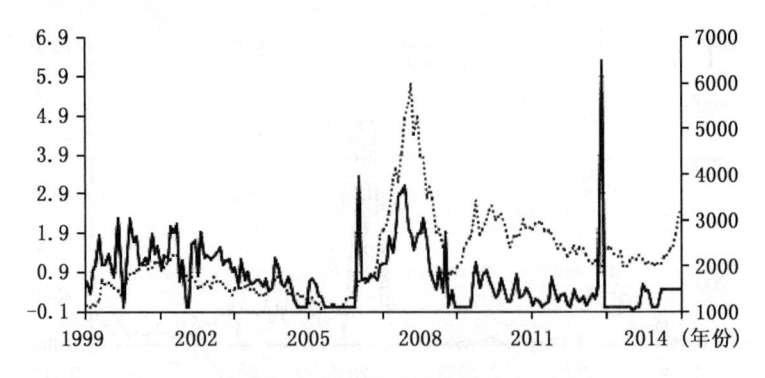

(d)IPO 首日算术平均收益率

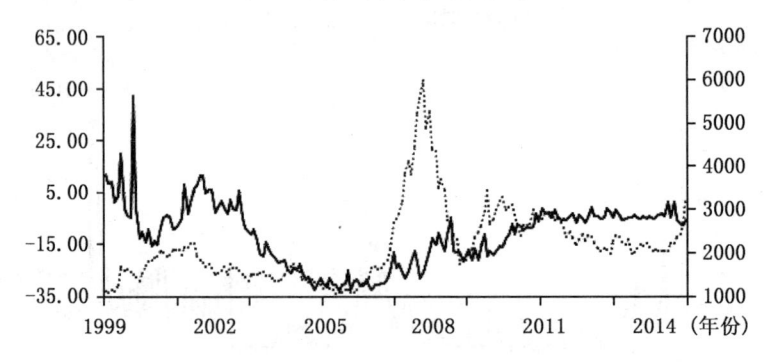

(e)封闭式基金算术平均折价率(%)

图 8—1 投资者情绪代理变量

表 8—1   DFM 的参数估计结果

参数	估计值	OIM 标准误	z 统计量	prob>|z|
ϕ_1	0.9921	0.0099	100.17	0.000***
γ_1	27.0395	8.4943	3.18	0.001***
ψ_{11}	0.8456	0.0472	17.91	0.000***
σ_1^2	4268.315	572.9831	7.45	0.000***
γ_2	0.1012	0.3028	3.34	0.001***
ψ_{21}	0.4980	0.2379	2.09	0.036**
σ_2^2	0.0203	0.0076	2.67	0.004***
γ_3	1.2002	0.4806	2.50	0.013**
ψ_{31}	0.7897	0.0597	13.22	0.000***
σ_3^2	44.7594	4.8340	9.26	0.000***
γ_4	0.1330	0.0465	2.86	0.004***
ψ_{41}	0.8495	0.0455	18.66	0.000***
σ_4^2	0.3419	0.037	9.24	0.000***

续表

参数	估计值	OIM 标准误	z 统计量	prob>|z|
γ_5	−0.9673	0.6143	−1.57	0.115
ψ_{51}	0.9097	0.0316	28.75	0.000***
σ_5^2	36.0956	3.8316	9.42	0.000***
Wald Chi2(11)			14440.03	
Prob>Chi2			0.0000***	

图 8-2 显示了投资者情绪指数与上证指数和宏观景气一致指数在样本期内的时间序列折线。其中,宏观景气一致指数是宏观经济的代理变量,数据来源于 Wind 资讯金融终端。

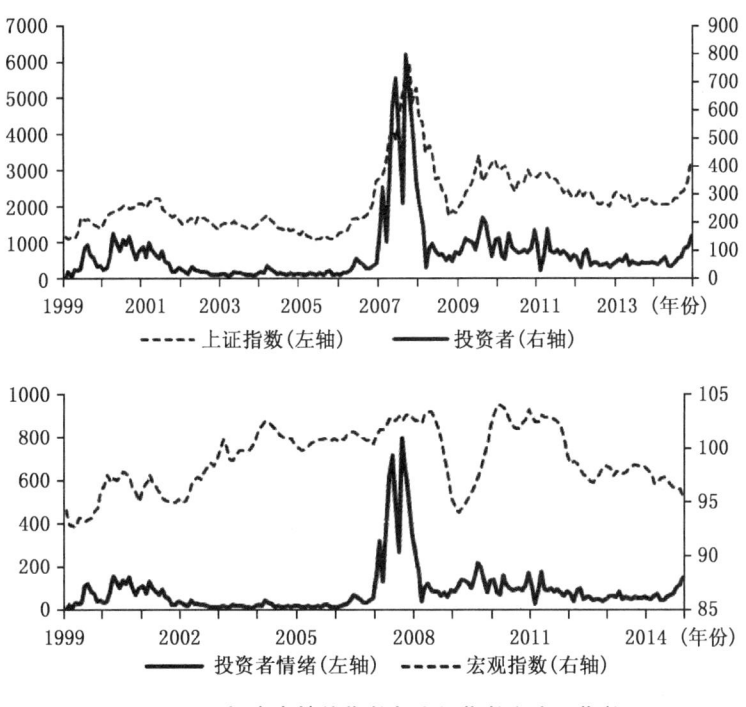

图 8-2 投资者情绪指数与上证指数和宏观指数

第四节 基于 EEMD 方法的情绪指数、上证指数与宏观指数的关系分析

一、情绪指数、上证指数和宏观指数的 EEMD 分解

运用 EEMD 方法分别对投资者情绪指数、上证指数和宏观指数进行分解,白噪

声的标准差设定为 0.2，集成数量 N 设定为 100。图 8-3、图 8-4、图 8-5 分别显示了情绪指数、上证指数和宏观指数的原始序列、6 个 IMF 分量以及残差序列。

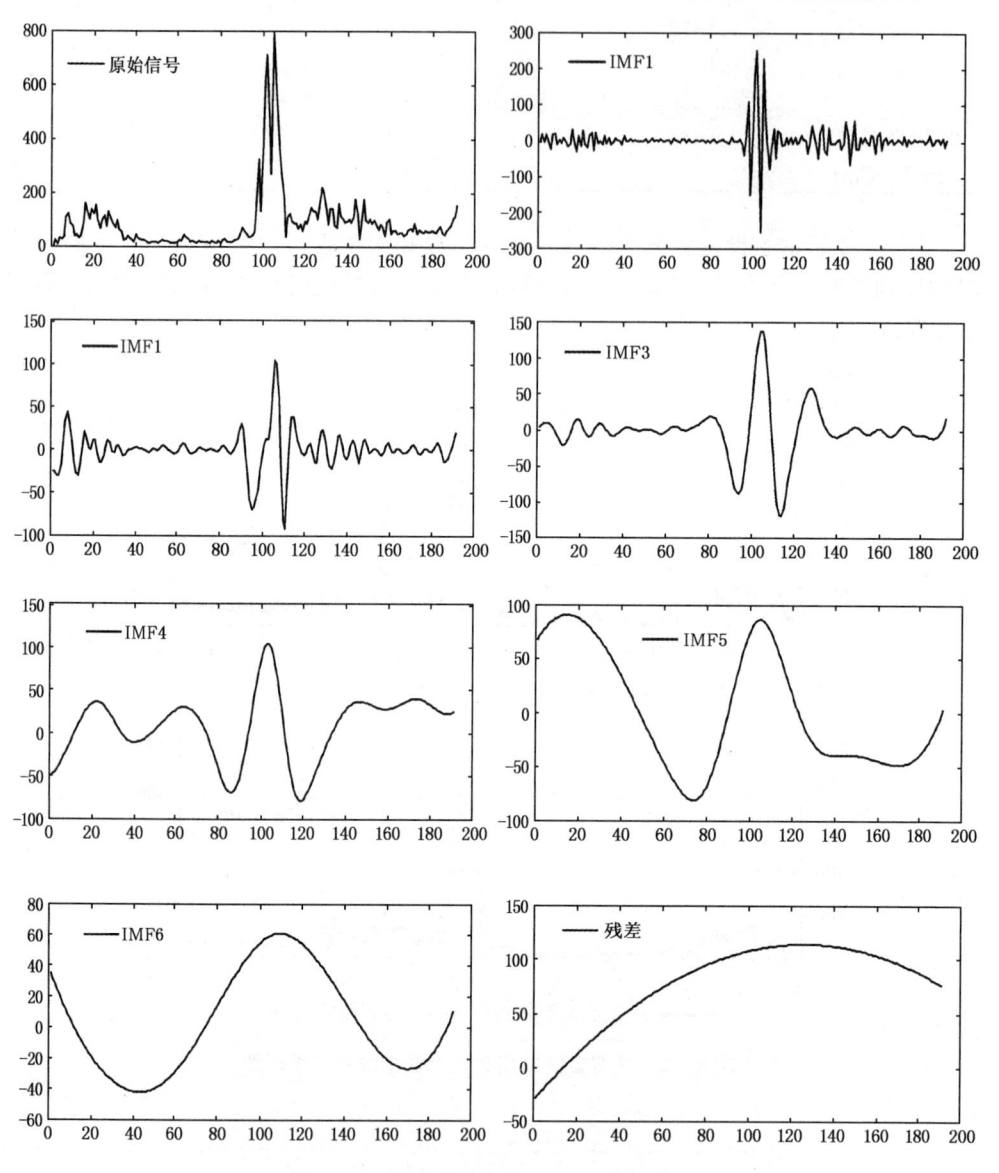

图 8-3　投资者情绪及 EEMD 分解结果

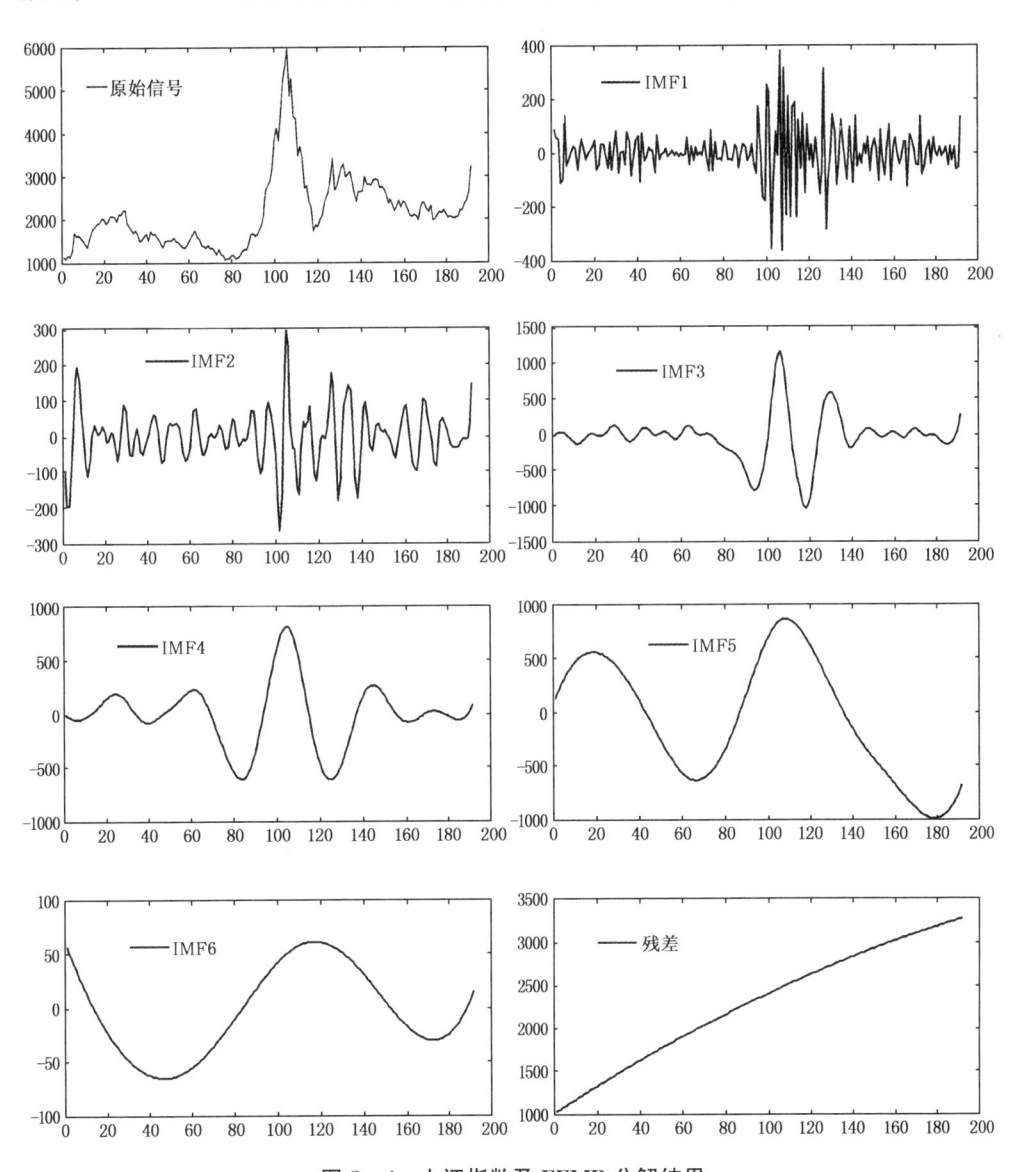

第八章 基于 EEMD 方法的投资者情绪与股指和宏观经济的关系实证分析

图 8—4 上证指数及 EEMD 分解结果

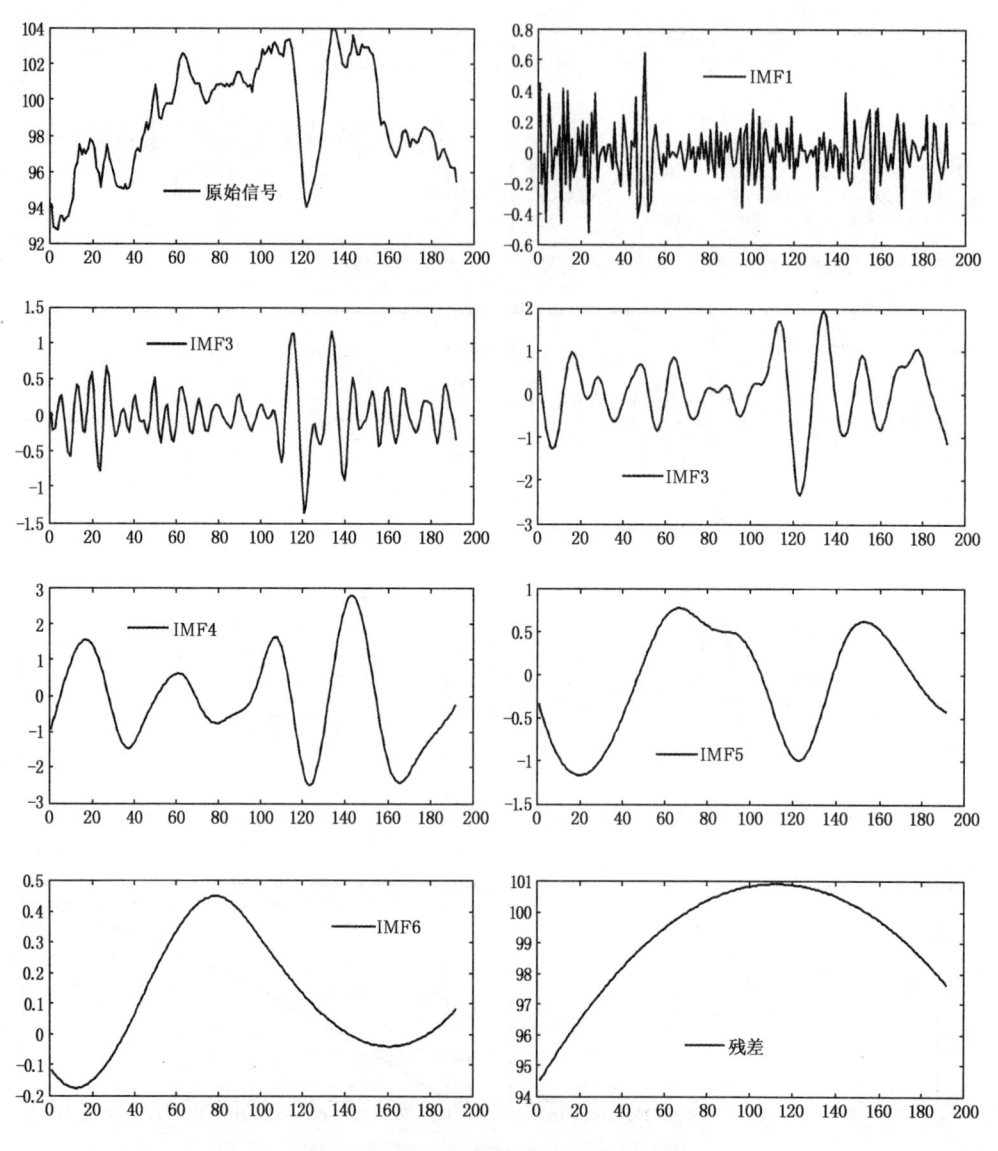

图 8—5 宏观指数及 EEMD 分解结果

二、IMF 的整合重构及特征比较

参照 Zhang(2008)的做法,对情绪指数、上证指数和宏观指数的各 IMF 进行整合重构。以情绪指数为例,图 8—6 列出了情绪指数 6 个 IMF 的均值以及对均值进行 t 检验(原假设是均值为 0)的 P 值,可以看出,第 4 个 IMF 首次出现均值显著不为 0 的情况(显著性水平为 0.01),于是将第 1~3 个 IMF 叠加为高频信号,代表投资者情绪的短期波动;将第 4～6 个 IMF 叠加为低频信号,代表投资者情绪的中期波动;残差序列保持不变,代表投资者情绪的长期趋势。类似地,上证指数和宏观指数各 IMF 均值及 t 检验 P 值分别在图 8-7 和图 8-8 中列出(均是第 3 个 IMF 首次出现均值显著不为 0 的情况,上证指数的显著性水平为 0.1,宏观指数的显著性水平为 0.05)。

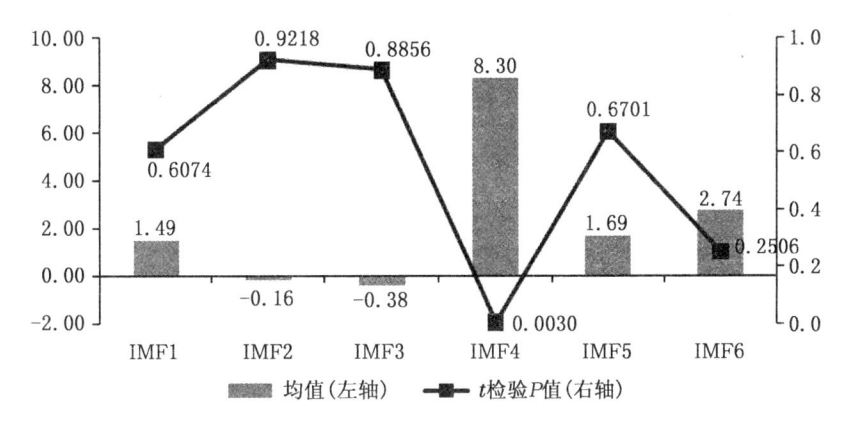

图 8-6 投资者情绪各 IMF 分量的均值及 t 检验 P 值

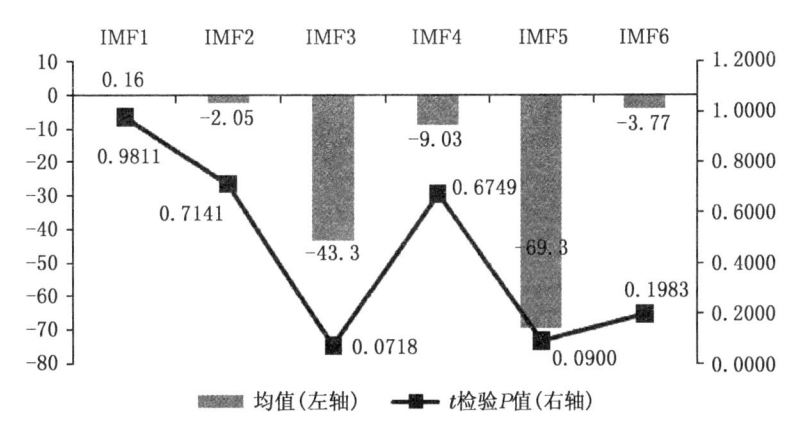

图 8-7 上证指数各 IMF 分量的均值及 t 检验 P 值

进一步对情绪指数、上证指数和宏观指数各 IMF 整合重构之后的高频信号、低频信号和残差进行特征比较。如表 8-2 所示,从短期波动来看,投资者情绪的平均周期最长,宏观指数次之,上证指数的平均周期最短;从中期波动来看,投资者情绪与上证指数的平均周期相当,均高于宏观指数的平均周期;从长期趋势来看,投资者情绪、上证指数和宏观指数的平均周期相当。另外,三个指数波动的来源呈现出不同的模式。对投资者情绪指数而言,中期波动的方差占比最高,是情绪指数波动的最主要

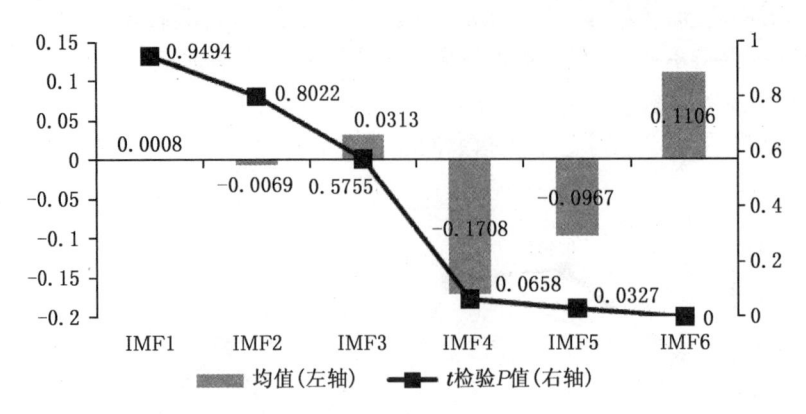

图 8—8　宏观指数各 IMF 分量的均值及 t 检验 P 值

来源,短期波动次之,长期趋势的方差占比最低;对上证指数而言,中期波动的方差占比最高,是上证指数波动的最主要来源,长期趋势次之,短期波动的方差占比最低,仅为 1.64%;对宏观指数而言,长期趋势的方差占比最高,是宏观指数波动的最主要来源,中期波动次之,短期波动的方差占比最低。

表 8—2　投资者情绪指数、上证指数与宏观指数各分量的平均周期与方差占比

分量	投资者情绪指数 平均周期	投资者情绪指数 方差占比	上证指数 平均周期	上证指数 方差占比	宏观指数 平均周期	宏观指数 方差占比
高频信号	24	38.66%	9	1.64%	17	17.83%
低频信号	96	48.75%	96	59.68%	48	36.55%
残差	192	12.59%	192	38.68%	192	45.62%

三、基于重构信号的情绪指数、上证指数与宏观指数关系分析

图 8—9 分别显示了情绪指数、上证指数与宏观指数的短期、中期及长期趋势分量。进一步地,对三个指数的短期、中期和长期趋势分量分别进行格兰杰因果检验,格兰杰因果检验的最优滞后阶数由 VAR 模型的似然值、AIC 和 BC 综合判定。如表 8—3 所示,从代表短期波动的高频信号来看,在 0.01 的显著性水平下,投资者情绪与上证指数互为格兰杰因果;在 0.1 的显著性水平下,投资者情绪是宏观指数的格兰杰原因,表明在短期波动中投资者情绪领先宏观指数。从代表中期波动的低频信号来看,在 0.01 的显著性水平下,投资者情绪与上证指数互为格兰杰因果;在 0.01 的显著性水平下,投资者情绪与上证指数均是宏观指数的格兰杰原因,表明在中期波动中投资者情绪和上证指数均领先宏观指数。从代表长期趋势的残差信号来看,在 0.01 的显著性水平下,投资者情绪、上证指数与宏观指数互为格兰杰因果。

第八章 基于 EEMD 方法的投资者情绪与股指和宏观经济的关系实证分析

图 8—9 投资者情绪、上证指数和宏观指数各分量对比

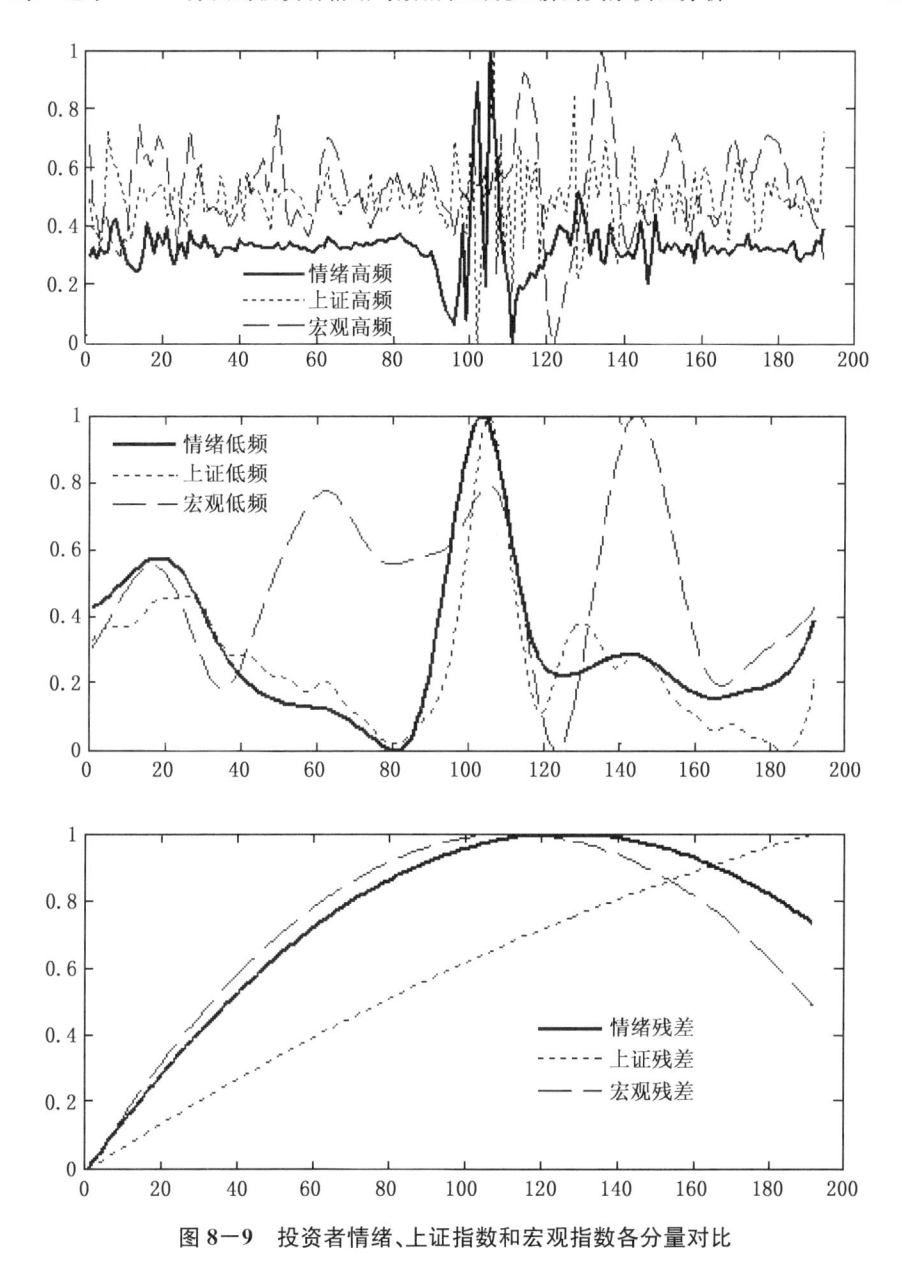

表 8—3　　投资者情绪、上证指数和宏观指数各分量之间的格兰杰因果检验

	高频信号	低频信号	残差
最优滞后阶数	6	6	1
投资者情绪不是上证指数的格兰杰原因	0.0000***	0.0000***	0.0000***

续表

	高频信号	低频信号	残差
上证指数不是投资者情绪的格兰杰原因	0.0000***	0.0000***	0.0000***
投资者情绪不是宏观指数的格兰杰原因	0.0983*	0.0009***	0.0000***
宏观指数不是投资者情绪的格兰杰原因	0.3401	0.3281	0.0000***
上证指数不是宏观指数的格兰杰原因	0.4943	0.0039***	0.0000***
宏观指数不是上证指数的格兰杰原因	0.2064	0.2086	0.0000***

第五节 不同尺度情绪分量对未来市场收益的预报能力检验

表8-4列出了投资者情绪的短期、中期和长期趋势与上证指数、宏观指数的Pearson相关系数和Kendall相关系数。综合来看,投资者情绪的中期波动和长期趋势与上证指数之间的正相关关系要高于短期波动与上证指数之间的正相关关系。基本上只有投资者情绪的长期趋势与宏观指数之间存在显著的正相关关系。

表8-4 各情绪分量与上证指数、宏观指数的相关关系

各情绪分量	与上证指数相关系数		与宏观指数相关系数	
	Pearson	Kendall	Pearson	Kendall
高频情绪信号	0.329	−0.03	0.034	−0.020
	(0.000***)	(0.953)	(0.638)	(0.677)
低频情绪信号	0.665	0.405	0.037	−0.096
	(0.000***)	(0.000***)	(0.610)	(0.049**)
残差	0.461	0.43	0.673	0.471
	(0.000***)	(0.000***)	(0.000***)	(0.000***)

进一步地,我们检验投资者情绪原始信号以及各分量能否对未来市场收益进行预报。分别考察持有期 k 为1、2、3、6、9、12个月的上证指数对数收益率 R_t^k,如下式所示

$$R_t^k = \ln P_{t+k-1} - \ln P_{t-1} \tag{8-4}$$

其中,P_t 表示上证指数的价格。

鉴于收益率序列 R_t^k 具有显著的自相关和波动集聚特征,采用GARCH(1,1)模型来检验投资者情绪及各分量对未来市场收益及条件方差的预报能力。

GARCH(1,1)模型的均值方程为

$$R_t^k = a^k R_{t-1}^k + b^k Sentiment_{t-1} + u_t^k \tag{8-5}$$

其中，$Sentiment_{t-1}$表示投资者情绪或各个分量，u_t^k表示随机扰动项。

波动率方程为
$$\sigma_t^{k2} = \alpha^k + \beta^k u_{t-1}^{k2} + \gamma^k \sigma_{t-1}^{k2} + \delta^k Sentiment_{t-1} \tag{8-6}$$
其中，σ_t^{k2}表示随机扰动项u_t^k的条件方差。

表8—5列出了在各持有期下GARCH(1,1)模型的参数估计结果。从估计结果可以看出，高频情绪信号对短期和中期的未来市场收益（1、2、3、6个月）具有显著的反向预报能力；原始情绪信号、低频情绪信号以及残差对未来各持有期市场收益均没有显著的预报能力；情绪各分量对未来各持有期市场收益的条件方差均没有显著的预报能力。

表8—5　　　　　　　各情绪分量对不同持有期市场收益的预报

		$k=1$	$k=2$	$k=3$	$k=6$	$k=9$	$k=12$
原始情绪信号	a^k	0.124354 (0.1012)	0.621152 (0.0000***)	0.758315 (0.0000***)	0.897450 (0.0000***)	0.946546 (0.0000***)	0.956666 (0.0000***)
	b^k	0.000034 (0.5250)	−0.000003 (0.9592)	−0.000047 (0.4786)	0.000009 (0.9149)	0.000053 (0.5656)	0.000043 (0.5725)
	α^k	0.000349 (0.1168)	0.000565 (0.1172)	0.000574 (0.1902)	0.000574 (0.2937)	0.000338 (0.2121)	0.000534 (0.3195)
	β^k	0.073147 (0.1882)	0.051379 (0.2811)	0.110335 (0.1598)	0.041203 (0.5437)	0.034827 (0.4329)	0.070319 (0.2405)
	γ^k	0.806589 (0.0000***)	0.807744 (0.0000***)	0.789951 (0.0000***)	0.846033 (0.0000***)	0.872354 (0.0000***)	0.841182 (0.0000***)
	δ^k	0.000004 (0.2489)	0.000006 (0.1732)	0.000004 (0.4242)	0.000009 (0.3178)	0.000008 (0.1797)	0.000006 (0.3173)
高频情绪信号	a^k	0.069972 (0.3898)	0.595454 (0.0000***)	0.780903 (0.0000***)	0.901932 (0.0000***)	0.922359 (0.0000***)	0.967776 (0.0000***)
	b^k	−0.000111 (0.0661*)	−0.000226 (0.0164**)	−0.000553 (0.0000***)	−0.000252 (0.0280**)	−0.000042 (0.7185)	−0.000059 (0.5426)
	α^k	0.000447 (0.1524)	0.00579 (0.1855)	0.000693 (0.1265)	0.000877 (0.2117)	0.000405 (0.3296)	0.000686 (0.3196)
	β^k	0.176698 (0.0548*)	0.116437 (0.0748*)	0.155541 (0.0806*)	0.137330 (0.1256)	0.121233 (0.1009)	0.103974 (0.1546)
	γ^k	0.755711 (0.0000***)	0.809717 (0.0000***)	0.766375 (0.0000***)	0.790810 (0.0000***)	0.848203 (0.0000***)	0.839751 (0.0000***)
	δ^k	−0.000003 (0.5481)	−0.000004 (0.4267)	0.000004 (0.5043)	0.000001 (0.8791)	−0.000004 (0.3375)	0.000006 (0.4116)

续表

		$k=1$	$k=2$	$k=3$	$k=6$	$k=9$	$k=12$
低频情绪信号	a^k	0.088172	0.592451	0.732593	0.889128	0.962388	0.960547
		(0.2548)	(0.0000***)	(0.0000***)	(0.0000***)	(0.0000***)	(0.0000***)
	b^k	0.000096	0.000058	0.000059	−0.000020	−0.000097	−0.000026
		(0.1886)	(0.5320)	(0.5389)	(0.8638)	(0.4203)	(0.8676)
	α^k	0.000691	0.001147	0.000830	0.001319	0.000984	0.000991
		(0.0907*)	(0.1134)	(0.1508)	(0.1566)	(0.0526*)	(0.2037)
	β^k	0.110333	0.091698	0.113482	0.088747	0.070328	0.086887
		(0.1380)	(0.1654)	(0.1657)	(0.3406)	(0.2007)	(0.1920)
	γ^k	0.767214	0.759359	0.793247	0.796876	0.836727	0.830178
		(0.0000***)	(0.0000***)	(0.0000***)	(0.0000***)	(0.0000***)	(0.0000***)
	δ^k	0.000004	0.000006	0.000004	0.000008	0.000007	0.000005
		(0.1978)	(0.2288)	(0.3345)	(0.2070)	(0.0763*)	(0.3099)
残差	a^k	0.095355	0.605669	0.734330	0.877983	0.934745	0.948237
		(0.2225)	(0.0000***)	(0.0000***)	(0.0000***)	(0.0000***)	(0.0000***)
	b^k	−0.000007	0.000011	0.000016	0.000028	0.000043	0.000042
		(0.9109)	(0.8880)	(0.8430)	(0.7719)	(0.6342)	(0.6648)
	α^k	0.000287	0.000203	0.000276	0.000415	0.000191	0.000342
		(0.3243)	(0.5783)	(0.6239)	(0.5520)	(0.6535)	(0.6348)
	β^k	0.137336	0.062410	0.136302	0.107024	0.096673	0.097080
		(0.0970*)	(0.1936)	(0.0988*)	(0.1516)	(0.1525)	(0.1447)
	γ^k	0.781355	0.855994	0.785246	0.824184	0.855532	0.849148
		(0.0000***)	(0.0000***)	(0.0000***)	(0.0000***)	(0.0000***)	(0.0000***)
	δ^k	0.000003	0.000005	0.000006	0.000005	0.000004	0.000004
		(0.3554)	(0.0726*)	(0.3532)	(0.3110)	(0.3183)	(0.5084)

另外，我们运用 Logit 回归模型来检验情绪各分量能否对未来市场收益的方向（正或负）进行预报。

建立未来市场收益方向的指示变量

$$d_t^k = \begin{cases} 1 & R_t^k > 0 \\ 0 & R_t^k \leqslant 0 \end{cases} \tag{8-7}$$

Logit 回归模型为

$$\Pr\{d_t^k = 1\} = f(\mu^k Sentiment_{t-1}) \tag{8-8}$$

其中，$f(x) = e^x/(1+e^x)$。

表 8—6 列出了在各持有期下 Logit 回归模型的参数估计结果。从估计结果可以看出，原始情绪信号对未来中、长期市场收益的方向(6、9、12 个月)具有显著的正向预报能力，即情绪越高，未来市场收益为正的概率越大；高频情绪信号对未来中期

市场收益的方向(6、9个月)具有显著的正向预报能力;低频情绪信号对未来3、6、9、12个月市场收益的方向具有显著的正向预报能力;残差信号对未来中、长期市场收益的方向(9、12个月)具有显著的反向预报能力。综合来看,低频情绪信号对未来市场收益方向的预报能力均强于原始情绪信号、高频情绪信号和残差信号,且预报的持有期范围也比原始情绪信号、高频情绪信号和残差信号要广。

表 8-6　　　　　　　各情绪分量对不同持有期市场收益方向的预报

		$k=1$	$k=2$	$k=3$	$k=6$	$k=9$	$k=12$
原始情绪信号	μ^k	0.001553 (0.1451)	0.000230 (0.8156)	0.000647 (0.5173)	0.003194 (0.0123**)	0.003370 (0.0100**)	0.003185 (0.0132**)
高频情绪信号	μ^k	−0.000839 (0.6925)	−0.001623 (0.4534)	−0.000194 (0.9266)	0.005685 (0.0349**)	0.004602 (0.0692*)	0.003408 (0.1491)
低频情绪信号	μ^k	0.003081 (0.1077)	0.001977 (0.2930)	0.004163 (0.0348**)	0.008101 (0.0004***)	0.014627 (0.0000***)	0.017103 (0.0000***)
残差	μ^k	0.002314 (0.1668)	0.000056 (0.9733)	−0.001298 (0.4360)	−0.001105 (0.5072)	−0.003049 (0.0703*)	−0.003316 (0.0495**)

第六节　小　结

本章旨在运用集成经验模态分解方法(EEMD)考察投资者情绪的短期波动、中期波动、长期趋势与股指和宏观经济的关系,以及它们对股市未来收益的预测能力。

首先,运用动态因子模型(DFM)从A股新增开户数、A股换手率、IPO公司家数、IPO首日算术平均收益率和封闭式基金算术平均折价率这五个投资者情绪代理变量中提取情绪因子。

其次,运用EEMD方法分别对投资者情绪指数、上证指数和宏观指数进行分解,并对分解之后得到的IMF系列进行整合重构得到各指数的高频信号(代表短期波动)、低频信号(代表中期波动)和残差信号(代表长期趋势)。重构信号的特征比较结果有:从短期波动来看,投资者情绪的平均周期最长,宏观指数次之,上证指数的平均周期最短;从中期波动来看,投资者情绪与上证指数的平均周期相当,均高于宏观指数的平均周期;从长期趋势来看,投资者情绪、上证指数和宏观指数的平均周期相当。另外,三个指数波动的来源呈现出不同的模式。对投资者情绪指数而言,中期波动的方差占比最高,是情绪指数波动的最主要来源,短期波动次之,长期趋势的方差占比最低;对上证指数而言,中期波动的方差占比最高,是上证指数波动的最主要来源,长期趋势次之,短期波动的方差占比最低,仅为1.64%;对宏观指数而言,长期趋势的方差占比最高,是宏观指数波动的最主要来源,中期波动次之,短期波动的方差占比最低。领先滞后关系分析的结果有:从代表短期波动的高频信号来看,在0.01的显著性水平下,投资者情绪与上证指数互为格兰杰因果;在 0.1 的显著性水平下,投资者情绪是宏观指数的格兰杰原因,表明在短期波动中投资者情绪领先宏观指数。从代表中期波动的低频信号来看,在 0.01 的显著性水平下,投资者情绪与上证指数互为格兰杰因果;在 0.01 的显著性水平下,投资者情绪与上证指数均是宏观指数的格兰杰原因,表明在中期波动中投资者情绪和上证指数均领先宏观指数。从代表长期趋势的残差信号来看,在 0.01 的显著性水平下,投资者情绪、上证指数与宏观指数互为格兰杰因果。

最后,分别运用 GARCH(1,1)模型和 Logit 模型检验投资者情绪原始信号以及各分量能否对未来市场收益的大小及方向进行预报。结果表明,高频情绪信号对短期和中期的未来市场收益(1、2、3、6 个月)具有显著的反向预报能力;原始情绪信号、低频情绪信号以及残差对未来各持有期市场收益均没有显著的预报能力;情绪各分量对未来各持有期市场收益的条件方差均没有显著的预报能力。另外,原始情绪信号对未来中、长期市场收益的方向(6、9、12 个月)具有显著的正向预报能力,即情绪越高,未来市场收益为正的概率越大;高频情绪信号对未来中期市场收益的方向(6、9 个月)具有显著的正向预报能力;低频情绪信号对未来 3、6、9、12 个月市场收益的方向具有显著的正向预报能力;残差信号对未来中、长期市场收益的方向(9、12 个月)具有显著的反向预报能力。综合来看,低频情绪信号对未来市场收益方向的预报能力均强于原始情绪信号、高频情绪信号和残差信号,且预报的持有期范围也比原始情绪信号、高频情绪信号和残差信号要广。

下 篇

基于投资者情绪的量化投资策略

第九章 量化投资发展综述

第一节 量化投资的发展历史

近年来,量化投资逐渐引起了证券投资界的关注,成为资本市场研究和应用的热点,被西方投资界称为颠覆传统投资哲学的"投资革命",逐渐形成与基本面投资分析、技术面投资分析分庭抗礼的局面。简单地说,量化投资就是利用数学、统计学、信息技术的方法来管理投资组合。量化投资的组合构建注重的是对宏观数据、市场行为、企业财务数据、交易数据进行分析,利用数据挖掘技术、统计技术、计算方法等处理数据,以得到最优的投资组合和投资机会。从国际量化投资的发展状况来看,量化投资类产品的投资业绩稳定,市场份额和规模迅速扩大,是计算机科技以及投资外汇市场发展到一定阶段的产物,已经受到了越来越多投资者的认可。

1971年,一名叫作约翰·麦奎恩(John McQueen)的电子工程师利用美国富国银行的信托投资平台建立了第一个定量投资系统,这一信托投资平台经不断改进演变为当今世界第二投资管理公司——巴克莱国际投资管理公司。1971年,该公司发行了世界上第一只被动管理的指数基金,标志着量化投资方法正式进入资本投资领域。1977年,巴克莱国际投资管理公司又发行了世界上首只(规模为30亿美元)量化投资基金,增加了量化投资应用的广度和深度。

曾任美国伯克利大学数量经济学教授的巴尔·罗森伯格(Barr Rosenberg),则将这场革命逐渐引向成功,被称为量化投资领域的奠基人。1974年,罗森伯格独自在地下室成立了巴尔·罗森伯格联合公司(Barr Rosenberg Associates),他利用电脑分析大量的数据与资料,创建了投资组合业绩和风险管理模型。1978年,巴尔·罗森伯格被《机构投资者》杂志称为"现代投资组合理论"的一代宗师。作为量化投资的先行者和奠基者,巴尔·罗森伯格又于1985年和另外三位合作伙伴创立了管理各种多样化的股票投资组合的罗森伯格机构股权管理公司(Rosenberg Institutional Equity Management，简称 RIEM）。此后，他继续开发了多种类型的量化投资模型，并创造了著名的"综合阿尔法"模型。这一模型带来了令人瞩目的成绩，该公司 1990 年资产管理规模突破 100 亿美元。2011 年 9 月发布了第四代美国模型（USE4），该模型充分利用了 Barra 风险模型的创新，引入波动率状态调整（具有每日横截面波动率调整的功能），使得模型对于市场突发事件更为敏感。该模型是利用多因素模型的基本原理，识别出风险因子，然后利用这个模型对风险因子导致的风险进行识别并加以控制。针对美国股市设计的 Barra 模型，共有 55 个板块因素，外加 13 个普遍风险因素，如增长率、净收益率、股息率、财务杠杆等。

2012 年 7 月针对中国市场推出了新一代股票模型——Barra 第三代中国模型（CNE5），新中国股票模型引入了国家因子、波动率状态调整、特征值风险调整。推出的日预测期模型，运用了最新的风险调整方法，筛选出最能反映中国市场特征的因子结构，能够让组合管理经理对管理组合的风险和收益的来源有一个更清晰的全局认识，从而更好地分析和挖掘因子的偏移对组合风险和收益的贡献，更好地捕捉到中国本土市场长短期趋势和变化，充分运用风险理论研究的最新成果，使机构投资者能够把风险模型完全融入其投资过程中。新模型的开发过程经过了客户不断地征询，最终显著改进的新一代模型能够真实地捕获中国股票市场的最新状况，通过丰富的因子结构把握市场特征，并提供相比上一代模型更强的模型解释力。

在量化投资最初出现的 30 年中，国际投资领域的主流是由沃伦·巴菲特和彼得·林奇等对冲基金管理者所开创的"价值投资"理念。而 20 世纪末，以乔治·索罗斯所领导的量子基金等宏观对冲基金的大放异彩，也遮掩了其他投资策略的光芒。之后，得益于计算机技术的进步和处理速度的提高，降低了量化策略密集型交易的成本，定量投资者终于在世纪之交攀上了投资世界的顶峰。

在量化投资的发展和推广历程中，最为广大投资者所熟悉的是量化投资界的宗师级人物詹姆斯·西蒙斯（James Simons），1938 年生于美国马萨诸塞州，1958 年毕业于美国麻省理工学院数学系，1961 年获得加州大学伯克利分校的数学博士学位，1978 年，他离开了纽约州立石溪大学而创建了一家投资基金，主要投资于商品期货和其他金融工具。

1982 年发起成立了文艺复兴科技公司（Renaissance Technologies），专门从事量化投资相关技术的研究和量化对冲基金的管理。1988 年 3 月成立公司的旗舰产品——大奖章基金（Medallion Fund），大奖章基金是华尔街量化投资最成功的对冲基金。从 1988 年成立至 1999 年，大奖章基金总共获得 2478.6% 的净回报率，是同时期基金中的第一名，超过第二名索罗斯的量子基金一倍，而同期的标准普尔指数仅仅只有 9.6% 的涨幅。基金自 1988 年成立到 2009 年，大奖章基金的平均年收益率高达 35%，而巴菲特所管理的基金在同期的平均年收益率大约为 20%，西蒙斯和巴菲特所管理的基金在 1988 年至 2009 年各年度收益率对比分析如图 9—1 所示。大奖章基金在2007年次贷危机爆发当年，投资回报率高达85%，而2008年，基金更是强劲上涨了160%，西蒙斯本人也因此被誉为"最赚钱基金经理"。

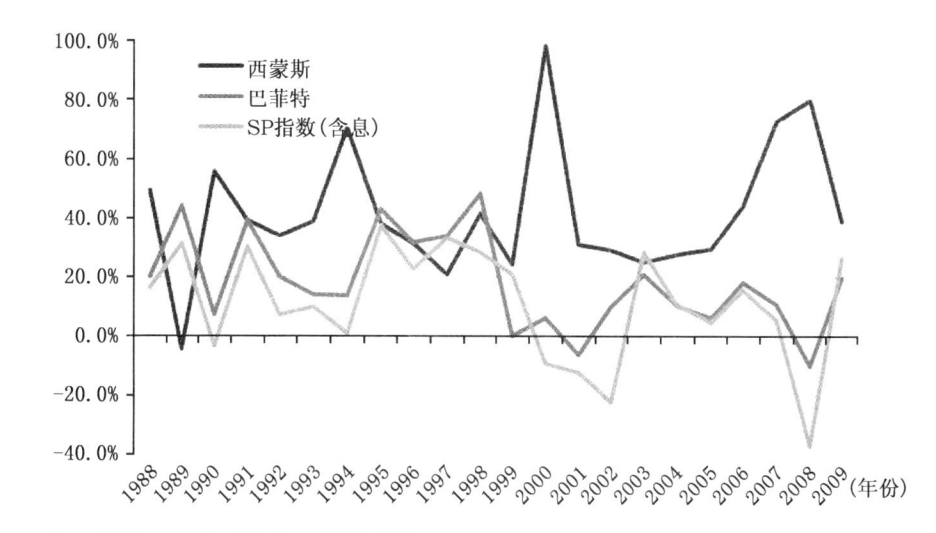

注：西蒙斯2008年的投资业绩的计算区间为2008年3月至2008年年底。SP指数的收益率包含股息。数据来源于国信证券2011年研究报告《浅析詹姆斯·西蒙斯的投资理念》。

图9—1　西蒙斯和巴菲特的投资业绩比较

西蒙斯所领导的文艺复兴科技公司，之所以能够长时间持续地战胜市场，得益于他们独特的投资理念。首先，有一支由科学家组成的投资团队，专业背景包括数学、物理学和统计学等，为投资领域引入了长期以来缺乏的科学精神。交易的衍生工具比较少，相比于衍生工具，基础资产的价格是有规律可循的，基础资产是价格确定不依赖于其他资产价格的资产，衍生工具是价格基于基础资产价格确定的资产，基础资产的价格更有可能出现规律性，影响基础资产的价格也更容易。如果资产之间存在较强的相关关系，一种资产的价格改变会影响一系列相关股票的价格。影响其中一种股票价格的成本，在某些情况下可通过另一些股票上的收益得到补偿。通过数据挖掘对金融市场微观结构进行实时深度分析，发现了能够持续获得期望收益率为正的交易策略。其次，重视对资金管理的研究，引入了对资金管理有深入研究的罗伯特·弗雷(Robert Frey)，开发了风险管理模型(包括止损、杠杆管理、仓位控制)，资金管理策略对于提升交易回报起着重要的作用。

另一位比较著名的量化投资基金经理为大卫·肖尔(David E. Shaw)，他同样以神秘的公式和科技手段观察整个金融市场，其管理的德劭集团(D. E. Shaw & Co.)是一家全球性投资与技术开发企业，活跃于全球多个资本市场。相关数据显示，该基金自1998年成立后，年均回报率达20%左右，目前交易规模达到220亿美元，最高交易额占NYSE总交易的5%，多采用统计套利和多空交易策略进行程序化交易。

来自投资咨询公司 Towers Watson 的股票基金研究主管马丁·努尔斯(Martin Knowles)表示:"20世纪90年代末和21世纪初,实行量化管理的资产激增。"据统计,1970年,定量投资在西方市场的全部占比为零,到2001年,定量投资的资产管理规模已经超过880亿美元。进入新世纪后,量化投资理念获得了投资大众的广泛认可,所管理的资产规模迅速扩大。根据路透社数据,截至2010年11月,1600只量化基金管理的总资产高达2600亿美元,年均增长速度高达20%,而同期非量化基金的年增长速度仅为8%。目前,量化投资在全部投资产品中的份额已经超过30%,主动投资产品中20%~30%使用了量化投资技术,量化投资已经成为全球基金业与基本面分析和技术分析并行的投资方法。在全球很多大型股票交易所中,接近50%的交易量来自各类量化投资方式。

量化投资是指利用数量化统计分析工具构建相应的数学模型,并借助于计算机技术处理,从而实现投资思想和理念的一种投资策略。量化投资将个人的投资理念开发成数理模型,用计算机对宏观数据、交易数据、企业财务数据等历史数据进行分析,寻求交易机会,是在国际投资界兴起的一种新方法,发展势头迅猛,与基本面分析、技术面分析并成为三大主流分析方法。基本面分析和技术面分析可以看做传统的证券投资分析理论,而量化投资则是结合了现代数理理论和金融数据的一种全新的分析方法,是现代化的证券分析方法。量化投资强调投资的科学性,意味着"投资已由一种艺术发展为科学"。量化投资被西方投资界称为颠覆传统投资哲学的"投资革命",如今已经走过长达40多年的历程。

量化投资和传统的定性投资都是基于市场非有效或弱有效的理论基础,不同的是,传统的定性投资较依赖于对上市公司的调研和投资者的个人经验和主观判断,而量化投资则是将定性思想与定量规律进行量化应用的过程。相比传统投资,量化投资存在一定的优势:(1)量化投资打破了传统投资在投资范围上的局限;(2)量化投资可以避免投资受到个人主观因素的影响;(3)量化投资的研究方法更为系统和科学。目前,国际顶级的投行在量化投资策略方面的研究非常深入和扎实,"一切用数据说话"是任何投资决策的基石。

第二节 量化交易的概念体系

与国外蓬勃发展的量化投资相比,国内量化投资正处于起步阶段,量化投资产品的整体规模比较小,但发展势头较快,各大投资机构先后成立量化投资团队开发量化投资策略,量化产品数量大幅增加,很多量化投资的产品获得了良好的收益。特别是自2010年股指期货推出后,量化投资就越来越受到国内关注并得到了蓬勃的发展。作为一个把计算机和金融工程完美结合的交易模式,国内的许多个人和机构投资者纷纷展开了对量化投资的研究。由于在资本市场中使用量化和计算机技术的侧重点不同,出现了几个概念与量化投资(Quantitative Investment)相近但又有区别的定义,如程序化交易(Program Trading)、自动化交易(Automated Trading)、算法交易(Algorithmic Trading)、高频交易(High Frequency Trading)。为了更加深入地理解量化投资的概念,下面将对这些容易混淆的概念进行简单的对比分析。

深圳证券交易所在2010年的一份专题研究报告《数量化交易:现状和挑战》中指出,量化交易是指投资者利用计算机技术、金融工程建模等手段将自己的金融操作方式,用很明确的方式去定义和描述,用以协助投资者进行投资决策,并且严格地按照所设定的规则去执行交易策略(买、卖)的交易方式,帮助投资者制定投资决策,减少执行成本,进行套利、风险对冲和帮助做市商实现报价的功能。按照数学模型的理念和对计算机技术的利用方式,量化交易方式可以进一步细分为量化投资、自动化交易、程序化交易、算法交易以及高频交易,各个细分概念之间的关系如图9-2所示。

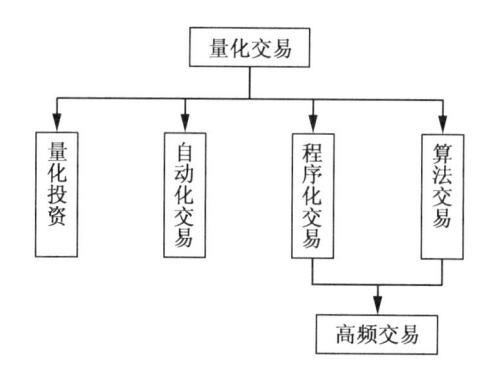

图9-2 量化交易的细分方式

通常,对于一笔交易而言,主要涉及以下几个方面:(1)标的:交易的对象由哪些证券或金融产品组成;(2)方向:标的的交易方向是买入或卖出;(3)数量:按照方向交易标的的数量是多少;(4)下单:具体的下单过程中分多少笔下单,每笔下单的数量;(5)价格:希望以限价单还是市价成交,可接受的价格范围是多少;(6)时间:总体交易限制在多少时间内,每个时间节点的交易量限制。

1. 量化投资

量化投资主要解决的是投资标的和执行目标的问题,是指利用数学、统计学、信息技术形成数理模型,利用计算机分析宏观经济、行业以及公司的基本面数据产生投资的策略,并通过数理模型预测投资组合未来变化的投资方法。简而言之,量化投资是基本面分析投资方式的自动化。数量化投资可以帮助投资人在越来越多的信息中选择实质性关键信息,并转化成投资决策,在股票投资领域应用广泛。由于量化投资是一种主动投资策略,主动投资的理论基础就是市场非有效或弱有效,通过对个股、行业价格变化的驱动要素的分析研究,可以构建和优化投资组合,从而持续战胜市场,获取超越市场基准的收益。

量化投资的主要特点是将定性研究的投资理念通过数理模型演绎出来,借助计算机强大的信息处理能力,全范围地筛选符合"标准"的股票,避免任何投资"盲点"的产生,最大限度地捕捉"标准"的投资对象。由于借助量化模型,定量投资能够避免基金经理情绪、偏好等对投资组合的干扰,精确地反映基金管理人的投资思想,最大限度地"理性"投资。与传统的投资方法不同,数量化投资不是以个人判断来管理资产,而是将投资专家的思想、经验和直觉反映在量化模型中,利用电脑帮助人脑处理大量信息,并进行投资决策。量化投资并不是基本面分析的对立者,90%的模型是基于基本面因素,同时考虑技术因素。因此,它也不是技术分析,而是基于对市场深入理解形成的合乎逻辑的投资方法。

量化投资在海外的发展已有 40 多年的历史,其投资业绩稳定,市场规模和份额不断扩大,得到了越来越多投资者的认可。与国外量化投资的发展相比,国内量化投资正处于起步阶段,量化投资产品的整体规模比较小,但发展势头较快,各大投资机构先后成立量化投资团队开发量化投资策略,量化投资产品数量大幅增加,很多量化投资的产品也获得了良好的收益。

2. 自动化交易

自动化交易强调的是投资策略和交易的自动化执行,是将技术分析投资方式固化成计算机可以理解的模型、技术指标,计算机程序根据市场变化自动生成投资决策并执行的投资方式。简而言之,自动化交易是技术分析投资方式的自动化,可以避免投资人的心理变化和情绪波动,严格执行既定策略,是最基本的量化交易方式。从这个层面上说,算法交易和程序化交易都是自动化交易的子集,因为这两者的特征均是由计算机自动完成的,这两个概念也是最常被投资者所混淆的。

3. 程序化交易

程序化交易主要解决的是标的、方向的问题,是伴随股指期货与现货市场套利交易而兴起的量化交易方式。纽约证券交易所(NYSE)把程序化交易定义为包含 15 只或 15 只以上的指数成分股的组合交易,其价值超过 100 万元,且这些组合交易是同时进行的。简单地说,程序化交易就是同时买进或卖出一篮子股票,同时买进一篮子股票被称为程序化买进,同时卖出一篮子股票被称为程序化卖出。随着量化交易技术的深入发展,程序化交易和算法交易的界限逐渐模糊,有些市场使用高频交易来描述当前流行的量化交易方式。

4. 算法交易

算法交易主要解决的是下单的问题,是指把一个指定交易量的买入或者卖出指令输入计算机模型,由计算机模型根据特定目标自动产生执行指令的实现方式。订单执行的目标基于价格、时间或者某个基准,为降低冲击成本、机会成本和隐蔽交易,避免惊动市场,算法交易采用一些计算机模型,将一个大的订单分解成若干个小订单,以免对市场价格造成冲击。而算法交易的标的、方向和数量等可人为判断,也可由交易程序给定。算法交易要达成的具体目标主要有:交易成本最小化,成交均价最贴近目标价,成交价格风险最小化,隐藏下单意图,提高下单效率等。常用的算法交易策略有:交易量加权平均价(VWAP)、时间加权平均价(TWAP)、交易量参与(Volume Participation)、执行差额算法(Implementation Shortfall)等。在种种因素的推进下,算法交易以美国为源头开始了飞速发展,从2000年到2010年,大约10年时间,算法交易在基金中的使用率从接近于0上升到超过90%,带来的效果是每日交易笔数激增了十几倍,而平均每笔单的规模则缩小为1/4。美国算法交易的广泛应用很快影响到欧洲,2010年全欧盟基金业内算法交易使用比例超过50%,其中比例最高的英国达到80%。在亚洲,算法交易的发展则相对落后,主要集中在东京、香港、新加坡等几个有限的交易场所,这些地方机构投资者的算法交易使用率接近80%,但全市场算法交易的覆盖率依然不足40%。无疑,亚洲市场未来的算法交易应用前景非常可观,预测未来几年内,亚洲的算法交易会出现爆炸式增长,其中潜力最大的区域是印度和中国,而预计最先使用算法交易的将是迅速发展中的指数基金。

5. 高频交易

高频交易强调的是在投资交易中以极高的频率执行,高频交易是指投资银行、对冲基金和专业交易公司利用高速计算机以极高的频率进行程序化证券交易的投资策略的总称。这里所谓的极高频率是一个相对的概念,缺乏统一的频率指标,仅有法国对高频交易的买卖时间给出了明确的规定,即在半秒钟内完成买进和卖出的交易定义为高频交易。高频交易商是指使用高速计算机系统监控市场数据并提交大量订单的自营交易公司。高频交易与算法交易不同,算法交易主要是指利用计算机算法,根据时间、价格等参考目标来执行订单,高频交易关注的是交易频率,算法交易则关注交易是否由计算机自动执行。数据显示,华尔街的主要投行和对冲基金大多参与了高频交易。目前,高频交易的速度达到了秒或微秒级别,基本上所有需要通过计算机自动来实现的交易均属于高频范畴。近年来,除了信息技术使交易速度不断加快之外,交易平台日趋多元化也使得高频交易成为可能。目前,高频交易的成交量约占美国股票市场成交量的70%。

与高频交易相伴随的是闪电交易。闪电交易(Flash Trading)是美国市场上交易所为高频交易商提供的一种特殊服务,是指股票交易传达到公众的约30毫秒前,先输出给定有相关服务的交易员。30毫秒,对于手动交易没什么,但对于高频交易足以完成一笔交易的行为了。2009年9月,美国证监会因为闪电交易明显有失公平,停止了所有交易所的闪电交易服务。

高频交易是基于强大的计算机系统和复杂的运算所主导的股票交易能在毫秒之内自动完成大量买、卖以及取消指令;高频交易对高性能计算机和计算程序的依赖也给其带来了一定的风险,负责高频交易的计算机发生故障而引起的大小事故也频频见诸报端。2012年8月,高频交易做市商Knight Capital Group(骑士投资集团)由于软件故障导致4.4亿美元的损失,几乎导致该公司倒闭。

近年来,高频交易已从美国逐渐扩展到欧洲、亚洲等主要的金融市场。高频交易的交易规模激增,交易策略不断创新,已成为全球金融领域的一大焦点。由于国内股票市场T+1交易制度的限制,投资者目前最为关注的仍然是以日为单位的短线、中长线投资机会,对日内交易机会关注较少。不过随着ETF、股指期货等创新产品的推出,融资融券交易的开展和转融通业务的试点运行,投资者已经可以变相地实现T+0交易,攫取证券市场日内交易的丰厚利润,为高频交易在国内开展提供了条件。

第三节 促进量化投资发展的外部条件

量化投资自1971年首次出现以来,已经过40多年的发展历史,在新世纪更替之交,量化投资的研究和应用得到了高速的发展,也深得广大中小投资者的信赖。量化投资的高速发展源于其在投资领域所表现出的强大赢利能力,另外也离不开现代金融理论、计算机和通信技术的发展及其市场微观结构的变化。本节对促进量化投资发展的外部条件进行简单的总结分析。

一、现代金融理论的发展

第二次世界大战后,由于美国经济的迅速发展,由此而来的各种金融衍生产品层出不穷,要求金融市场不断完善,以防范、控制和化解金融风险,这样就需要解决复杂金融衍生产品定价问题及证券投资决策问题。马柯维茨(Markowitz)的资产组合理论、资本资产定价模型及布莱克和斯科尔斯(Black and Scholes)期权定价公式的提出使现代金融理论进入了新的发展阶段。

1952年,哈里·马柯维茨(Harry M. Markowitz)发表了《投资组合选择》一文,该文的发表标志着现代资产组合理论的发端和现代金融理论的诞生。其提出的风险度量模型,把风险定义为期望收益率的波动率,首次将数理统计的方法应用到投资组合选择的研究中。在投资者效用最大化的基础上,将复杂的投资决策问题简化为一个风险(方差)和收益(均值)的二维选择问题(均值—方差模型),即在相同的期望收益条件下,投资者选择风险最小的证券组合;或者在相同的投资风险条件下,选择预期收益率最大的证券组合。并以此为基础,证明了证券组合的风险分散效应:随着证券组合中包含的证券的种类增加,单个证券的风险对证券组合的风险的影响越来越小,证券之间的相互作用成为证券组合风险的主要来源;给定证券组合,证券之间的相关程度越小,证券组合的风险分散效应就越大。

在马柯维茨均值—方差模型的基础上,1964年威廉·夏普(William F. Sharpe)、1965年约翰·林特纳(John Lintner)、1968年简·莫辛(Jan Mossin)等各自独立地提出了著名的资本资产定价模型(Capital Asset Pricing Mode，CAPM)，对资本市场均衡状态下的资产风险与预期收益率给出了如下关系

$$R = R_f + \beta(R_M - R_f) \tag{9-1}$$

其中，R 表示风险资产或投资组合的预期收益率，R_f 表示无风险收益率，R_M 表示市场指数或比较基准的预期收益率，β 表示风险资产或投资组合的系统性风险测度。

CAPM 被认为是现代金融市场价格理论的脊梁，被广泛应用于测定投资组合绩效、证券估价以及资本成本的计算中。威廉·夏普因其在资产定价领域中的先驱性成就与默顿·米勒和哈里·马柯维茨共同获得了 1990 年的诺贝尔经济学奖。

在 CAPM 中，对风险资产或投资组合的预期收益率进行分析时，考虑了风险资产或投资组合系统性风险的一个因素(风险资产的价格波动只受市场组合一个波动因素的影响)，但是现实中资本资产的收益率是有诸如 GDP 等增长、通货膨胀的水平等多种因素综合作用的结果。在此基础上，1976 年，斯蒂芬·罗斯(Stephen A. Ross)突破性地发展了资本资产定价模型，提出了套利定价理论(Arbitrage Pricing Theory，APT)。APT 建立在一价法则基础之上，其理论要点是证券的收益率与一组影响它的要素线性相关，即

$$R_i = a + b_{i1}F_1 + b_{i2}F_2 + \cdots + b_{ij}F_j + g_i \tag{9-2}$$

其中，R_i 表示第 i 种证券的预期收益率，F_j 表示第 j 个影响证券收益率的因素，b_{ij} 表示证券 i 的收益率对影响因素 j 的敏感性程度，g_i 为随机误差项，表示证券 i 的收益率受这些因素以外的影响。

1973 年，费雪·布莱克(Fischer Black)和迈伦·斯科尔斯(Myron Scholes)合作推导出期权定价公式，同时罗伯特·默顿(Robert Merton)也独立地发现了这个期权定价公式，后来这个期权定价公式被称为布莱克—斯克尔斯—默顿期权定价模型(Black-Scholes-Merton Option Pricing Model)。美式看涨期权的定价公式为

$$C = SN(d_1) - Xe^{-rT}N(d_2) \tag{9-3}$$

其中，C 表示期初美式看涨期权的价格，X 表示期权的执行价格或敲定价格，S 表示标的资产现在的市场价格，T 表示期权的持有期，r 表示以连续复利计的无风险利率，$N(\cdot)$ 表示正态分布变量的累积概率分布函数

$$d_1 = \frac{\ln(S/X) + (r + \frac{\sigma^2}{2})T}{\sigma\sqrt{T}}, d_2 = d_1 - \sigma\sqrt{T} \tag{9-4}$$

期权定价理论的提出早于期权市场的建立，这是经济学产生以来唯一一次理论领先于经济事实的发现。B-S 公式是人类有史以来应用最频繁的一个数学公式，是"华尔街的第二次革命"。

1994 年，Shefrin 和 Statman 在 CAPM 的基础上建立了行为资本资产定价模型(Behavioral Asset Pricing Model，BAPM)。在 BAPM 中，投资者被分为信息交易者

和噪声交易者两种类型。信息交易者遵循 CAPM,他们从不产生认知偏差,具有均值方差偏好,不同个体之间表现出良好的统计均方差性;噪声交易者则背离 CAPM,他们时常犯各种认知错误,不具有均值方差偏好,不同个体之间具有显著的异方差性。两类交易者相互作用,共同决定资产价格。当信息交易者在市场上起主导作用时,市场是有效的;当噪声交易者在市场上起主导作用时,市场是无效的。

在 BAPM 中,证券的预期收益由行为 β 决定。行为 β 是与正切均值方差有效资产组合(Tangent Mean-variance Efficient Portfolio)相关联的 β,而 CAPM 中的标准 β 是与市场组合(Market Portfolio)相关联的 β。BAPM 的行为 β 由两部分组成:一部分是基础风险(即 CAPM 中的标准 β),另一部分则是由噪声交易者产生的附加风险(Noise Trading Risk,NTR),用公式表示为

$$BAPM\beta = CAPM\beta + NTR \tag{9-5}$$

行为金融学将心理学、人类学和社会学等其他领域的研究成果融入金融学研究中,以更加广阔的视野和更加全面的视角更加真实地反映了人们在金融市场中的行为,使"上帝人"复归于"动物人"、"理性的经济人"复归于"有限理性的社会人"。行为金融学对金融学研究的方法论产生了深远的影响,使行为研究成为当代金融学研究的一个很重要的层面。

上述现代金融理论的发展使得投资组合的收益和风险能够被数量化,从而可以快速地对成百上千的股票估算预期收益率,而传统方法更费时费力,当然,传统方法准确度一般而言比较高;现代金融理论更强调风险对收益率的影响,最优投资组合往往投资于大量股票以降低组合风险,而传统投资往往只集中于几只或几十只预期回报率最高的股票,组合波动率往往更高;跳过了复杂易错的现金流预测模型,传统投资模型试图用严密的数学理论给资产定价,却忽视了现金流折现模型中每个参数的估计都具有很大的随机性,参数估计一点小小的变化往往对最后的估值产生巨大的影响。当然,这并不是说现代金融理论就一定强于传统理论,传统投资因为对个股分析更为透彻,所以投资命中率更高。基于 CAPM 等数学模型赚钱的方式不同,量化交易往往在短期内做出大量的交易,每一个交易的亏盈率虽然小于传统投资模型,但数千次交易之后,只要盈利交易多于亏损交易,总体交易结果就是盈利的。基于 CAMP 模型、OPT 模型、B-S 期权定价公式,宽客(对从事量化投资策略的研究人员的俗称)开发出了类型各异的单因子模型、多因子模型及期权套利策略。在金融创新的变革和推进中,投资经理使用各种新的金融计量化工具,比如 ETF 的管理,通过大量程序化交易来实现一篮子股票交易,通过被动化投资的控制跟踪误差实现指数的股票化交易。

二、计算机及通信技术的发展

计算机是 20 世纪最先进的科学技术发明之一,对人类的生产活动和社会活动产生了极其重要的影响,并以强大的生命力飞速发展。它的应用领域遍及社会生活的

各个方面,成为信息社会中必不可少的工具。随着计算机技术的不断进步,呈现出运算速度快、计算精确度高、逻辑运算能力强、存储容量大、自动化程度高和性价比高等特点。另外,随着计算机和通信技术的发展,计算机已经能够处理文本、语音、视频、动画、图形等多种形式,极大地扩大了计算的应用领域。计算机网络的建立,提高了信息交换的能力,实现了资源共享系统。计算机在网络方面的应用使人类之间的交流跨越了时间和空间障碍。

计算机应用于证券投资始于20世纪70年代的下单指令计算机化,其标志是纽约证券交易所(New York Stock Exchange,NYSE)引入订单转送及成交回报系统(Designated Order Turnaround,DOT,后来升级为Super DOT),以及开盘自动报告服务系统(Opening Automated Reporting System,OARS)。DOT系统直接把交易所会员单位的盘房与交易席位联系起来,通过电子方式将订单传至交易席位,然后由人工加以执行。而OARS系统可以辅助专家决定开盘结算价。

20世纪70年代,电子信息网络(Electronic Communication Networks,ECNs)迅速崛起。1978年,美国证券交易委员会发布指令,催生了Inter-market Trading System(ITS),ITS以电子网络为基础,让证券交易下单在全美各个交易市场之间互联。NASDQ立即响应,为ITS提供与NASDQ互联的计算机辅助执行系统(Computer Assisted Execution System)。这样,ITS/CAES以及已经形成气候的各个ECNs组成了全美国的电子交易网络平台。

20世纪80年代,计算机被广泛用于股指期货的跨市场套利交易者,纽约证券交易所的交易程序会被预写入计算机系统中,当期货的价格与股指的直接价格差(即基差)大得足以赢利时,计算机会自动向纽约证券交易所的电子买卖盘传递系统发送交易指令。随后,计算机辅助交易被应用于投资组合保险中。

20世纪80年代后期至90年代初期,随着计算机和通信网络的发展,美国证券市场的全面电子化和电子撮合市场开始发展,1997年纽约证券交易所首先批准了从分数制报价方式改为十进制小数点报价的小电子合约方案。随后,纳斯达克证券交易所也在美国证券交易委员会的压力下跟进这个改革方案,即股票报价的最小变动单位由1/16美元或者1/32美元,最终调低到1美分。这使得证券市场买卖报价之间的最小变动差价得到了大幅缩小,限制了做市商的交易优势,相比较而言,高频交易的供应商可以提供更好的流动性和更低的差价。电子合约的缩小最终改变了证券市场的微观结构。市场流动性的降低促使机构投资者使用计算机来分割交易指令,用以执行更优越的均价,算法交易得到初步发展。

2004年,美国颁布了国家市场系统管理规则(Regulation National Market System),规定各个交易所当客户委托订单时,均需要按照当时的最优价格将客户订单传递到证券交易所。该规则的颁布使得美国一些采取人工交易方式的证券和期货交易所最终采用了交易的电子化,为算法交易的广泛实行铺平了道路。由于量化交易与传统市场订单相比,其通信参数需要更多,因此其交易系统必须能够适应与日俱增的新型算法指令。2006年FIX的多家会员联合发布了描述算法交易指令类型的XML通信标准,该语言使得新型算法的开发变得方便快捷。

高性能的计算处理系统、高速连接的互联网、通信协议的标准化及数据挖掘技术的发展,极大地促进了量化投资的发展,逐步实现了金融市场交易的电子化。著名量化投资公司文艺复兴科技公司就是利用高速的计算机处理大量的历史数据,通过精密计算得到两个不同金融工具间的正常历史价格差,然后结合市场信息分析它们之间的最新价格差。如果两者出现偏差,电脑立即发出指令大举入市;经过市场一段时间的调节,放大的偏差会自动恢复到正常轨迹上,此时电脑指令平仓离场,获取偏差的差值,又通过对冲机制规避风险,使市场风险最小,获取低风险下的高额收益。

三、市场竞争的加剧

金融市场的电子化使市场交易更加透明、高效。随着算法交易和高频交易的应用,金融市场的竞争逐渐加剧,使得买卖价差逐渐缩小,做市商的传统利润空间大幅减小甚至消失。美国对报价最小变动单位的改革,使得最小价差从1/16美元变成1美分。这改变了市场的微观游戏规则,让买卖竞价价差得以变得更小,做市商的交易优势大幅缩小。在这种情况下投资银行、自营机构、基金、做市商或其他机构投资者逐渐开始利用先进的技术手段进行大量交易来弥补损失,利润的减少使得机构投资者更加关注通过降低交易成本和人力成本两个方面来控制成本。而算法交易可以很好地控制对冲成本,并可代替大量的交易来执行交易,有效地实现了成本的控制。

四、机构投资者的增加

当大多数投资银行不得不忍受利润减少的痛苦时,对冲基金行业却凭借IT技术和金融模型得以获得高速发展(如文艺复兴科技公司的大奖章基金),这使得投资银行开始关注量化交易,并且积极地运用量化交易捕捉市场的机会。投资银行和对冲基金的竞争也推动了量化交易的进一步发展。

第四节 量化投资发展的现状、优势及功能

一、量化投资发展的现状

量化投资被西方投资界称为颠覆传统投资哲学的"投资革命",自1971年约翰·麦奎恩(John McQueen)利用美国富国银行的信托投资平台建立了第一个定量投资系统,如今已经走过长达40多年的历程。

21世纪初,得益于技术的进步降低了量化策略密集型交易的成本,定量投资者

终于在世纪之交攀上了投资世界的顶峰。据统计,1988年西方市场中的量化投资基金共21只,管理的总资产约80亿美元。1998年发展到136只,到2008年量化投资基金总数为1184只,管理资金的总规模为1848亿美元。截至2010年11月,量化投资基金总数为1600只,管理资金的规模为2600亿美元。在1988年至2010年间,量化投资基金在数量上年平均增长率为21.77%,规模上的增长率为17.14%,而同期非量化基金数量的增长率仅为8%。受益于计算机技术和市场数据供应的完善,进入21世纪后,这一投资方式开始飞跃成长。2000年至2007年间,美国定量投资总规模翻了4倍多。而同期的美国共同基金总规模(定量+定性)只翻了1.5倍左右。定量投资在全部投资中的占比从1970年的0发展到2009年的30%以上,指数类投资几乎全部使用定量技术,主动投资中有20%～30%使用定量技术。而量化投资标的也从最初的利率市场延伸到国债、外汇、股票期权、期货等几乎所有投资领域。由于量化交易能实现全自动化下单,排除人的情感因素不断优化交易模型,同时能适度地控制交易风险,而被机构广泛采用。量化交易在美国证券期货市场虽然仅出现40余年,但其占市场总交易量的比例已经超过了60%。

目前,Barclays Global Inverstors 和 LSV Asset Management 是全球最大的量化投资基金。Vanguard、American Centruy、Evergreen、Blue Trend、Wintom Capital、Aspect Capital、Numeric Inverstor、AQR Capital Management、文艺复兴科技公司(Renaissance Technologies)、世坤投资咨询有限责任公司(World Quant Investment Consulting Co. LTD)在北京和上海都有研发办公室,其开发了一个网页版的仿真工具,用于检验量化投资模型的 Alpha;德肖基金(D. E. Shaw)等投资研究机构都在积极开展量化投资策略基金的研究与运作。另外,也出现了一批专业提供量化投资策略服务的公司,如 Ativo Research、Ford Equity Research、When2Trade、Columbine Capital Services 等,都相当重视量化投资模型的研究与开发,其中 Columbine Capital Services 是成立于1976年的为职业财富管理人和基金等大机构投资者提供数量化研究和咨询服务的一家独立研究机构,研究对象包括超过6000家美国公司和近20000家非美国公司,其量化模型的核心是预测超额收益 Alpha。预测模型分为成分模型、个股选择模型和国际化模型三大类。

海外量化投资市场获得了巨大的发展,原因主要有以下三个方面:

(1)机构投资者比例大。海外成熟市场多是机构投资者占据主流地位,而据海外业内人士介绍,购买量化基金的也主要是机构投资者。

(2)成熟市场历史悠久,数据供应市场发达。由于量化投资需要统计以往规律,极为信赖数据,与定性投资不同,模型设计不能光凭经验和直觉,它必须要有一个科学求证的过程。这是一个严谨、耗时的过程,需要使用大量历史数据。在美国通常会回头看30年,这样用长期历史数据检验出来的模型可能更为有效。

(3)从量化产品在海外实践来看,确实有业绩长期超越基准的产品存在。

与海外成熟的资本市场相比,国内资本市场发展历史较短、有效性偏弱,市场上被错误定价的股票相对较多,投资理念不够成熟,留给量化投资策略去发掘市场的无效性、寻找超额收益的潜力和空间也就更大。随着国内市场的复杂程度日益提升和投资品种数量的增加,越来越多的投资人开始关注量化投资。目前,随着投资策略关注度的提升,量化类产品发行速度也大幅加快,国内市场掀起了一股量化产品发行和量化投资策略研究的热潮,公募基金、阳光私募基金和券商资管等机构投资者都开展了量化投资策略的研究和推出了各自的量化产品。截至2014年6月30日,国内共有480只量化型投资产品成立。

未来,国内量化投资必将迎来蓬勃发展的阶段,在国内市场应用前景将会非常广阔,这是基于以下几个方面的原因:

(1)量化投资本身具有内在的吸引力,其自身的优势也将使其在中国投资领域发挥更大的价值。

(2)国内基础衍生产品市场的发展将为量化投资的发展提供有利的条件。目前国债期货、个股期权等衍生工具成功推出,创新型衍生产品也将陆续推出,基础衍生产品不断发展,极大地丰富了量化投资工具,促使量化投资策略多样化发展。

(3)资本市场制度建设的不断完善为量化投资创造了有利的制度环境,推动其较快发展。

(4)量化人才队伍逐渐壮大,加速量化投资在国内的发展。

二、量化投资的优势

量化投资在最近的40年之所以取得如此巨大的发展,得益于其不同于传统定性投资的理念和处理方法,量化投资相比传统投资方法的优势主要表现在以下几个方面:

(一)科学验证

与传统定性投资相比,定量投资更加强调对投资思想的科学验证。例如,一些投资者认为管理质量好、产品质量高的公司的股票更有可能带来长期回报。而另一些投资者却认为在中国这样的新兴市场,利用市场情绪和技术分析更能取得高市场回报。两种投资者都分别给出一些成功的案例来支持自己的投资逻辑。那么,这两个投资理念哪个更有效呢?量化投资方法会基于历史数据对这两种投资思想进行验证,通过构建两个不同的投资模型,分别反映上述两种投资思想,以验证这些思想的长期有效性,而不仅仅在某一时期、某种市场甚至某些个别事例上正确。量化投资策略研究人员会采用长期历史数据和大量股票进行研究,只有在多数情况下有效的思想并通过有效性检验的策略,才会在最终的投资模型中被采用。

(二)纪律性

虽然量化投资模型是由人根据不同的投资逻辑设计的,然而具体交易订单的执行却完全由模型独立执行。通常投资者在形成自己的投资逻辑时会比较理性,但在模型的执行阶段却不可避免地受制于人性的弱点,表现出对投资不利的贪婪和恐惧。基于对量化投资模型思想的信任,量化投资会严格执行模型所产生的交易单,仅在特殊的情况下对交易单进行个别修改。这种由模型确定交易的过程能帮助我们克服交易中的人性弱点。总之,量化投资以先进的数学模型替代人为的主观判断,借助计算机系统强大的信息处理能力具有更大的投资稳定性,极大地减少投资者情绪的波动影响,避免在市场极度狂热或悲观的情况下做出非理性的投资决策。

（三）妥善运用套利的思想

量化投资正是在找估值洼地,通过全面、系统性的扫描捕捉错误定价、错误估值带来的机会。传统投资管理人大部分时间在分析哪家企业是伟大的企业、哪只股票是可以翻倍的股票;与定性投资经理不同,定量基金经理大部分精力花在分析哪里是估值洼地,哪一个品种被低估了,买入低估的,卖出高估的,在低风险下获得显著的收益。

（四）以大概率分散化获胜

量化投资通过不断地从历史数据中挖掘有较大概率在未来重复的历史规律并且加以利用。另外,量化投资策略依靠优化配置准确实现分散化投资大量的股票取胜,而不是依靠一只或几只股票取胜,从而在有效控制风险的前提下实现收益率的最大化。

三、量化投资的功能

量化投资的发展颠覆了传统的投资方式,改变了投资者分析市场和执行交易的方式,改变了市场的微观结构,给资本市场带来了深远的影响。

量化投资的功能主要表现在以下几个方面:

（一）有助于提升市场的定价效率

影响资本市场定价效率的主要因素包括:交易成本、流动性、套利活动的活跃程度、市场的投资者类型、市场对消息的响应速度。量化投资凭借计算机系统的计算能力和反应速度,可以全方位扫描市场信息,能够在很短的时间内将市场信息整合到证券价格中去,并根据量化模型迅速、准确地做出投资决策。量化交易在套利方面有着天然的优势,能够根据套利模型实时计算套利空间,并快速实现套利多空双方的同时执行,导致套利交易的大幅度增加。套利交易的大幅度增加可以有效减少证券市场价格波动,使其价格围绕其价值小幅波动,有效提高市场的定价效率。

（二）提高市场的流动性

随着量化投资业务的发展,很多高频交易者开始提供做市商服务,这些交易者与追求绝对回报的量化投资不同,他们在提供产品和做市服务的基础上,主要采用的是套利类投资策略,其投资目标不是以承担风险盈利,而是在有效风险控制的前提下获取提供流动性的市场价差和手续费。高频交易提供者所提供的流动性价差比传统做市商要小,有助于提高金融市场的流动性。

(三)增加市场的交易量

由于量化投资的发展,投资者可以有效分析大规模的投资标的并快速捕捉市场中所反映的信息,然后迅速做出买卖操作,有效地提高了投资者准备把握市场的效率,扩大了投资者管理的投资规模,增加了市场的交易量。

(四)优化投资者结构

量化投资具有及时、快速地跟踪市场变化,能够不断发现提供超额收益的新的统计模型,寻找新的交易机会;准确、客观评价交易机会,克服主观偏差;在控制风险的条件下,充当准确实现分散化投资目标的工具等优势。市场中的广大机构投资者通过购买高性能的计算机交易系统、聘用具有较深数理知识和金融背景的专业人员开发量化策略并由专业的金融IT人员在交易系统中实现,从而可以实时全方位地扫描市场,在市场出现交易机会的时候即以极快的速度进行交易,从而获取稳定的超额收益。由于采用量化交易方式的机构投资者逐渐增加,不采用量化投资方式的个人散户投资者很难在市场上长期获取稳定收益,但是采用量化投资所需要的投入有时是小散户无法承担的。因此,个人投资会逐渐将资产委托给专业的机构投资者进行投资,进而增加了市场中机构投资者的比例,优化了市场投资者的结构。

第五节 小 结

本章介绍了量化投资发展的历史起源;解析了量化交易的概念体系,对量化投资、自动化交易、程序化交易、算法交易以及高频交易等几个容易混淆的细分概念进行了对比剖析;从现代金融理论发展、计算机及通信技术发展、市场竞争的加剧、机构投资者的增加这四个外部条件总结了量化投资取得飞速发展的背景及基础;分析了国内外量化投资发展的现状、相较于传统投资方法量化投资方法所具备的优势以及量化投资对促进资本市场发展所发挥的功能。

第十章 量化投资策略的开发

第一节 引 言

  量化投资与传统投资方法的最大区别,在于量化投资要求每一个投资策略都必须进行伪证检验。此外,量化投资策略的研发应该遵循经验科学的逻辑规范,即演绎逻辑而不是归纳逻辑。在认识论上归纳逻辑是存在缺陷的,如果在量化投资策略的研发过程中采用了归纳逻辑的规范,就可能陷入数据挖掘和受历史数据模式限制的不利境地。总之,量化投资策略的研发应该遵循演绎逻辑和可伪证性。首先,基于对证券市场运行模式或市场微观结构的深刻认识,构建一个能够产生持续超额收益的投资策略,然后利用数学统计方法和计算机,基于大量的历史数据,对这一投资策略的有效性和可持续性进行验证。如果这一投资策略经过历史数据的回溯检验而未被证伪,我们就可以暂时采用它。如果经过历史数据的回溯检验,投资策略的收益检验结果较差,那就要对投资策略进行适当的修正后再进行伪证检验;如果投资策略经过多次修正后仍被证伪,那就只能放弃该投资策略了。因此,量化投资策略的开发不是从大量的历史数据中挖掘投资规律,而是在对市场运行深刻认识的基础上演绎出投资规律,并进行有效的伪证检验。

  量化投资策略本身是一个完整的体系,投资逻辑和理念主要提供了一个有效的入场方式,而离场条件和仓位控制等同时构成了一个完整的投资策略的有效组成部分。一个有效的投资逻辑能够带来明显的超额收益,但是这一投资逻辑随时都可能被伪证,从而抹杀掉前期的收益甚至产生亏损,应该事先设计好合理的离场条件和仓位控制等风险管理措施。因此,量化投资策略的研发既要重视入场条件有效性的分析,也要重视仓位控制和离场条件的有效性分析。

  本章将对量化投资策略开发过程中常用的统计指标、统计检验方法以及量化投资策略的开发流程、风险控制措施进行总结和分析。

为了便于后面的表述,设由量化投资策略构建的投资组合期初的净值为 V_0,第 t 日投资组合的净值记为 V_t;期初市场指数(如沪深 300 指数)记为 MI_0,第 t 日的市场指数记为 MI_t,则投资组合第 t 日的盈亏记为

$$PL_t = V_t - V_{t-1} \tag{10-1}$$

第 t 日的收益率记为

$$R_t = \ln(V_t - V_{t-1}) \tag{10-2}$$

市场指数第 t 日的收益率记为

$$R'_t = \ln(MI_t / MI_{t-1}) \tag{10-3}$$

投资组合在持有期 T 内的日平均收益率 $\overline{R}$ 记为

$$\overline{R} = E(R) = \frac{1}{T} \sum_{t=1}^{T} R_t \tag{10-4}$$

总风险记为

$$\sigma = std(R) = \sqrt{\frac{1}{T-1} \sum_{t=1}^{T} (R_t - \overline{R})^2} \tag{10-5}$$

第二节 量化投资中常用的统计指标和统计检验方法

一、量化投资的常用统计指标

(一)量化投资的收益率分解

按照投资方式来划分,主动投资和被动投资是两种最基本的投资策略。主动投资就是投资者通过积极专业的证券选择和时机选择而努力实现超越市场收益率的投资策略,而被动投资就是不主动地追求超越市场的表现,而是被动地获得市场的平均收益的投资策略。虽然存在著名的"有效市场假说"(Efficient Market Hypothesis)——任何与某只股票有关的消息都会立即体现在股票价格上,从而使股价"有效"。由于任何有关股票的最新消息都已体现在股票的价格中,而未来的消息本质上是不可知的,因此预测股价的变动走势纯属白费力气,从根本上说想战胜市场是不可能的事。

但是,市场上仍然有大量的主动投资者正在努力寻找各自的投资方法,试图战胜市场。量化投资就是一种主动的投资策略,试图通过对市场的深刻认识及对大量数据进行分析,找出能够持续战胜市场的方法。投资者在构架投资组合时,因承担了对风险的暴露而获得了超越无风险收益的风险补偿。在量化投资中,根据投资者的风险偏好和投资策略的不同,需要对投资组合所获得的收益率进行分解,以期更加详细地了解投资组合的收益是因承担了什么类型的风险而获得的。

1. Alpha(α)系数

Alpha 系数是一个投资组合的绝对回报与按照 Beta(β)系数计算的预期回报之间的差额。绝对回报或额外回报是投资组合的实际回报减去无风险投资收益(如1年期银行定期存款利率)。绝对回报是用来测量投资策略的投资技术。预期回报(Expected Return)是 Beta 系数和市场回报的乘积,反映投资组合由于市场整体变动而获得的回报。总之,平均实际回报和平均预期回报的差额即为 α 系数。α 系数的计算公式为

$$\alpha = \overline{R} - R_f - \beta \cdot \overline{R'} \tag{10-6}$$

其中,$\overline{R}$ 为投资组合的实际收益率均值,$\overline{R'}$ 为市场指数的实际收益率均值,R_f 为无风险收益率,β 为投资组合的 Beta 系数。

α>0 表示该投资组合的投资技术获得平均比预期回报大的实际回报。

α<0 表示该投资组合的投资技术获得平均比预期回报小的实际回报。

α=0 表示该投资组合的投资技术获得平均与预期回报相等的实际回报。

Alpha 系数也不是绝对的,其可靠性离不开 R^2 的判断。根据现代资本资产定价理论,有了 Beta 系数值,就能够计算出基金的预期收益率。但是,投资组合实际的收益率往往并不等于其预期收益率,这两者之间的差别就是统计上的阿尔法值。正的阿尔法值意味着投资组合的实际回报大于预期回报,也是每个投资组合管理人梦寐以求的成绩。

2. Beta(β)系数

Beta 系数是用以度量一项资产系统性风险的指标,是资本资产定价模型的主要参数,是用以衡量一种证券或投资组合相对于总体市场的波动性的一种证券系统性风险的评估工具。

Beta 系数的计算公式为

$$\beta = \frac{n \sum R_t R_t' - (\sum R_t \sum R_t')}{n \sum {R'_t}^2 - (\sum R'_t)^2} \tag{10-7}$$

β=1 表示证券的价格与市场的波动性一致。

β>1 表示证券的价格比市场的波动性高。

β<1 表示证券的价格比市场的波动性低。

β=0 表示证券价格的波动与市场的波动无关。

β<0 表示证券价格的波动与市场相反,一般情况下是很少见的。

如果市场指数(比较基准)在某一时间段的回报为 R',那么投资组合受其带动能取得 $\beta \cdot R'$ 的回报。所以,Beta 系数大于1的基金通常在牛市里能比基准涨得更快,在熊市里则跌得更厉害。

3. 奇异 Beta 系数(Exotic Beta)

投资者每天都会分析市场的信息,以期有效快速地能够赶在其他投资者之前发

现市场的无效性,进而获取超越市场的收益(Alpha)。但是,怎样才能从更多的来源获取超额收益?事实上,总收益可以分解为 Beta、Exotic Beta 和 Active Alpha 三个部分。投资者通过合理优化这个收益来源,可以构建一个更加有效的投资组合。

在经典的投资组合收益分解中,收益的来源仅由 Beta 和 Alpha 两部分组成,Beta 是投资组合对市场指数(或比较基准)的风险暴露,投资组合因承担与市场指数无关的风险暴露而获得的正期望收益,称为 Alpha。然而,按照市场惯例,会把所有因承担对某类资产或风险因子(不仅仅是市场指数)的风险暴露统称为 Beta。高盛的 Litterman 在其报告《主动 α 投资》中提出了与市场惯例不同的收益率分解方法,他把投资组合因承担与市场指数无关的风险因子暴露而获得的正收益称为奇异 Beta(Exotic Beta),这里增加了"奇异"是为了与传统所定义的市场 Beta 进行有效的区分,市场 Beta 或 Beta 是唯一应获得风险补偿的 Beta。超越奇异 Beta 的收益称为主动 Alpha(Active Alpha),主动 Alpha 是由于投资组合管理卓越的主动管理非市场风险的能力而获得的收益,因此奇异 Beta 也是投资组合 Alpha 收益的一个来源。在此把 Alpha 分为奇异 Beta 和主动 Alpha,是因为奇异 Beta 有很多不同之处,如低换手率、大容量、较长的可持续性和低的管理费用。

(二)量化投资策略绩效评估指标

在量化投资分析中,常常需要对风险等因素进行量化处理,并构建一些统计指标对量化策略的绩效进行评估。

1. 累积盈亏(Cumulative Profit and Loss,简记为 CPL)

累积盈亏表示投资组合所获得盈亏的累积值,其计算公式为

$$CPL_s = \sum_{t=1}^{s} PL_t \quad (s=1,2,\cdots,T) \tag{10-8}$$

2. 累积收益率(Cumulative Return,简记为 CR)

累积收益率表示投资组合在整个持有期内所获得的累积收益率,其计算公式为

$$CR_T = CPL_T / V_0 \tag{10-9}$$

3. 超额收益率(Excess Return,简记为 ER)

超额收益率是指与市场指数(基准)相比所获得的超额收益,衡量投资组合超越市场的能力,其计算公式为

$$ER_t = \ln(V_t/V_0) - \ln(MI_t/MI_0) \tag{10-10}$$

4. 夏普比率(Sharp Ratio,简记为 SP)

夏普比率表示用标准差作为衡量投资组合风险时,投资组合单位风险对无风险资产的超额投资收益率,及投资者承担单位风险所得到的风险补偿。夏普比率的计算公式为

$$SP = (E(R) - R_f)/\sigma \tag{10-11}$$

为了使不同投资策略的夏普比率具有可比性,通常所指的夏普比率都是年化夏

普比率。年化夏普比率的计算公式为

$$SP=(E(R)-R_f)/\sigma \cdot \sqrt{\frac{250}{T}} \tag{10-12}$$

如果夏普比率高,意味着投资者只要进行杠杆操作,就可以变低绝对收益为高绝对收益,而承担的风险相对较小。如果夏普比率为正值,说明在持有期内投资组合的平均净值增长率超过了无风险利率,在以同期银行存款利率作为无风险利率的情况下,说明投资组合比银行存款要好。夏普比率越大,说明投资组合单位风险所获得的风险回报越高。

5. 特雷诺指数(Treynor)

特雷诺指数表示用 Beta 系数作为衡量投资组合风险时,投资组合单位风险对无风险资产的超额投资收益率。特雷诺指数的计算公式为

$$Treynor=(E(R)-R_f)/\beta \tag{10-13}$$

其中,$E(R)$表示投资组合在持有期内的平均收益率,R_f表示持有期内的无风险利率,β表示投资组合的系统性风险。

特雷诺指数只考虑了系统性风险而把非系统性风险排除在外。特雷诺认为,管理人通过投资组合应消除所有的非系统性风险,因此特雷诺用单位系统性风险所获得的超额收益率来衡量投资组合的业绩。足够分散化的投资组合没有非系统性风险,仅有与市场变动差异的系统性风险。因此,他采用组合投资收益率的 Beta 系数作为衡量风险的指标。

6. 詹森指数(Jensen)

詹森指数是测定投资组合经营绩效的一种指标,是投资组合的实际期望收益率与位于证券市场线上的证券组合的期望收益率之差。詹森指数的计算公式为

$$Jensen=E[(R)-R_f]-\beta[E(R')-R_f] \tag{10-14}$$

其中,$E(R)$表示投资组合在持有期内收益率的样本均值,R_f表示持有期内的无风险利率,$E(R')$表示市场指数在持有期内收益率的样本均值,β表示投资组合的系统性风险。

它能评估投资组合的业绩优于市场指数(基准)的程度,通过比较考察期投资组合收益率与由定价模型 CAPM 得出的预期收益率之差,即投资组合的实际收益超过它所承受风险对应的预期收益的部分,此差额部分就是与投资管理人业绩直接相关的收益。

詹森指数所代表的就是投资组合业绩中超过市场指数(基准)所获得的超额收益。即如果 $Jensen>0$,则表明投资组合的业绩表现优于市场基准组合,大得越多,业绩越好;反之,如果 $Jensen<0$,则表明其绩效不好。

7. 最长连续亏损天数

最长连续亏损天数是指投资组合在持有期内连续亏损天数的最大值。

8. 最大回撤(Max Drawdown,简记为 MDD)

投资组合在 s 日的回撤记为

$$(\max_{t=1}^{s}V_t - V_s)/\max_{t=1}^{s}V_t \tag{10-15}$$

其中,$\max_{t=1}^{s}V_t$ 表示投资组合净值到 s 日的历史最大值。则投资组合在持有期内的最大回撤记为

$$MDD = \max_{s=1}^{T}\{(\max_{t=1}^{s}V_t - V_s)/\max_{t=1}^{s}V_t\} \tag{10-16}$$

9. 盈利与最大资金回撤比

盈利与最大资金回撤比是指投资组合在持有期内所获得的累积收益率与交易记录上的最大回撤之比,即 CR/MDD。

投资中有一个常规的特点,即投资标的的预期收益越高,投资人所能忍受的波动风险越高;反之,投资标的的预期收益越低,波动风险也越低。所以理性的投资人选择投资标的与投资组合的主要目标为:在固定所能承受的风险下,追求最大的收益;或在固定的预期收益下,追求最低的风险。

因为回撤导致的破产风险是永远存在的,在理论上是永远无法消除的,所以无论某个系统的胜率有多高,期望值即使接近百分之百,也必须做好合理的资金回撤的风险管理。因此投资组合管理中主动性风险管理的目标为:在有效控制资金最大回撤率的前提下追逐更大的盈利。

10. 年化收益率(Annualized Return,简记为 AR)

投资组合在整个持有期内的年化收益率的计算公式为

$$AR = (1+CR_T)^{\frac{250}{T}} - 1 \tag{10-17}$$

表示投资组合在持有期内按年复利计算每年所获得的收益率。

11. 跟踪误差(Tracking Error,简记为 TE)

跟踪误差指的是投资组合的收益率与市场指数收益率之间的偏差。跟踪误差是根据历史的收益率差值数据来描述投资组合与市场指数之间的密切程度,同时揭示投资组合收益率围绕市场指数收益率的波动性特征。一般来说,跟踪误差的准确性与观测周期的长短有关,观察周期越长、观察点越多,计算出的跟踪误差就越准确。

跟踪偏离度(Tracking Difference,简记为 TD)记为

$$TD_t = R_t - R'_t \tag{10-18}$$

表示第 t 日投资组合的收益率与市场指数收益率的偏离程度。跟踪误差是跟踪偏离度的标准差,在投资组合持有期内跟踪误差的计算公式为

$$TE = \sqrt{\frac{1}{T}\sum_{t=1}^{T}(TD_t - E(TD))^2} = std(TD) \tag{10-19}$$

其中，$E(TD)=\dfrac{1}{T}\sum\limits_{t=1}^{T}TD_t$ 是在持有期内跟踪偏离度的平均值。

12. 信息比率(Information Ratio，简记为 IR)

以马柯维茨的均值方程模型为基础，用来衡量超额风险带来的超额收益，表示单位主动风险(非系统风险)所带来的超额收益，比率高，说明超额收益高。信息比率的计算公式为：

$$IR=E(TD)/std(TD) \qquad (10-20)$$

其中，TD 表示跟踪偏离度，$E(TD)$ 表示跟踪偏离度的样本均值，$std(TD)$ 表示跟踪偏离度的样本方差即跟踪误差。

信息比率是从主动管理的角度描述风险调整后的收益，不同于夏普比率从绝对收益和总风险的角度来描述。在主动管理的基准是现金和具有卖空机制能够对冲掉系统风险两种情况下，信息比率和夏普比率是一致的，即投资者可以对低绝对收益率但高信息比率的投资策略进行杠杆放大，从而获得高绝对回报，而承担较小的风险。

理论和实践证明，在没有卖空机制的市场中，承担风险的边际效用是递减的，即在承担的风险达到一定程度后，进一步承担风险所带来的收益就比较小，即随着承担风险的提高，风险调整后的收益就越低。因此，合理的投资目标应该为在承担适度风险的情况下尽量追求高信息比率，而不仅仅是追求高的信息比率，过低和过高地承担主动风险都不是主动管理者的一种理性选择。低风险定义为 4% 的主动风险，中风险定义为 7% 的主动风险，高风险定义为 10% 的主动风险。

二、量化投资的常用统计检验方法

随着量化投资在金融市场中的应用越来越广泛，很多量化投资策略和模型被研发出来并应用到实际的投资管理中，但是对于量化模型有效性的评估和检验方法却不为大多数人所熟知。研究人员通常使用夏普比率、信息比率、交易胜率和样本外测试收益率等指标来评估量化模型的收益情况。然而，这样的指标并不能完整地反映模型的真实表现情况。

许多量化投资模型在做历史回溯期间能够获得比较满意的收益，然而在随后的样本外测试及实际交易过程中，效果往往不尽如人意。究其原因通常在于在量化投资模型的测试过程中对其进行了过度的数据挖掘和优化。而对于大多数投资经理、交易员或投资者来说，往往对任何使用过参数优化的模型都避而远之，因为他们担心优化所产生的收益将不会在未来的实战交易中延续。有效的交易策略能够在某种程度上对市场的未来行为进行准确预测。数据挖掘领域的常见做法是交叉验证，也就是将数据划分为建模样本和验证样本。有效的交易策略应该能够在建模样本和验证样本上体现出较好的预测效力。

然而，通过对量化投资模型合理地运用统计检验的方法，不仅可以对不同的量化模型在同一框架下进行对比,也可以使投资经理、研究人员或投资者提前识别出策略是否存在人造收益或者过度优化的问题,为量化策略在实战中保持良好的收益提供保障。尽管通过统计检验的方法来评估模型的回溯绩效和实战交易绩效并不能保证其优秀的历史业绩能够持续,但是投资经理、研究人员和投资者却可以通过统计检验的结果来判断量化模型的收益是否真实地捕捉到市场无效的部分,抑或只是在研究过程中人为地制造了漂亮的收益曲线。如果是后者,在未来的交易中,策略的优良表现则较难延续。

为了衡量量化策略在历史回溯阶段的收益在未来能够延续的可能性,需要对策略的历史收益情况进行统计检验,虽然这里的统计检验会出现检验假设的不满足、检验的结果并不一定能够保证策略在未来的实战交易中获得优异的投资业绩,但仍能够帮助投资经理增加对量化模型了解的信息,有效提升对量化投资模型的运用。平时常用的量化投资策略统计检验方法为:t 检验、相关性检验、数据窥探偏差检验。

(一)t 检验

t 检验,亦称 student t 检验(Student's t test),是威廉·戈斯特于1908年提出的,t 检验常用来检验单总体,t 检验是检验一个样本平均数与一个已知的总体平均数的差异是否显著。例如,在投资管理中,t 检验能够反映一系列交易后的投资组合平均盈亏在某一置信水平下是否显著地大于某一阈值。同样,t 检验也适用于对收益率的检验,即 t 检验可以反映某一组合的日度、周度、月度收益率的期望是否显著大于某一阈值。最后,t 检验同样可以对策略未来的表现给出一个置信区间,即"在95%的置信区间水平下,策略未来收益率的平均值将在某个区间内"。

(二)相关性检验

相关性分析是指对两个或多个具备相关性的变量元素进行分析,从而衡量两个变量因素的相关密切程度。相关性的元素之间需要存在一定的联系或者概率才可以进行相关性分析。经过相关性分析可以求出两个变量的相关性程度及在统计意义上相关性的显著性。在金融市场中,相关性检验方法通常用于寻找对资产收益率有一定预测能力的市场因子,如在人工神经网络模型、多因子模型等量化投资方法建模。

相关性检验也可用于对量化投资策略历史回溯收益盈亏序列是否存在自相关性的检验,如某投资策略的收益序列是否存在簇现象等,即正收益率和负收益率总是呈簇形的连续出现,若相关性检验结果表示确实存在这样的情况,即收益率序列自相关性显著性大于某一正阈值,那么交易者就可以考虑这样的交易方式,即在每笔交易盈利之后继续交易甚至增加头寸,到某一笔交易出现亏损后,停止真实交易(模拟交易同时进行),直到模拟交易中再次出现正收益,重新建仓,如此反复,那么投资者的真实交易收益率将会优于原始策略收益。

(三)数据窥探偏差检验

对于使用高频数据的量化策略来说,由于可供采集的历史数据时间较长,做交叉验证很容易。而对于频率较低的策略来说，可供采集的数据时间较短，往往需要基于同一套数据进行模型的开发与验证，这就涉及数据窥探(Data Snooping)问题。在对同一组数据测试大量的交易策略时，由于随机性，不可避免会有某些投资策略的收益表现较好。例如，如果设所有量化投资策略的分布服从正态分布，根据正态概率分布函数，则将有5%的策略的绩效高于平均绩效1.65个标准差，将有1%的策略的绩效高于平均绩效2.33个标准差。假设投资者认为绩效高于平均绩效2.33个标准差的策略就是有预测力的策略(优异策略)，则每测试100个投资策略，仅仅由于随机性就会有1个策略被当做优异策略而选出来。之所以会出现这种情况，是因为在对策略进行测试共用一套数据时，除第一条策略之外的策略"窥探"了数据造成的。有两个著名的统计检验可以用来控制数据窥探偏差：真实性检验和优异预测能力检验。两个检验的核心思想是，如果一个交易策略集合中的最优规则是真正有预测能力的，其回报一定要比随机情况下该策略集合可能出现的最大回报来得大。鉴于控制数据窥探偏差的重要性，西蒙斯的团队有可能采用了上述检验及其替代形式。

第三节 量化投资策略开发的流程

一、理论构建

量化投资策略必须基于可论证的经济理论、投资逻辑或市场经验，理论逻辑基础可以来自学术论文、研究报告或自身对市场的观察。

二、数据准备

量化投资策略开发需要基于较长时间段的稳定的市场数据，不仅在于历史模式的统计归纳，也包括样本外检测的数据长度要求。选择合适频率和长度的市场数据不仅为建立量化投资策略的有效性提供了统计意义上更强大的支持，同时也为摈弃外部因素对证券市场的影响，更好地观测市场微观结构提供了途径。

市场数据的准备主要包括数据的提取和数据的清洗两部分。

（一）数据的提取

根据量化投资策略开发的需要选择合适频率的数据，宜统一采用统一数据源的数据，可以避免不同数据来源的数据由于整合方式的不同导致的不匹配现象。在提取数据时应避免在原始数据中用到未来的数据信息。

（二）数据的清洗

直接从数据供应商处获取的市场数据需要进行严格的数据清洗，为了保证量化投资策略的可复制性，对数据清洗应按照统一的规则进行。逻辑处理：主要采用市场公认的逻辑判定对数据进行初步处理，包括非交易日或非交易时间的冗余数据剔除，同一时点重复数据或冲突数据的剔除，对高开低收的大小关系进行判定，及股价日波动幅度超过±10％的限制，对涨跌幅的判定结合是否是上市首日及股价的四舍五入等。自主处理：股票因停牌而缺省的数据沿用上一有交易时点的数据，由于技术原因未录入的缺省数据可用线性插值法，没有末端数据的情况可采用对应指数收益率补齐。

（三）样本的选取

样本的选取是构建量化投资模型的基础工作，统计分析的核心思想就是利用样本点的统计特征来刻画描述总体的特征。在量化投资交易系统的统计检验中，样本通常是指针对某一交易系统的原始数据，例如某一股票的历史交易价格、交易量、盈利情况、交易系统的收益率等。

在构建量化投资模型时，研究人员需要将样本数据输入模型进行计算从而得到交易信号，在这个过程中，最理想的结果就是选取的样本具有绝对的代表性，即尽量能够包含所有可能的市场情形（如牛熊市，趋势盘整），从而在未来的交易中可以出现符合模型预期的收益。但是金融市场的结构往往是复杂的、变化的，今天的市场结构并不一定能够代表明天的市场结构。例如，2010年沪深300股指期货推出的前后，中国资本市场的微观结构就发生了很大的变化。因此，样本的选取必须与当前市场结构尽量保持一致，具有代表性的样本选取对统计检验的作用是至关重要的。

在选取样本的过程中，样本的大小也是影响样本质量的一个重要指标，越近的样本，具有的代表性越好，离今天越远的样本，代表性越差甚至产生不利的影响，从而在对样本数据的长度进行选取时需要仔细地衡量选取样本的长度和代表性两个方面。

（四）参数优化

参数优化同样也是量化投资策略构建时的一个基础问题，参数优化的目的在于通过调整模型参数来提高投资策略收益，并减少收益率曲线的波动性，从而构建获得高风险调整后收益的策略。在构建投资模型时，参数优化是其中一个必不可少的环节，合理的参数优化可以使得投资模型在整个交易过程中（样本内和样本外）均有良好的表现。然而，无效的参数优化会使投资模型在样本内测试阶段获得非常好的收益率，但是这个高收益率不能在样本外延续，进而影响在实战阶段的投资业绩。

（五）绩效评估

在对量化投资策略的结果进行评估的时候，首先，要列出交易流水报告以便于验证策略回测结果的正确性，得出策略的净值曲线及相应的收益率、胜率和夏普比率等风险收益指标；要对参数进行分析，对于自上而下的策略开发逻辑，要在统一的市场上对不同的参数进行检验，通过检验参数的敏感性来反映策略—逻辑的有效性，对自下而上的策略开发逻辑，要使用同一参数在不同的市场上进行检验，已确认策略—逻辑的有效性；要对收益的结果进行统计检验，以便反映策略表现水平，更好地理解策略和认识策略的收益来源（如 t 检验、自相关序列检验）。

(六) 撰写技术文档

量化投资策略的开发应有配套的技术文档,以用作记录、查询、培训及推广。技术文档应该详细论述策略的投资理论和逻辑基础及有效性检验论证,并详细记录样本内外数据的选取、模型的建立、样本内外的测试结果及风险收益和绩效统计分析结果。如果对策略进行修改或参数优化,在技术文档中应对所做的修改和优化进行详细的记录。

当量化投资策略开发完成后,进场时机的选择是一个非常重要的问题,好的进场时点可以在短时间内迅速获得利润;而离场条件的确定是一个策略能够获得正收益且保住收益的非常关键的一步,如何确定离场标准是一个非常值得研究的问题,通常的离场判定标准主要考虑止损、止盈和止平三个方面。

在实际应用中,通过财务指标和量化选股方法,结合期指套保对冲风险,构建能持续战胜指数的股票投资组合是有效可行的。在引入新型量化投资策略和量化投资方式的同时,也应该引入优质的量化风险管理机制、模型、系统等,确保"创新和风控"并重。

第四节 小 结

本章首先详细分析了在量化投资策略研发过程中对投资组合收益率的分解原则以及常用的量化投资策略绩效评估指标,然后介绍了量化投资策略构建过程中常用的统计检验方法,最后对量化投资策略研发的流程进行了梳理,分析了量化投资策略从逻辑提出到最后文档撰写的详细过程。

第十一章 基于投资者情绪的量化投资策略

第一节 模型构建

金融市场存在诸多传统金融理论无法解释的异象,例如规模效应,即小盘股股票的收益长期优于市场平均水平,又如在前述章节多次提及的赢者输者效应。而行为金融理论从投资者情绪的角度对这些市场异象作出了合理解释。

本章将基于市值因子(反映规模效应)和动量因子(反映赢者输者效应)这两个反映投资者情绪的行为因子,构建一个量化投资策略,获取小盘股股价回调的收益。

本策略将以正常交易的所有A股为投资对象,在每个月末,首先选取正常交易的A股中自由流通市值最小的一部分股票作为备选股票池,然后对备选股票池中股票上月的收益率进行从低到高的排序,选取排名靠前(即收益最低的一部分)的一部分股票构建投资组合,在下月初以开盘价买入作为投资组合的多头,同时做空与多头等市值的沪深300股指期货对冲市场整体下跌的风险。

第二节 样本内测试

为了使所选的样本更具有代表性,本策略以A股市场上正常交易的所有股票为投资对象,选取2002年1月1日至2012年12月31日11年的时间为本模型的样本内测试区间。沪深300指数自2002年以来的走势如图11-1所示。从图中可以看出在这个时间区间内沪深300指数在2002年初至2004年4月份处于盘整状态,然后进入一个缓慢下跌的趋势中,在2005年6月份创造历史低点后缓慢进入上涨趋势,并在2006年9月开始进入A股历史上最大的牛市阶段,并在2007年10月创造了5800点的历史高位,在随后的一年中进入了最大的熊市阶段,使众多投资者损失了前期大牛市中的收益甚至本金,在2009年迎来一波小牛市后,进入了一个长期的

第十一章 基于投资者情绪的量化投资策略

震荡下跌通道。

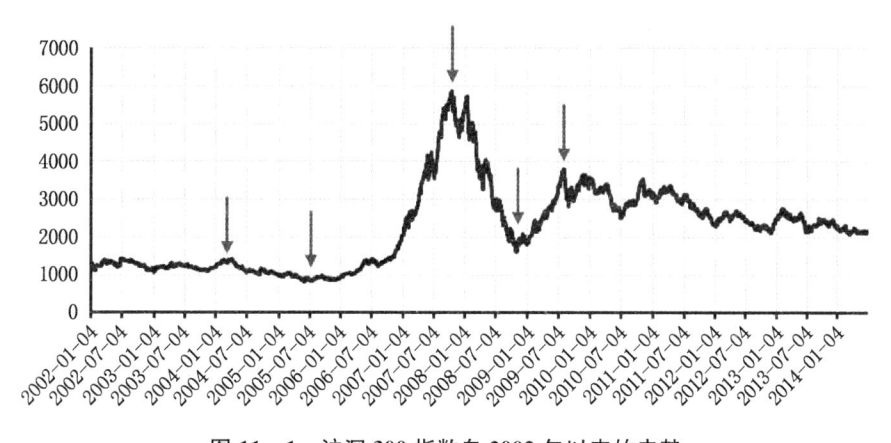

图 11-1　沪深 300 指数自 2002 年以来的走势

在上述时间区间内,每个月末,首先,对所有处于正常交易状态的股票按自由流通市值从小到大进行排序,选取前 10% 作为备选股票池。然后,在对备选股票池中的股票按上月收益率从小到大进行排序,选出排名靠前的 20% 股票为标的再构建投资组合的多头,在每个月初以开盘价买入多头股票组合,并持有至月末。为了对冲股票市场整体的波动,同时做空与多头股票等市值的沪深 300 股指期货,对冲投资组合多头的系统性风险。

投资组合的多头股票组合的收益统计信息如表 11-1 所示(收益率中已扣除股票单边交易佣金 0.1%、印花税 0.1% 和期货单边交易佣金 0.01%)。从表中可以看出,通过市值和反转两种指标所构建的量化投资模型在 2645 个交易日共获得了 1003.76% 的累积收益,年化收益率为 25.48%。在回溯的 11 年中有 7 年获得了绝对正收益,年胜率为 63.64%,日交易胜率为 55.61%,年化波动率为 28.71%,月胜率为 50.38%,夏普比率为 0.94。从各年的收益统计结果看,表现出各年度的差别较大,主要是由于存在多头策略随市场整体的行情变化较大,在牛市阶段风险收益结果较好,然而在熊市阶段策略的风险结果就较差了。

通过同时做空与多头股票组合等市值的沪深 300 股指期货,构建的多空投资组合的收益统计结果如表 11-2 所示。从表中可以看出,在整个回溯期内策略的累积收益率为 400.72%,年化收益率为 16.45%,年化波动率为 22.83%,年胜率为 81.82%。通过对比分析发现,对冲后的策略的累积收益率大为减少,同时年化波动率也得了有效的控制,年胜率从 63.64% 提升到 81.82%,月胜率为 57.25%,得到了显著的提高(投资组合的月收益率序列见表 11-3),但是日胜率却从 55.61% 下降为 52.29%,夏普比率也有所减少。

表 11-1　　　　　　　　　样本内多头股票组合的收益统计结果

统计量	2002 年度	2003 年度	2004 年度	2005 年度	2006 年度	2007 年度
总交易日数	217	241	243	242	241	242
累积收益率	16.98%	−26.83%	−6.99%	8.19%	52.57%	223.29%
年化收益率	19.80%	−27.68%	−7.19%	8.47%	54.99%	236.07%
年化波动率	26.78%	20.11%	25.40%	28.47%	22.99%	33.04%
最大收益率	7.83%	3.91%	4.87%	5.47%	4.55%	5.99%
最小收益率	−4.09%	−5.11%	−5.17%	−4.82%	−5.87%	−9.13%
交易胜率	51.15%	45.64%	47.33%	53.53%	63.07%	66.12%
95%胜率下界	45.16%	39.83%	41.56%	47.93%	57.68%	60.74%
95%胜率上界	56.22%	50.62%	52.26%	58.26%	67.63%	70.66%
夏普比率	0.81	−1.51	−0.17	0.43	2.02	3.84
最大回撤	25.78%	35.76%	35.71%	31.41%	13.72%	26.27%
最大回撤开始时间	2002/8/27	2003/3/4	2004/4/8	2005/1/24	2006/7/12	2007/5/29
最大回撤结束时间	2002/12/11	2003/12/30	2004/10/29	2005/7/20	2006/8/7	2007/7/5
最大回撤持续时间	70	203	136	115	18	27
最大回撤期开始时间	2002/8/27	2003/3/4	2004/4/8	2005/1/24	2006/10/19	2007/9/6
最大回撤期结束时间	2002/12/31	2003/12/31	2004/12/31	2005/9/12	2006/12/29	2007/12/20
最大回撤期持续时间	84	204	181	153	51	70
95%VAR 值	2.39%	2.34%	2.61%	2.91%	2.55%	3.77%
95%CVAR 值	3.23%	3.26%	3.27%	3.79%	3.83%	6.08%
分布偏度	0.66	−0.42	0.10	−0.01	−0.77	−1.17
分布峰度	5.20	5.07	3.22	3.23	4.96	6.63
JB 检验结果	拒绝	拒绝	不拒绝	不拒绝	拒绝	拒绝
盈亏比率	110.02%	91.96%	108.30%	93.26%	82.12%	99.32%
t 检验值	0.75	−1.48	−0.16	0.42	1.99	3.78
t 检验 P 值	0.23	0.93	0.57	0.34	0.02	0.00
一阶自相关系数	0.14	0.24	0.26	0.28	0.20	0.15

第十一章 基于投资者情绪的量化投资策略

续表

统计量	2008年度	2009年度	2010年度	2011年度	2012年度	汇总统计
总交易日数	246	244	242	244	243	2645
累积收益率	−19.19%	207.34%	14.75%	−25.70%	22.71%	1003.76%
年化收益率	−19.47%	215.95%	15.28%	−26.24%	23.43%	25.48%
年化波动率	38.53%	31.71%	27.67%	25.69%	29.11%	28.71%
最大收益率	8.60%	6.11%	6.37%	4.64%	4.78%	8.60%
最小收益率	−8.31%	−6.36%	−6.66%	−6.11%	−6.29%	−9.13%
交易胜率	48.48%	69.67%	58.26%	52.87%	54.73%	55.61%
95%胜率下界	42.68%	64.34%	52.48%	47.13%	48.97%	53.99%
95%胜率上界	53.25%	74.18%	63.22%	57.79%	59.67%	57.16%
夏普比率	−0.37	3.80	0.65	−1.06	0.87	0.94
最大回撤	52.39%	14.81%	24.06%	27.00%	21.72%	61.12%
最大回撤开始时间	2008/1/15	2009/8/11	2010/4/12	2011/1/5	2012/3/13	2002/8/27
最大回撤结束时间	2008/11/4	2009/8/19	2010/7/5	2011/12/29	2012/12/3	2005/7/20
最大回撤持续时间	195	6	56	241	178	698
最大回撤期开始时间	2008/1/15	2009/8/11	2010/4/12	2011/1/5	2012/3/13	2002/8/27
最大回撤期结束时间	2008/12/31	2009/9/14	2010/10/29	2011/12/30	2012/12/25	2007/1/19
最大回撤期持续时间	236	24	132	242	194	1063
95%VAR值	4.23%	3.36%	3.02%	3.00%	3.22%	3.05%
95%CVAR值	6.10%	5.02%	4.25%	3.90%	4.38%	4.61%
分布偏度	−0.33	−0.79	−0.44	−0.46	−0.51	−0.41
分布峰度	4.92	4.03	4.14	3.92	3.64	4.97
JB检验结果	拒绝	拒绝	拒绝	拒绝	拒绝	拒绝
盈亏比率	99.00%	80.55%	79.85%	74.82%	95.59%	93.78%
t检验值	−0.37	3.75	0.64	−1.04	0.86	3.04
t检验P值	0.64	0.00	0.26	0.85	0.20	0.00
一阶自相关系数	0.12	0.09	0.09	0.09	0.11	0.16

表 11-2　　　　　　　　　样本内投资组合的收益统计结果

统计量	2002 年度	2003 年度	2004 年度	2005 年度	2006 年度	2007 年度
总交易日数	217	241	243	242	241	242
累积收益率	20.57%	−27.13%	6.62%	12.98%	−30.33%	31.62%
年化收益率	24.05%	−27.99%	6.81%	13.43%	−31.26%	32.83%
年化波动率	15.14%	17.66%	19.80%	22.46%	19.56%	30.45%
最大收益率	3.91%	3.99%	4.03%	5.18%	3.64%	13.56%
最小收益率	−3.05%	−5.62%	−3.84%	−4.32%	−4.08%	−5.38%
交易胜率	51.15%	49.79%	53.91%	52.07%	48.96%	47.93%
95%胜率下界	45.16%	43.98%	48.15%	46.28%	43.15%	42.15%
95%胜率上界	56.22%	54.77%	58.85%	57.02%	53.94%	52.89%
夏普比率	1.50	−1.77	0.43	0.67	−1.82	1.08
最大回撤	10.24%	30.51%	21.82%	29.11%	33.18%	27.82%
最大回撤开始时间	2002/8/27	2003/1/22	2004/6/2	2005/1/19	2006/3/31	2007/3/26
最大回撤结束时间	2002/12/2	2003/12/31	2004/10/29	2005/7/27	2006/12/28	2007/11/1
最大回撤持续时间	63	226	102	123	184	148
最大回撤期开始时间	2002/8/27	2003/1/22	2004/6/2	2005/1/19	2006/3/31	2007/3/26
最大回撤期结束时间	2002/12/31	2003/12/31	2004/12/31	2005/9/13	2006/12/29	2007/12/28
最大回撤期持续时间	84	226	147	157	185	189
95%VAR 值	1.36%	2.41%	2.03%	2.29%	2.27%	2.32%
95%CVAR 值	2.10%	3.35%	2.77%	3.09%	2.77%	3.96%
分布偏度	0.34	−1.19	−0.06	−0.07	−0.25	1.42
分布峰度	5.41	7.27	3.76	3.53	3.35	11.90
JB 检验结果	拒绝	拒绝	拒绝	不拒绝	不拒绝	拒绝
盈亏比率	125.51%	72.92%	91.92%	102.74%	76.78%	131.23%
t 检验值	1.40	−1.74	0.43	0.66	−1.78	1.06
t 检验 P 值	0.08	0.96	0.34	0.25	0.96	0.14
一阶自相关系数	0.27	0.14	0.11	0.32	0.29	0.22

续表

统计量	2008 年度	2009 年度	2010 年度	2011 年度	2012 年度	汇总统计
总交易日数	246	244	242	244	243	2645
累积收益率	98.72%	63.87%	27.33%	2.71%	21.14%	400.72%
年化收益率	100.95%	65.88%	28.35%	2.78%	21.82%	16.45%
年化波动率	37.12%	21.90%	21.62%	16.44%	18.96%	22.89%
最大收益率	6.66%	6.33%	4.41%	2.49%	4.40%	13.56%
最小收益率	−9.29%	−4.62%	−5.37%	−6.50%	−5.50%	−9.29%
交易胜率	58.94%	56.56%	50.41%	50.00%	55.14%	52.29%
95%胜率下界	53.25%	50.82%	44.63%	44.26%	49.38%	50.66%
95%胜率上界	63.82%	61.48%	55.37%	54.92%	60.08%	53.84%
夏普比率	2.07	2.42	1.26	0.25	1.14	0.78
最大回撤	25.16%	14.65%	19.32%	14.08%	11.39%	45.54%
最大回撤开始时间	2008/3/18	2009/4/21	2010/9/10	2011/1/5	2012/3/19	2002/8/27
最大回撤结束时间	2008/4/30	2009/7/30	2010/10/18	2011/5/23	2012/5/2	2007/1/16
最大回撤持续时间	30	69	18	90	27	1060
最大回撤期开始时间	2008/3/18	2009/4/21	2010/1/14	2011/1/5	2012/9/6	2002/8/27
最大回撤期结束时间	2008/7/1	2009/9/16	2010/3/24	2011/8/1	2012/12/25	2008/7/3
最大回撤期持续时间	71	103	44	139	73	1416
95%VAR 值	4.10%	1.93%	2.16%	2.02%	2.10%	2.15%
95%CVAR 值	6.29%	3.07%	3.24%	3.39%	3.25%	4.24%
分布偏度	−0.77	0.22	−0.15	−1.09	−0.65	−0.02
分布峰度	5.26	4.99	4.54	9.03	5.63	8.84
JB 检验结果	拒绝	拒绝	拒绝	拒绝	拒绝	拒绝
盈亏比率	99.82%	115.87%	122.10%	104.41%	98.93%	104.88%
t 检验值	2.05	2.39	1.24	0.25	1.12	2.54
t 检验 P 值	0.02	0.01	0.11	0.40	0.13	0.01
一阶自相关系数	0.09	0.07	0.14	0.13	0.20	0.17

表 11-3　　　　　　　　　　样本内投资组合的月收益率序列

时间	月收益率	时间	月收益率	时间	月收益率
2002-02-01	20.01%	2005-10-10	4.07%	2009-06-01	-9.08%
2002-03-01	-1.19%	2005-11-01	6.36%	2009-07-01	-4.27%
2002-04-01	4.26%	2005-12-01	-9.48%	2009-08-03	12.36%
2002-05-08	-0.32%	2006-01-04	-9.21%	2009-09-01	1.51%
2002-06-03	-5.63%	2006-02-06	10.02%	2009-10-09	7.19%
2002-07-01	4.89%	2006-03-01	4.06%	2009-11-02	14.45%
2002-08-01	3.25%	2006-04-03	-15.62%	2009-12-01	-0.81%
2002-09-02	-2.63%	2006-05-08	5.25%	2010-01-04	3.84%
2002-10-08	1.24%	2006-06-01	1.41%	2010-02-01	-3.07%
2002-11-01	-6.61%	2006-07-03	5.10%	2010-03-01	6.84%
2002-12-02	3.97%	2006-08-01	-3.81%	2010-04-01	4.41%
2003-01-02	1.86%	2006-09-01	6.86%	2010-05-04	-1.85%
2003-02-10	0.24%	2006-10-09	-4.76%	2010-06-01	8.71%
2003-03-03	-4.60%	2006-11-01	-17.38%	2010-07-01	0.50%
2003-04-01	-8.82%	2006-12-01	-12.44%	2010-08-02	2.80%
2003-05-12	0.52%	2007-01-04	-1.09%	2010-09-01	-4.68%
2003-06-02	1.75%	2007-02-01	27.05%	2010-10-08	-4.45%
2003-07-01	-5.17%	2007-03-01	10.63%	2010-11-01	10.82%
2003-08-01	8.06%	2007-04-02	-2.82%	2010-12-01	1.92%
2003-09-01	3.02%	2007-05-08	0.01%	2011-01-04	-6.81%
2003-10-08	-9.06%	2007-06-01	-9.94%	2011-02-01	3.68%
2003-11-03	-3.89%	2007-07-02	12.39%	2011-03-01	-3.66%
2003-12-01	-13.07%	2007-08-01	-4.51%	2011-04-01	-5.55%
2004-01-02	-1.45%	2007-09-03	-8.15%	2011-05-03	-0.51%
2004-02-02	11.69%	2007-10-08	-12.48%	2011-06-01	3.80%
2004-03-01	3.22%	2007-11-01	15.98%	2011-07-01	8.82%
2004-04-01	3.15%	2007-12-03	8.12%	2011-08-01	3.91%
2004-05-10	2.90%	2008-01-02	8.75%	2011-09-01	0.82%
2004-06-01	-3.58%	2008-02-01	9.39%	2011-10-10	0.01%
2004-07-01	-9.45%	2008-03-03	-1.50%	2011-11-01	0.86%
2004-08-02	-2.05%	2008-04-01	-17.12%	2011-12-01	-1.60%
2004-09-01	-0.51%	2008-05-05	11.92%	2012-01-04	-7.49%

第十一章 基于投资者情绪的量化投资策略

续表

时间	月收益率	时间	月收益率	时间	月收益率
2004-10-08	-4.67%	2008-06-02	16.73%	2012-02-01	8.56%
2004-11-01	12.23%	2008-07-01	12.94%	2012-03-01	2.39%
2004-12-01	-2.88%	2008-08-01	4.11%	2012-04-05	-7.04%
2005-01-04	0.00%	2008-09-01	-9.95%	2012-05-02	4.31%
2005-02-01	-2.21%	2008-10-06	12.83%	2012-06-01	9.55%
2005-03-01	4.21%	2008-11-03	10.58%	2012-07-02	-6.15%
2005-04-01	-8.99%	2008-12-01	18.59%	2012-08-01	17.41%
2005-05-09	2.85%	2009-01-05	4.35%	2012-09-03	-4.43%
2005-06-01	-4.97%	2009-02-02	8.80%	2012-10-08	1.00%
2005-07-01	-11.31%	2009-03-02	13.47%	2012-11-01	-1.35%
2005-08-01	29.44%	2009-04-01	-1.30%	2012-12-03	5.71%
2005-09-01	8.36%	2009-05-04	6.69%		

在A股市场中，由于存在发行新的股票、摘牌或由于个股信息披露等因素导致的停牌等，每期处于正常交易状态的股票的数量是一个变化值，但总体趋势为股票总量是逐年增加的，该策略每期选出的标的股票的数量也大致呈增加趋势，首期股票组合包含22只，最后一期包含48只，整个回溯期间平均每期包含30只，每期投资组合包含股票数量的变化趋势见图11-2。

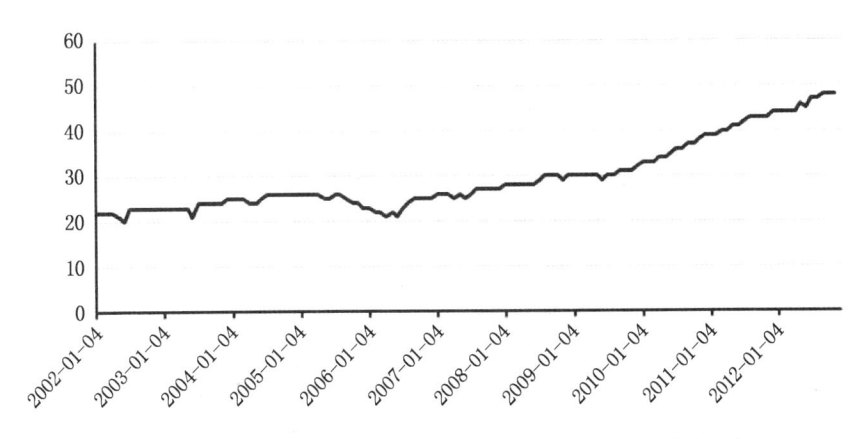

图11-2 样本内测试投资组合中每期股票的数量变化

本策略模型经过2002年至2012年的样本内数据测试发现，策略在回溯期间的累积净值稳定增长，得到了良好的投资收益结果，通过分析发现本策略在熊市或震荡下跌的市场行情中投资收益结果表现优异(如图11-3和图11-4所示)。

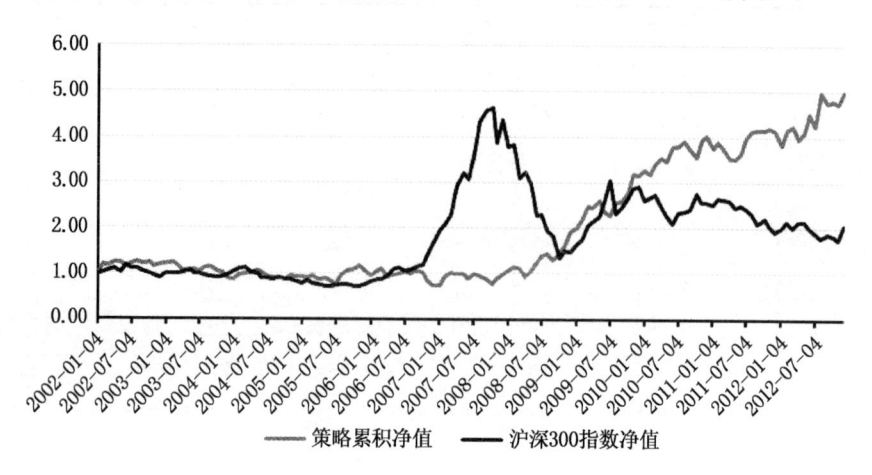

图11-3　样本内测试策略累积净值与沪深300指数走势对比

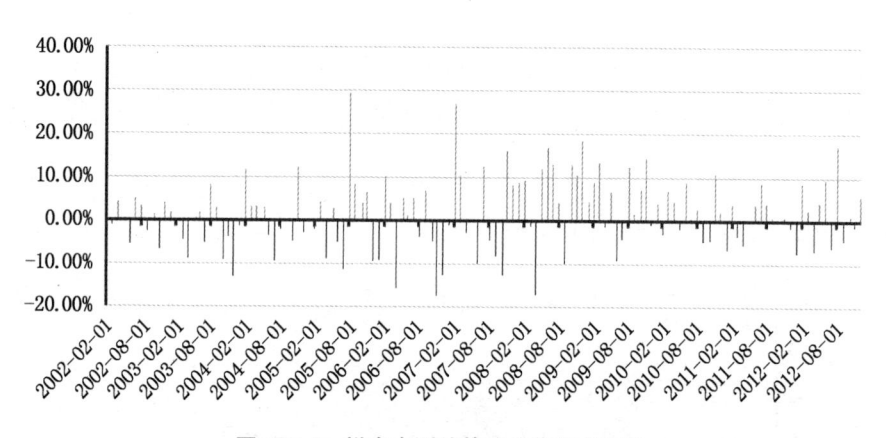

图11-4　样本内测试策略月收益率序列

第三节　样本外测试

经过2002年至2012年近11年期间的样本内测试后,为了说明策略的投资收益来源于有效的投资逻辑和策略模型预测能力,而不是通过数据挖掘和窥探人为创造的,选取自2013年1月1日至2013年10月31日作为样本外测试区间。在该时间段,沪深300指数处于震荡下跌行情中,从期初的2500点震荡上行至约2800点,然后震荡下跌至2200的新低点后震荡上行,沪深300在此期间的走势如图11-5所示。

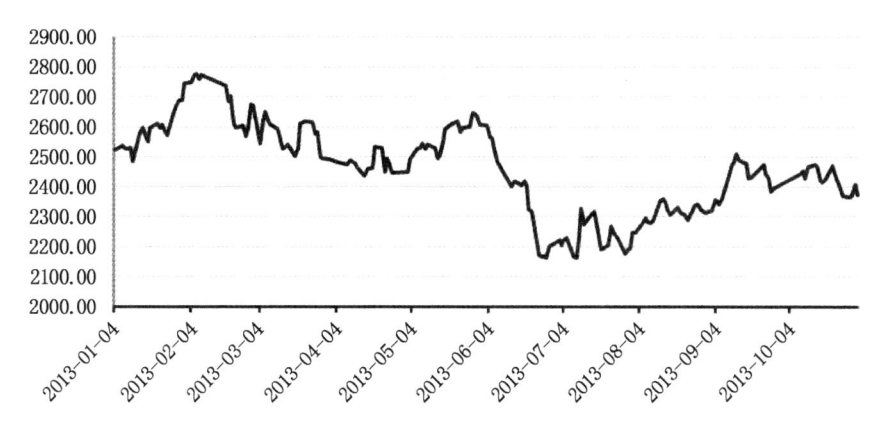

图 11－5　样本外测试期间沪深 300 指数走势

在样本外测试期间,投资组合共 195 个交易日,共开平仓 10 次,投资组合的收益(收益率中已扣除股票单边交易佣金 0.1%、印花税 0.1% 和期货单边交易佣金 0.01%)统计结果如表 11－4 所示。投资组合在样本外测试期间每期标的股票数量为 47 只,累积收益率为 39.10%,年化收益率为 52.67%,月胜率为 70%,日交易胜率为 57.44%(日收益率序列见图 11－6),夏普比率为 1.74。由样本内的测试分析可知,策略在震荡下跌的行情中表现较好,而样本外测试期间市场处于强震荡下行的阶段,投资组合在样本外测试期间的多项收益统计指标都比样本内测试的收益统计结果要好。

表 11－4　　　　　　　　样本外测试投资组合收益统计结果

统计量	汇总统计
总交易日数	195
累积收益率	39.10%
年化收益率	52.67%
年化波动率	26.34%
最大收益率	4.16%
最小收益率	－5.37%
交易胜率	57.44%
95%胜率下界	51.28%
95%胜率上界	62.56%
夏普比率	1.74

续表

统计量	汇总统计
最大回撤	14.78%
最大回撤开始时间	2013/5/30
最大回撤结束时间	2013/6/27
最大回撤持续时间	17
最大回撤期开始时间	2013/3/6
最大回撤期结束时间	2013/5/16
最大回撤期持续时间	46
95%VAR值	2.80%
95%CVAR值	3.79%
分布偏度	−0.45
分布峰度	3.04
JB检验结果	拒绝
盈亏比率	97.30%
t 检验值	1.54
t 检验 P 值	0.06
一阶自相关系数	0.04

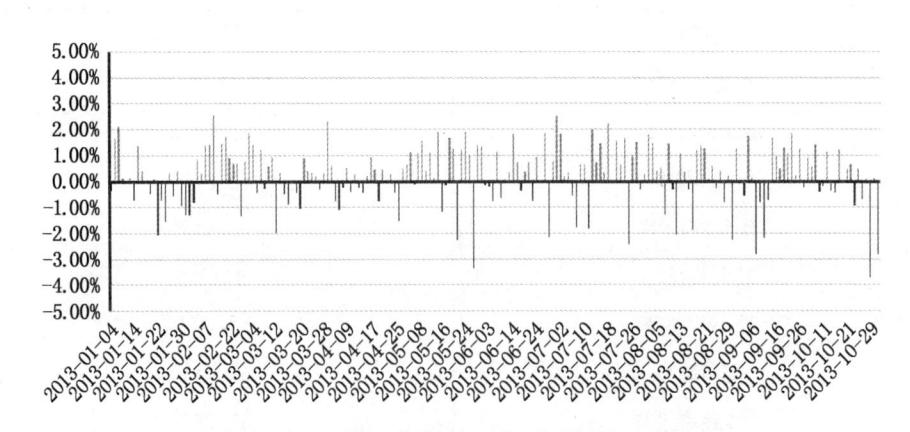

图 11-6 样本外测试投资组合的日收益率序列

从图 11-7 可以看出在样本外测试期间,投资组合的累积净值呈现快速平稳增加的趋势,而同期指数处于震荡下跌趋势,组合收益大幅跑赢市场指数。在 2013 年

第十一章　基于投资者情绪的量化投资策略　　　　　　　　　　　　　　　▲ 169 ▲

虽然市场整体处于强震荡下跌的行情中,特别是主板股票的整体走势都较弱,然而中小企业板特别是创业板股票走势强劲,而中小企业板和创业板股票中大多是市值较小的股票,这样的结构市场行情增强了本策略模型的运行和收益效果。

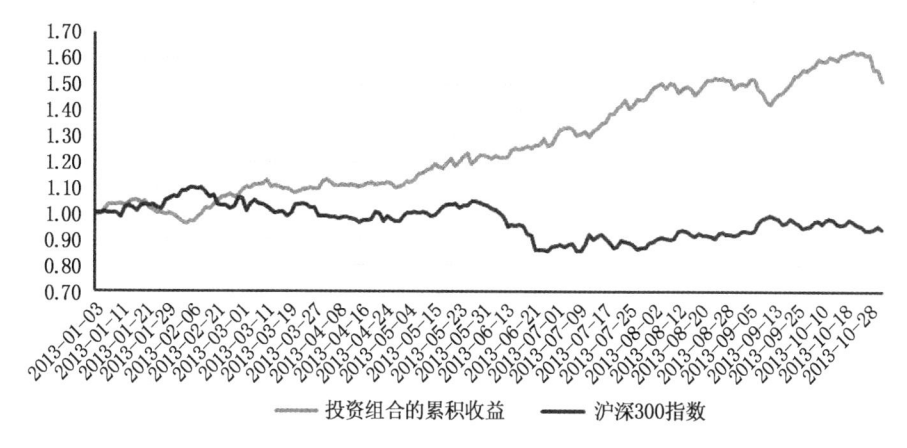

图 11－7　样本外测试投资组合的累积净值与沪深 300 指数净值对比

策略在样本外测试期间,累积和年化收益率较大,夏普比率也比样本内测试期间的值大,表明策略在此期间预测能力强,能够带来持续稳定的超额收益,也印证了本策略在熊市和震荡下跌行情中表现优异的特性。

第四节　实盘跟踪

本量化投资策略自 2013 年 11 月 1 日起进入实盘跟踪阶段,截至 2014 年 7 月 31 日共实盘跟踪时间达 185 个交易日,在此期间沪深 300 指数的走势如图 11－8 所示,指数从期初的 2400 点震荡下跌 3 个月至 2100 点,然后一直处于横盘震荡状态 3 个月,最后上涨至 2350 点。整体来看,本阶段 A 股市场处于震荡时期。

在实盘跟踪期间依据量化投资模型构建的投资组合的收益统计结果见表11－5,投资组合获得累积收益率 46.44%,年化收益率为 67.44%,月胜率为 88.89%,日胜率为 62.70%,夏普比率为 3.59。在风险方面,年化波动率为 14.96%,最大回撤为 7.84%,最大回撤时间长度为 27 个交易日,占总交易日数的 14.59%,最大回撤期时间长度为 51 个交易日,即投资组合在 2014 年 3 月 19 日出现了回撤后,在 2014 年 4 月 28 日达到最大回撤 7.84%,在 24 个交易后的 2014 年 6 月 4 日投资组合创造了累积净值的新高。实盘跟踪期间投资组合的累积净值走势见图 11－9。

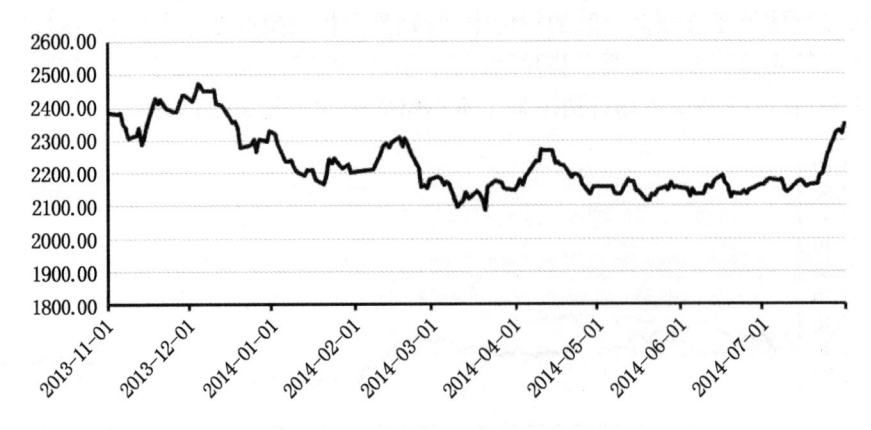

图 11-8　跟踪期沪深 300 指数走势

表 11-5　　　　　　　　　跟踪期投资组合的收益统计结果

统计量	2013 年度	2014 年度	汇总统计
总交易日数	43	142	185
累积收益率	13.49%	29.03%	46.44%
年化收益率	108.67%	56.64%	67.44%
年化波动率	15.62%	14.43%	14.69%
最大收益率	1.66%	1.87%	1.87%
最小收益率	−3.93%	−3.00%	−3.93%
交易胜率	74.42%	59.15%	62.70%
95%胜率下界	60.47%	51.41%	56.22%
95%胜率上界	83.72%	65.49%	68.11%
夏普比率	4.79	3.18	3.59
最大回撤	3.93%	7.84%	7.84%
最大回撤开始时间	2013/11/29	2014/3/19	2014/3/19
最大回撤结束时间	2013/12/2	2014/4/28	2014/4/28
最大回撤持续时间	1	27	27
最大回撤期开始时间	2013/11/29	2014/3/19	2014/3/19
最大回撤期结束时间	2013/12/11	2014/6/4	2014/6/4
最大回撤期持续时间	8	51	51
95%VAR 值	2.14%	1.48%	1.60%
95%CVAR 值	3.07%	2.16%	2.47%
分布偏度	−1.94	−0.55	−0.91

第十一章 基于投资者情绪的量化投资策略

续表

统计量	2013 年度	2014 年度	汇总统计
分布峰度	9.09	3.50	4.96
JB 检验结果	拒绝	拒绝	拒绝
盈亏比率	0.77	1.15	1.06
t 检验值	1.99	2.40	3.08
t 检验 P 值	0.03	0.01	0.00
一阶自相关系数	−0.29	0.04	−0.05

图 11−9 跟踪期投资组合的累积净值与沪深 300 指数净值走势

从图 11−10 可以看出,投资组合在实盘跟踪期内在大部分交易日内获得了正收益,经统计,在 185 个交易日内共有 116 个交易日获得了正收益,日胜率为 62.70%。在 116 个交易日的正收益中,日正收益的大小比较均匀,表明投资组合大多能够稳定

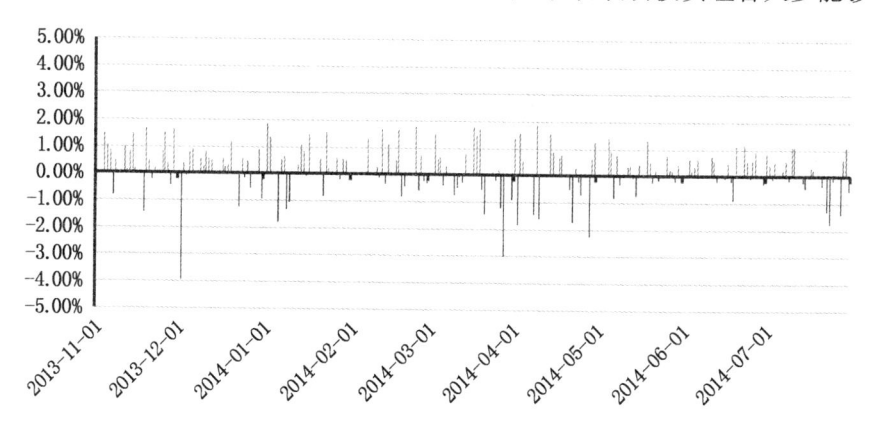

图 11−10 跟踪期投资组合的日收益率序列

战胜市场指数。而在获得负收益的交易日中,大部分的亏损较小,但有几个交易日的亏损较大,日最大亏损为3.93%,盈亏比率为106%。

2014年8月的投资组合共包含49只标的股票(见表11—6),其中,上证A股9只,深证主板A股1只,中小企业板股票13只,创业板股票26只;共涉及18个申万一级行业,其中电子类股票最多为10只。

表11—6　　　　　　　　2014年8月投资组合标的股票

2014年8月的投资组合			
002113.SZ	天润控股	300221.SZ	银禧科技
300329.SZ	海伦钢琴	300061.SZ	康耐特
300279.SZ	和晶科技	600817.SH	ST宏盛
300069.SZ	金利华电	002536.SZ	西泵股份
300225.SZ	金力泰	300247.SZ	桑乐金
300264.SZ	佳创视讯	002147.SZ	方圆支承
600136.SH	道博股份	002634.SZ	棒杰股份
300290.SZ	荣科科技	600889.SH	南京化纤
300046.SZ	台基股份	300308.SZ	中际装备
600671.SH	天目药业	300270.SZ	中威电子
300325.SZ	德威新材	300031.SZ	宝通带业
600506.SH	香梨股份	600355.SH	精伦电子
300029.SZ	天龙光电	002529.SZ	海源机械
300280.SZ	南通锻压	002652.SZ	扬子新材
600241.SH	时代万恒	002352.SZ	鼎泰新材
300184.SZ	力源信息	002696.SZ	百洋股份
002599.SZ	盛通股份	300249.SZ	依米康
300042.SZ	朗科科技	300237.SZ	美晨科技
300250.SZ	初灵信息	002702.SZ	海欣食品
300260.SZ	新莱应材	002620.SZ	瑞和股份
300243.SZ	瑞丰高材	002270.SZ	法因数控
300240.SZ	飞力达	300062.SZ	中能电气
002040.SZ	南京港	600892.SH	宝诚股份
300277.SZ	海联讯	600593.SH	大连圣亚
000526.SZ	银润投资		

第五节 小 结

本章基于市值因子(反映规模效应)和动量因子(反映赢者输者效应)这两个反映投资者情绪的行为因子,构建了一个量化投资策略模型。模型在样本内和样本外测试都获得了较满意的结果。通过对策略在不同时期的表现进行分析,发现这个模型在震荡下跌的行情中表现相对优异。最后对实盘跟踪阶段的收益进行了统计分析,并给出了最新一期的投资组合。

附录：程序代码[①]

图 2-1(a)的 Matlab 程序代码：
n=1000;
m=10;
for k=1:99
a(k)=hygecdf(m/2,n-1,n-10*k,m);
end
k=1:99;
plot(10*k,1-a(k),'*')

图 2-1(b)的 Matlab 程序代码：
n=1000;
m=10;
for k=1:99
a(k)=hygecdf(m/2,n-1,10*k,m);
end
k=1:99;
plot(10*k,1-a(k),'*')

图 2-2(a)的 Matlab 程序代码：
n=1000;
k=450;
for m=1:50
a(m)=hygecdf(5*m,n-1,n-k,10*m);
end

[①] 本书中的程序代码均为作者亲自编写。

附录:程序代码　　　　　　　　　　　　　　　　　　　　　　　　　　　175

m=1:50;
plot(10 * m,1-a(m))

图 2-2(b)的 Matlab 程序代码:
n=1000;
k=430;
for m=1:50
a(m)=hygecdf(5 * m,n-1,k,10 * m);
end
m=1:50;
plot(10 * m,1-a(m))

图 2-3 的 Matlab 程序代码:
n=1000;
m=1;
s=0.0005;　　% s 就是 ε
t=1;　　% t 就是 δ
for k=1:n
a(k)=(n-k+1). * (s+t * (1-binocdf(m/2,m,(k-1)/(n-1)))). /(k. * (s+t * (1-binocdf(m/2,m,(n-k)/(n-1)))));
end
for k=1:n
　　b(k)=prod(a(1:k));
end
c=[1,b];
for k=0:1000
　　d(k+1)=c(k+1)/sum(c);
end
k=0:1000;
plot(k,d,'*')

图 2-5 的 Matlab 程序代码:
n=1000;
m=1;
s=0.001;
t=1;
kinitial=300;
for j=1:1

```
            if 0.5*m<=n-kinitial    %为了保证超几何分布的表达有意义
                a=hygecdf(0.5*m,n-1,n-kinitial,m);
            else
                a=1;
            end
            if 0.5*m<=kinitial
                b=hygecdf(0.5*m,n-1,kinitial,m);
            else
                b=1;
            end
            if s+t*(1-a)<=1    %为了保证二项分布的表达有意义
                c=s+t*(1-a);
            else
                c=1;
            end
            if s+t*(1-b)<=1
                d=s+t*(1-b);
            else
                d=1;
            end
k(1,j)=kinitial-binornd(kinitial,c,1,1)+binornd(n-kinitial,d,1,1);
for i=2:5000
            if 0.5*m<=n-k(i-1,j)
                e(i-1,j)=hygecdf(0.5*m,n-1,n-k(i-1,j),m);
            else
                e(i-1,j)=1;
            end
            if 0.5*m<=k(i-1,j)
                f(i-1,j)=hygecdf(0.5*m,n-1,k(i-1,j),m);
            else
                f(i-1,j)=1;
            end
            if s+t*(1-e(i-1,j))<=1
                g(i-1,j)=s+t*(1-e(i-1,j));
            else
                g(i-1,j)=1;
            end
            if s+t*(1-f(i-1,j))<=1
```

附录:程序代码　　　　　　　　　　　　　　　　　　　　　　　　　▲ 177 ▲

```
            h(i-1,j)=s+t*(1-f(i-1,j));
    else
            h(i-1,j)=1;
    end
k(i,j)=k(i-1,j)-binornd(k(i-1,j),g(i-1,j),1,1)+binornd(n-k(i-1,j),h(i-1,j),1,1);
end
end
i=1:5000;
plot(i,k)
```

表 2-3 的 DF-GLS 单位根检验 Eviews 程序代码:
```
for ! i=1 to 500
z! i.uroot(dfgls,trend,info=sic)
next
```

表 2-3 的 KPSS 单位根检验 Eviews 程序代码:
```
for ! i=1 to 500
z! i.uroot(kpss,trend,hac=bt,b=nw)
next
```

表 2-3 的 ERS 单位根检验 Eviews 程序代码:
```
for ! i=1 to 500
z! i.uroot(ers,trend,hac=ar,info=sic)
next
```

表 2-3 的 LJung-Box Q 统计量 Eviews 程序代码:
```
for ! i=1 to 500
r! i.correl(10)
next
```

图 2-6 的 Matlab 程序代码:
```
n=1000;
m=10;
s=0.015;
t=0.1;
kinitial=450;
for j=1:1
    if 0.5*m<=n-kinitial
```

```
                a=hygecdf(0.5*m,n-1,n-kinitial,m);
        else
                a=1;
        end
            if 0.5*m<=kinitial
                    b=hygecdf(0.5*m,n-1,kinitial,m);
            else
                    b=1;
            end
            if s+t*(1-a)<=1
                    c=s+t*(1-a);
            else
                    c=1;
            end
                if s+t*(1-b)<=1
                        d=s+t*(1-b);
                else
                        d=1;
                end
k(1,j)=kinitial-binornd(kinitial,c,1,1)+binornd(n-kinitial,d,1,1);
for i=2:500
        if 0.5*m<=n-k(i-1,j)
                e(i-1,j)=hygecdf(0.5*m,n-1,n-k(i-1,j),m);
        else
                e(i-1,j)=1;
        end
        if 0.5*m<=k(i-1,j)
                f(i-1,j)=hygecdf(0.5*m,n-1,k(i-1,j),m);
        else
                f(i-1,j)=1;
        end
        if s+t*(1-e(i-1,j))<=1
                g(i-1,j)=s+t*(1-e(i-1,j));
        else
                g(i-1,j)=1;
        end
            if s+t*(1-f(i-1,j))<=1
                    h(i-1,j)=s+t*(1-f(i-1,j));
```

附录：程序代码

```
            else
                h(i-1,j)=1;
            end
    k(i,j)=k(i-1,j)-binornd(k(i-1,j),g(i-1,j),1,1)+binornd(n-k(i-1,j),h(i-1,j),1,1);
    end
end
for i=1:500;
    omiga(i)=k(i)/n;
end
```
%以上程序是对基本面分析投资者所占比例进行模拟
```
        l=2;
        sigmap=10;
        pinitial=102;
        hh=1.5;
        pbarinitial=100;
        gama=0.1;
        rate=0.001;
```
%以下程序是对风险资产基本价值的随机游走过程进行模拟
```
        error=normrnd(0,1,1,500);
pbar(1)=pbarinitial+error(1);
for i=2:500
    pbar(i)=pbar(i-1)+error(i);
end
```
%以上程序是对风险资产基本价值的随机游走过程进行模拟
```
convar(1)=10;
a(1)=omiga(1)*(hh-1-rate)*convar(1)+(1-omiga(1))*(1-rate)*sigmap;
p(1)=((1-omiga(1))*l*sigmap*pinitial-omiga(1)*convar(1)*pbar(1)+omiga(1)*hh*convar(1)*pbarinitial+2*gama*sigmap*convar(1))/a(1);
if p(1)-pinitial<0
    convar(2)=10+(p(1)-pinitial)^2;
else
    convar(2)=10+0.5*(p(1)-pinitial)^2;
end
a(2)=omiga(2)*(hh-1-rate)*convar(2)+(1-omiga(2))*(1-rate)*sigmap;
p(2)=((1-omiga(2))*l*sigmap*p(1)-omiga(2)*convar(2)*pbar(2)+omiga(2)*hh*convar(2)*pbar(1)+2*gama*sigmap*convar(2))/a(2);
for i=3:500
```

```
        if p(i-1)-p(i-2)<0
            convar(i)=10+(p(i-1)-p(i-2))^2;
        else
              convar(i)=10+0.5*(p(i-1)-p(i-2))^2;
        end
a(i)=omiga(i)*(hh-1-rate)*convar(i)+(1-omiga(i))*(1-rate)*sigmap;
p(i)=((1-omiga(i))*1*sigmap*p(i-1)-omiga(i)*convar(i)*pbar(i)+omiga(i)*hh*convar(i)*pbar(i-1)+2*gama*sigmap*convar(i))/a(i);
end
i=1:500;
plot(i,pbar,'r')
hold on
plot(i,p,'b')
```

表2-4的Matlab程序代码：

```
for u=1:500
    aa=r(:,u);
bb=autocorr(aa,200);
for i=1:201
    if bb(i)<0
        cc(u)=i-1;
        break
    else
    end
end
end
mean(cc)
```

图2-7的Matlab程序代码：

```
for u=1:500
    aa=r(:,u).^2;
    bb=autocorr(aa,200);
cc(:,u)=bb;
end
for i=2:201
    dd(i-1)=mean(cc(i,:));
end
i=1:200;
```

plot(i,dd)

图 2-8 的 Matlab 程序代码：
```
n=1000;
m=10;
s=0.015;
t=0.1;
kinitial=450;
for j=1:1
    if 0.5*m<=n-kinitial
        a=hygecdf(0.5*m,n-1,n-kinitial,m);
    else
        a=1;
    end
        if 0.5*m<=kinitial
            b=hygecdf(0.5*m,n-1,kinitial,m);
        else
            b=1;
        end
    if s+t*(1-a)<=1
        c=s+t*(1-a);
    else
        c=1;
    end
        if s+t*(1-b)<=1
            d=s+t*(1-b);
        else
            d=1;
        end
k(1,j)=kinitial-binornd(kinitial,c,1,1)+binornd(n-kinitial,d,1,1);
for i=2:500
    if 0.5*m<=n-k(i-1,j)
        e(i-1,j)=hygecdf(0.5*m,n-1,n-k(i-1,j),m);
    else
        e(i-1,j)=1;
    end
        if 0.5*m<=k(i-1,j)
            f(i-1,j)=hygecdf(0.5*m,n-1,k(i-1,j),m);
```

```
        else
             f(i-1,j)=1;
        end
        if s+t*(1-e(i-1,j))<=1
g(i-1,j)=s+t*(1-e(i-1,j));
        else
g(i-1,j)=1;
        end
             if s+t*(1-f(i-1,j))<=1
h(i-1,j)=s+t*(1-f(i-1,j));
             else
                h(i-1,j)=1;
             end
        k(i,j)=k(i-1,j)-binornd(k(i-1,j),g(i-1,j),1,1)+binornd(n-k(i-1,j),h(i-1,j),1,1);
end
end
for i=1:500;
    omiga(i)=k(i)/n;
end
%以上程序是对基本面分析投资者所占比例进行模拟
        ksistarinitial=2;
        sigmaksiinitial=0.01;
        gama=0.1;
        rate=0.02;
        %以上程序是对参数进行设定
ksistar(1)=ksistarinitial+normrnd(0,0.04,1,1);
ksiinitial=normrnd(ksistarinitial,sigmaksiinitial,1,1);
if ksiinitial-ksistarinitial<0
    sigmaksi(1)=0.04+(ksiinitial-ksistarinitial)^2;
else
    sigmaksi(1)=0.04+0.5*(ksiinitial-ksistarinitial)^2;
end
ksi(1)=normrnd(ksistar(1),sigmaksi(1),1,1);
p(1)=1+(1-omiga(1))*(ksi(1)-ksistar(1))/(1+rate)+(1-omiga(1))*ksistar(1)/rate-2*gama*(1-omiga(1))^2*sigmaksi(1)/(rate*(1+rate)^2);
for i=2:500
ksistar(i)=ksistar(i-1)+normrnd(0,0.04,1,1);
```

附录:程序代码

```
if ksi(i-1)-ksistar(i-1)<0
    sigmaksi(i)=0.04+(ksi(i-1)-ksistar(i-1))^2;
else
    sigmaksi(i)=0.04+0.5*(ksi(i-1)-ksistar(i-1))^2;
end
ksi(i)=normrnd(ksistar(i),sigmaksi(i),1,1);
p(i)=1+(1-omiga(i))*(ksi(i)-ksistar(i))/(1+rate)+(1-omiga(i))*ksistar(i)/rate-2*
gama*(1-omiga(i))^2*sigmaksi(i)/(rate*(1+rate)^2);
end
i=1:500;
plot(i,p)
```

图 3-1 的 Matlab 程序代码:

```
n=1000;    % n 表示投资者的总数量
n1=500;    % n1 表示持续预期交易者的数量
n2=500;    % n2 表示反转预期交易者的数量
p0=200;    % p0 表示风险资产的初始价格
deltap(1)=(binornd(n1,0.5,1,1)+binornd(n2,0.5,1,1)-500)*0.05;
p(1)=p0+deltap(1);
a0=0.6;    % a0 即是模型中的 θ₁
b0=0.6;    % b0 即是模型中的 φ₁
for i=1:200
if deltap(i)>0
    a(1)=a0;
    b(1)=b0;
    deltap(i+1)=(binornd(n1,a(i),1,1)+binornd(n2,1-b(i),1,1)-500)*0.05;
    p(i+1)=p(i)+deltap(i+1);
    if deltap(i+1)>0
a(i+1)=a(i)+0.001;
b(i+1)=b(i)-0.001;    %转移概率的学习过程
deltap(i+2)=(binornd(n1,a(i+1),1,1)+binornd(n2,1-b(i+1),1,1)-500)*0.05;
p(i+2)=p(i+1)+deltap(i+2);
    else
a(i+1)=a(i)-0.001;
b(i+1)=b(i)+0.001;
deltap(i+2)=(binornd(n1,1-a(i+1),1,1)+binornd(n2,b(i+1),1,1)-500)*0.05;
p(i+2)=p(i+1)+deltap(i+2);
    end
```

```
else
    a(1)=a0;
    b(1)=b0;
    deltap(i+1)=(binornd(n1,1-a(i),1,1)+binornd(n2,b(i),1,1)-500)*0.05;
    p(i+1)=p(i)+deltap(i+1);
    if deltap(i+1)>0
a(i+1)=a(i)-0.001;
b(i+1)=b(i)+0.001;
deltap(i+2)=(binornd(n1,a(i+1),1,1)+binornd(n2,1-b(i+1),1,1)-500)*0.05;
p(i+2)=p(i+1)+deltap(i+2);
    else
a(i+1)=a(i)+0.001;
b(i+1)=b(i)-0.001;
deltap(i+2)=(binornd(n1,1-a(i+1),1,1)+binornd(n2,b(i+1),1,1)-500)*0.05;
p(i+2)=p(i+1)+deltap(i+2);
    end
end
end
i=1:202;
plot(i,p)
```

图3-3的Matlab程序代码:
```
f=@(t,x)alpha*x.*(1-x).*(2*x-1);
[t,y]=ode23(f,[0,15],[0.49;0.51]);
plot(t,y)
```

图3-4中风险资产价格演化的Matlab程序代码:
```
a=1.001;
b=-1.001;
r=0.001;
gama=0.1;
sigma2=10;
pstar=100;
pinitial=100;
c=2.5;
beta=1;
w(1,1)=0.3;
w(1,2)=0.3;
```

附录：程序代码　　　　　　　　　　　　　　　　　　　　　　　　　　　　▲ 185 ▲

```
w(1,3)=0.4;
m(1)=w(1,1)*(1+r)-w(1,2)*(a-r)-w(1,3)*(b-r); % m 即是公式(4-32)中的 A
p(1)=w(1,1)*pstar/m(1)-(a*w(1,2)+b*w(1,3))*pinitial/m(1)-2*gama*sigma2/m(1);
w(2,1)=0.3;
w(2,2)=0.3;
w(2,3)=0.4;
m(2)=w(2,1)*(1+r)-w(2,2)*(a-r)-w(2,3)*(b-r);
p(2)=w(2,1)*pstar/m(2)-(a*w(2,2)+b*w(2,3))*p(1)/m(2)-2*gama*sigma2/m(2);
y(1,1)=(p(2)-p(1)*(1+r))*(pstar-p(1)*(1+r))/(2*gama*sigma2)-c;
% y 即是公式(4-33)中的收益 R
y(1,2)=(p(2)-p(1)*(1+r))*(a*(p(1)-pinitial)-p(1)*r)/(2*gama*sigma2);
y(1,3)=(p(2)-p(1)*(1+r))*(b*(p(1)-pinitial)-p(1)*r)/(2*gama*sigma2);
w(3,1)=exp(beta*y(1,1))/(exp(beta*y(1,1))+exp(beta*y(1,2))+exp(beta*y(1,3)));
w(3,2)=exp(beta*y(1,2))/(exp(beta*y(1,1))+exp(beta*y(1,2))+exp(beta*y(1,3)));
w(3,3)=exp(beta*y(1,3))/(exp(beta*y(1,1))+exp(beta*y(1,2))+exp(beta*y(1,3)));
m(3)=w(3,1)*(1+r)-w(3,2)*(a-r)-w(3,3)*(b-r);
p(3)=w(3,1)*pstar/m(3)-(a*w(3,2)+b*w(3,3))*p(2)/m(3)-2*gama*sigma2/m(3);
for i=4:100
y(i-2,1)=(p(i-1)-p(i-2)*(1+r))*(pstar-p(i-2)*(1+r))/(2*gama*sigma2)-c;
y(i-2,2)=(p(i-1)-p(i-2)*(1+r))*(a*(p(i-2)-p(i-3))-p(i-2)*r)/(2*gama*sigma2);
y(i-2,3)=(p(i-1)-p(i-2)*(1+r))*(b*(p(i-2)-p(i-3))-p(i-2)*r)/(2*gama*sigma2);
w(i,1)=exp(beta*y(i-2,1))/(exp(beta*y(i-2,1))+exp(beta*y(i-2,2))+exp(beta*y(i-2,3)));
w(i,2)=exp(beta*y(i-2,2))/(exp(beta*y(i-2,1))+exp(beta*y(i-2,2))+exp(beta*y(i-2,3)));
w(i,3)=exp(beta*y(i-2,3))/(exp(beta*y(i-2,1))+exp(beta*y(i-2,2))+exp(beta*y(i-2,3)));
m(i)=w(i,1)*(1+r)-w(i,2)*(a-r)-w(i,3)*(b-r);
p(i)=w(i,1)*pstar/m(i)-(a*w(i,2)+b*w(i,3))*p(i-1)/m(i)-2*gama*sigma2/m(i);
end
i=1:100;
plot(i,p)
```

图 3—4 中各类投资者财富演化的 Matlab 程序代码：

```matlab
a=1.001;
b=-1.001;
r=0.001;
gama=0.1;
sigma2=10;
pstar=100;
pinitial=100;
wealth(1,1)=0;
wealth(1,2)=0;
wealth(1,3)=0;
d(1,1)=(pstar-p(1)*(1+r))/(2*gama*sigma2);
d(1,2)=(a*(p(1)-pinitial)-p(1)*r)/(2*gama*sigma2);
d(1,3)=(b*(p(1)-pinitial)-p(1)*r)/(2*gama*sigma2);
wealth(2,1)=d(1,1)*p(2)+(wealth(1,1)-d(1,1)*p(1))*(1+r);
wealth(2,2)=d(1,2)*p(2)+(wealth(1,2)-d(1,2)*p(1))*(1+r);
wealth(2,3)=d(1,3)*p(2)+(wealth(1,3)-d(1,3)*p(1))*(1+r);
for i=3:54
d(i-1,1)=(pstar-p(i-1)*(1+r))/(2*gama*sigma2);
d(i-1,2)=(a*(p(i-1)-p(i-2))-p(i-1)*r)/(2*gama*sigma2);
d(i-1,3)=(b*(p(i-1)-p(i-2))-p(i-1)*r)/(2*gama*sigma2);
wealth(i,1)=d(i-1,1)*p(i)+(wealth(i-1,1)-d(i-1,1)*p(i-1))*(1+r);
wealth(i,2)=d(i-1,2)*p(i)+(wealth(i-1,2)-d(i-1,2)*p(i-1))*(1+r);
wealth(i,3)=d(i-1,3)*p(i)+(wealth(i-1,3)-d(i-1,3)*p(i-1))*(1+r);
end
i=1:54;
plot(i,wealth(i,1),'b')
hold on
plot(i,wealth(i,2),'r')
hold on
plot(i,wealth(i,3),'g')
```

参考文献

[1]阿克洛夫,希勒. 动物精神[M]. 北京:中信出版社,2009.

[2]彼得·林奇,约翰·罗瑟查尔德. 彼得·林奇的成功投资[M]. 北京:机械工业出版社,2010.

[3]彼得斯. 资本市场的混沌与秩序[M]. 北京:经济科学出版社,1999.

[4]彼得斯. 分形市场分析[M]. 北京:经济科学出版社,2002.

[5]崔智东. 跟巴菲特学投资理念:巴菲特最有价值的8条投资法则[M]. 北京:台海出版社,2012.

[6]戴军,葛新元,秦国文. 算法交易及其在A股的实证分析[A]. 国信证券,2009.

[7]丁鹏. 量化投资——策略与技术[M]. 北京:电子工业出版社,2012.

[8]范英,魏一鸣. 基于R/S分析的中国股票市场分形特征研究[J]. 系统工程,2004,22(11):46−51.

[9]范英,魏一鸣,应尚军. 金融复杂系统:模型与实证[M]. 北京:科学出版社,2006.

[10]方勇. 异质预期、噪声交易与价格波动[J]. 技术经济与管理研究,2010,21(2):3−7.

[11]冯·诺伊曼,摩根斯坦恩. 博弈论与经济行为[M]. 北京:生活·读书·新知三联书店,2004.

[12]郭朋. 国外高频交易的发展现状及启示[J]. 证券市场导报,2012,22(7):56−61.

[13]金融创新实验室,衍生品工作小组. 数量化交易:现状和挑战[A]. 深圳证券交易所,2010.

[14]金德尔伯格. 疯狂、惊恐和崩溃——金融危机史(第4版)[M]. 北京:中国金融出版社,2007.

[15]金斯伯格,王正林. 问道量化投资:用MATLAB来敲门[M]. 北京:电子工业出版社,2012.

[16]蒋英坤,杨喆. 程序化交易的模型和应用——程序化交易系列研究之一[A]. 国泰君安证券,2010.

[17]凯恩斯. 就业、利息和货币通论[M]. 北京:商务印书馆,2007.

[18]凯莫勒. 行为博弈:对策略互动的实验研究[M]. 北京:中国人民大学出版社,2006.

[19]李红权,马超群. 金融市场的复杂性与风险管理[M]. 北京:经济科学出版社,2006.

[20]林树,俞乔,汤震宇等. 投资者"热手效应"与"赌徒谬误"的心理学实验研究[J]. 经济研究,2006,52(8):58—69.

[21]刘道明,倪蕴韬等. 数量化投资:体系与策略[A]. 光大证券,2012.

[22]刘伟兵,王先甲. 进化博弈中多代理人强化学习模型[J]. 系统工程理论与实践,2009,29(3):28—33.

[23]路阳. 量化投资的文艺复兴之道:基于群体行为金融的量化投资思想与方法[M]. 北京:光明日报出版社,2013.

[24]蒙蒂尔. 行为金融——洞察非理性心理和市场[M]. 北京:中国人民大学出版社,2007.

[25]乔治·索罗斯. 超越金融[M]. 北京:中信出版社,2013.

[26]舍夫林. 超越恐惧和贪婪——行为金融学与投资心理学诠释[M]. 上海:上海财经大学出版社,2005.

[27]石建辉. 浅析詹姆斯·西蒙斯的投资理念[A]. 国信证券,2011.

[28]史莱佛. 并非有效的市场——行为金融学导论[M]. 北京:中国人民大学出版社,2003.

[29]宋军,吴冲锋. 基于分散度的金融市场的羊群行为研究[J]. 经济研究,2001,(11):21—27.

[30]宋军,吴冲锋. 中国股评家的羊群行为研究[J]. 管理科学学报,2003,6(1):68—74.

[31]孙碧波. 情绪、学习与资产回报——基于学习行为的噪声交易者情绪演化研究[M]. 上海:上海世纪出版集团,2007.

[32]孙绍荣,方勇等. 投资者行为研究[M]. 上海:复旦大学出版社,2009.

[33]王先甲,全吉,刘伟兵. 有限理性下的演化博弈与合作机制研究[J]. 系统工程理论与实践,2011,31(S1):82—93.

[34]希勒. 非理性繁荣[M]. 北京:中国人民大学出版社,2004.

[35]忻海. 解读量化投资——西蒙斯用公式打败市场的故事[M]. 北京:机械工业出版社,2010.

[36]徐莉莉. 量化投资在中国的发展现状[A]. 渤海证券研究所,2012.

[37]应尚军,魏一鸣,范英,汪秉宏. 基于元胞自动机的股票市场复杂性研究——投资者心理与市场行为[J]. 系统工程理论与实践,2003,23(12):18—24.

[38]赵胜民. 算法交易与套利交易[M]. 厦门:厦门大学出版社,2010.

[39]Andreassen P., Kraus J.. Judgmental extrapolation and the salience of change[J]. *Journal of Forecasting*, 1990,9 (4):347—372.

[40]Bacchetta P., Wincoop E V.. Higher order expectations in asset pricing [J]. *Journal of Money, Credit and Banking*, 2008, 40 (5):837—866.

[41]Badrintath S.G., Wahal S.. Momentum trading by institutions[J]. *Journal of Finance*, 2002, 57(6):2449—2475.

[42]Baker M., Wurgler J.. Investor sentiment and the cross-section of stock returns[J]. *Journal of Finance*, 2006, 61(4):1645—1680.

[43]Banz R. W.. The relationship between return and market value of common stocks[J]. *Journal of Financial Economics*, 1981, 9(1):3—18.

[44]Barberis N., Huang M., Santos T.. Prospect theory and asset prices[J]. *Quarterly Journal of Economics*, 2001, 116:1—53.

[45]Barberis N., Shleifer A., Vishny R.. A model of investor sentiment[J]. *Journal of Financial Economics*, 1998, 49(3):307—343.

[46]Basu K.. Civil institutions and evolution:concepts, critique and models [J]. *Journal of Development Economics*, 1995, 46:19—33.

[47]Bem D.J.. An experimental analysis of self-persuasion[J]. *Journal of Experimental Social Psychology*, 1965, 1:199—218.

[48]Bester H., Guth W.. Is altruism evolutionarily stable[J]. *Journal of Economic Behavior & Organization*, 1998, 34:193—209.

[49] Binswanger M.. *Stock markets, speculative bubbles and economic growth:new dimensions in the co-evolution of real and financial market*[M]. Edward Elgar Publishing Limited, 1999.

[50]Black F.. Noise[J]. *Journal of Finance*, 1986, 41(7):529—543.

[51]Blace F., Scholes M. The pricing of options and corporate liabilities[J]. *The Journal of Political Economy*, 1973, 81(3):637—654.

[52]Bornholdt S.. Expectation bubbles in a spin model of markets:intermittency from frustration across scales[J]. *International Journal of Modern Physics C*, 2001, 12:667—674.

[53]Brown G.W., Cliff M.T.. Investor sentiment and the near-term stock market[J]. *Journal of Empirical Finance*, 2004, 11(1):1—27.

[54]Bussiere M., Fratzscher M.. Towards a new early warning system of financial crises[J]. *Journal of International Money and Finance*, 2006, 25(6):953—973.

[55]Challet D., Zhang Y.C.. Emergence of cooperation and organization in an evolutionary game[J]. *Physica A*, 1997, 246:407—418.

[56]Chung S.L., Hung C.H., Yeh C.Y.. When does investor sentiment predict stock returns? [J]. *Journal of Empirical Finance*, 2012, 19:217—240.

[57]Cowles A.. Can stock market forecasters forecast? [J]. *Econometrica*, 1933, 1(3):309—324.

[58]Daniel K., Hirshleifer D., Subrahmanyam A.. Investor psychology and investor security market under-and over-reactions[J]. *Journal of Finance*, 1998, 53(6):1839—1886.

[59]De Bondt W.F.M.. A portrait of the individual investor[J]. *European Economic Review*, 1998, 42:831—844.

[60]De Bondt W.F.M., Thaler R H. Dose the stock market overreact? [J]. *Journal of Finance*, 1985, 40(3):793—805.

[61]De Long J.B., Shleifer A., Summers L.H., Waldmann R.J.. Noise trader risk in financial markets[J]. *The Journal of Political Economy*, 1990a, 98 (4):703—738.

[62]De Long J.B., Shleifer A., Summers L.H., Waldmann R.J.. Positive feedback investment strategies and destabilizing rational speculation[J]. *Journal of Finance*, 1990b, 45(2):375—395.

[63]Dufwenberg M., Guth W.. Indirect evolution vs. strategic deletion:a comparison of two approaches to explaining economic institutions[J]. *European Journal of Political Economy*, 1999, 15:281—295.

[64]Fama E.F.. Efficient capital markets:a review of empirical work[J]. *Journal of Finance*, 1970, 25(2):383—417.

[65]Fama E.F., French K.R.. The cross-section of expected stock returns[J]. *Journal of Finance*, 1992, 47(2):427—465.

[66]Faugère C., Shawky H.A.. Volatility and institutional investor holdings in a declining market:a study of NASDAQ during the year 2000[J]. *Journal of Applied Finance*, 2003, 13(2):32—43.

[67]Feigenbaum J.A., Freund P.. Discrete scaling in stock markets before crashes[J]. *International Journal of Modern Physics B*, 1996, 10:3737—3745.

[68]Fisher K.L., Statman M.. Investor sentiment and stock returns[J]. *Financial Analysts Journal*, 2000, 56(2):16—23.

[69]Fiske S.T., Taylor S.E. *Social Cognition* (2nd Ed.) [M]. New York:McGraw-Hill, 1991.

[70]Friedman D., Fung K.C.. International trade and the internal organization of firms:an evolutionary approach[J]. *Journal of International Economics*, 1996, 41:113—137.

[71]Geweke J.. The dynamic factor analysis of economic time series models [A]. In *Latent Variables in Socioeconomic Models*, ed. Aigner D J and Goldberger A S, Amsterdam:North-Holland, 1977,365—383.

[72]Gervais S., Odean T.. Learning to be overconfident [J]. *The Review of Financial Studies*, 2001, 14 (1):1—27.

[73]Ghashghaie S., Breymann W., Peinke J., Talkner P., Dodge Y.. Turbulent cascades in foreign exchange markets[J]. *Nature*, 1996, 381:767—770.

[74]Gilovich T., Vallone R., Tversky A.. The hot hand in basketball:on the misperception of random sequences[J]. *Cognitive Psychology*, 1985, 17:295—314.

[75]Gnacinski P., Makowiec D.. Another type of log-periodic oscillations on Polish stock market[J]. *Physica A*, 2004, 344:322—325.

[76]Gompers P.A., Metrick A.. Institutional investors and equity prices[J]. *Quarterly Journal of Economics*, 2001, 116(1):229—259.

[77]Grether D.M.. Bayes rule as a descriptive model:the representativeness heuristic[J]. *The Quarterly Journal of Economics*, 1980, 95(3):537—557.

[78]Grinblatt M., Titman S., Wermers R.. Momentum investment strategies, portfolio performance, and herding:a study of mutual fund behavior[J]. *The American Economic Review*, 1995, 85(5):1088—1105.

[79]Gultekin M., Gultekin N.B.. Stock market seasonality:international evidence[J]. *Journal of Financial Economics*, 1983, 12(12):469—481.

[80]Gutenberg B., Richter C.. Earthquake magnitude, intensity, energy and acceleration[J]. *Seismological Society American Bulletin*, 1956, 46:105—145.

[81]Guttman J.M.. On the evolutionary stability of preferences for reciprocity [J]. *European Journal of Political Economy*, 2000, 16:31—50.

[82]Hailiang C., Prabuddha D., Yu J.H., Byoung-Hyoun H. Wisdom of crowds:the value of stock opinions transmitted through social media[J]. *Review of Financial Studies*, 2014, 27(5):1367—1403.

[83]Hansen R.. A Test for superior predictive ability[J]. *Journal of Business and Economic Statistics*, 2005, 23:365—380.

[84]Harry M.. Markowitz. Portfolio selection[J]. *Journal of Finance*, 1952, 7(1), 77—91.

[85]Harry M.. Markowitz. *Portfolio Selection:Efficient Diversification of*

Investments[M]. New York:John Wiley, 1959.

[86]Haruvy E., Prasad A. Optimal freeware quality in the presence of network externalities:an evolutionary game theoretical approach[J]. *Journal of Evolutionary Economics*, 2001:231—248.

[87]Hirshleifer D., Shumay T. Good day sunshine: stock returns and the weather[J]. *Journal of Finance*, 2003, 58(3):1109—1032.

[88]Hong H., Stein J C. A unified theory of underreaction, momentum trading and overreaction in asset markets[J]. *Journal of Finance*, 1999, 54(6):2143—2184.

[89]Huang N.E., Shen Z., Long S.R., et al. The empirical mode decomposition and the Hilbert spectrum for nonlinear and non-stationary time series analysis [J]. *Proceedings of the Royal Society A, Mathematical, Physical and Engineering Sciences*, 1998,454:903—995.

[90]Huang N.E., Shen Z., Long S.R.. A new view of nonlinear water waves: the Hilbert spectrum[J]. *Annual Review of Fluid Mechanics*, 1999, 31(1):417—457.

[91]Huina M., Scott C., Johan B.. Predicting financial markets:comparing survey, news, Twitter and search engine data[J]. *General Information*, 2011.

[92]Iori G.. Avalanche dynamics and trading friction effects on stock market returns[J]. *International Journal of Modern Physics C*, 1999, 10:1149—1162.

[93]Jasmina A., John L.. Scaling up learning models in public good games[J]. *Journal of Public Economic Theory*, 2004, 6:203—238.

[94]Johansen A., Ledoit O., Sornette D.. Crashes as critical points[J]. *International Journal of Theoretical and Applied Finance*, 2000, 3(2):219—255.

[95]Johansen A., Sornette D.. Financial anti-bubbles:log-periodicity in gold and Nikkei collapses[J]. *International Journal of Modern Physics C*, 1999,10:563—575.

[96]Johnson J., Tellis G.J.. Blowing bubbles:heuristics and biases in the run-up of stock prices[J]. *Journal of the Academy of Marketing Science*, 2005, 33(4):486—503.

[97]Kahneman D., Tversky A.. Judgment under uncertainty:heuristics and biases[J]. *Science*, 1974, 185(4157):1124—1131.

[98]Kahneman D., Tversky A.. Prospect theory:an analysis of decision making under risk [J]. *Econometrica*, 1979, 47(2):263—291.

[99]Kahneman D., Tversky A.. The framing of decisions and the psychology

of choice[J]. *Science*, 1981, 211(4481):453—458.

[100]Kaizoji T.. Speculative bubbles and crashes in stock markets:an interacting-agent model of speculative activity[J]. *Physica A*, 2000, 287:493—506.

[101]Kapopoulos P., Siokis F.. Stock market crashes and dynamics of aftershocks[J]. *Economics Letters*, 2005, 89:48—54.

[102]Keim D.B.. Size related anomalies and stock return seasonalities:further empirical evidence[J]. *Journal of Financial Economics*, 1983, 12(6):13—22.

[103]Kendall M.. The analysis of economic time series-part 1:prices[J]. *Journal of the Royal Statistical Society*, 1953, 96(1):11—25.

[104]Kirman A.. Ants, rationality and recruitment[J]. *The Quarterly Journal of Economics*, 1993, 108:137—156.

[105]Kirman A., Teyssiere G. Testing for bubbles and change-points[J]. *Journal of Economic Dynamics and Control*, 2005, 29:765—799.

[106]Kosfeld M.. Why shops close again:an evolutionary perspective on the deregulation of shopping hours[J]. *European Economic Review*, 2002, 46:51—72.

[107]Lakonishok J., Shleifer A., Vishny R.. Impact of institutional investors on stock prices[J]. *Journal of Financial Economics*, 1992, 32(1):23—44.

[108]Lee C.M.C., Shleifer A., Thaler R.H.. Investor sentiment and the closed-end fund puzzle[J]. *Journal of Finance*, 1991, 46(1):75—109.

[109]Lintner J.. The valuation of risk assets and the selection of risky investments in stock portfolios and capital budgets[J]. *Review of Economics and Statistics*, 1965, 47:13—37.

[110]Litterman B.. Active alpha investing[A]. Goldman, Sachs & Co, 2005.

[111]Lux T.. Herd behavior, bubbles and crashes[J]. *The Economic Journal*, 1995, 105:881—896.

[112]Malkiel B.G.. The valuation of closed-end investment company shares [J]. *Journal of Finance*, 1977, 32(3):847—859.

[113]Manski C.F., McFadden D. *Structural Analysis of Discrete Data with Econometric Applications*[M]. Cambridge, MA:MIT Press, 1981.

[114]Mantegna R.N., Stanley H E. Turbulence and financial markets[J]. *Nature*, 1996, 383:587—588.

[115]Markowitz H.M.. Portfolio selection[J]. *Journal of Finance*, 1952, 7(1):77—91.

[116]Markowitz H.M.. *Portfolio Selection:Efficient Diversification of Investments*[M]. New York:John Wiley, 1959.

[117]Maynard S.J.. *Evolution and the Theory of Games*[M]. Cambridge: Cambridge University Press, 1982.

[118]Maynard S.J.. The theory of games and the evolution of animal conflicts[J]. *Journal of Theoretical Biology*, 1974, 47:209—221.

[119]Maynard S.J., Price G R. The logic of animal conflict[J]. *Nature*, 1973, 246:15—18.

[120]Mehra R., Prescott E C. The equity premium:a puzzle[J]. *Journal of Monetary Economics*, 1985, 15:145—162.

[121]Merton R.C.. Theory of rational option pricing[J]. *The Bell Journal of Economics and Management Science*, 1973, 4(1):144—183.

[122]Mossin J.. Equilibrium in a capital asset market[J]. *Econometrica*, 1966, 34:768—783.

[123]Nyborg K., Rege M. On social norms:the evolution of considerate smoking behavior[J]. *Journal of Economic Behavior & Organization*, 2003, 52:323—340.

[124]Osborne M.. Brownian motion in the stock market[J]. *Operations Research*, 1959, 7:145—173.

[125]Patel S.A., Sarkar A.. Crisis in developed and emerging stock markets[J]. *Financial Analysts Journal*, 1998, 54(6):50—61.

[126]Rabin M.. Inference by believers in the law of small numbers[J]. *The Quarterly Journal of Economics*, 2002, 117(3):817—869.

[127]Roberts H.V.. Stock market patterns and financial analysis:methodological suggestions[J]. *Journal of Finance*, 1959, 14(3):1—10.

[128]Ross S A.. The arbitage theory of capital asset pricing[J]. *Journal of Economic Theory*, 1976, 13(3):341—360.

[129]Rozeff M.S., Kinney W R. Capital market seasonality:the case of stock returns[J]. *Journal of Financial Economics*, 1976, 3(4):379—402.

[130]Samuelson P.A.. An exact consumption loan model of interest with or without the social contrivance of money[J]. *Journal of Political Economics*, 1958, 66(12):467—482.

[131]Samuelson P.A.. Proof that properly anticipated prices fluctuate randomly[J]. *Industrial Management Review*, 1965, 6(2):41—49.

[132]Sargent T.J., Sims C.A.. Business cycle modeling without pretending to have too much a priori economic theory[A]. In *New Methods in Business Cycle Research:Proceedings from a Conference*, ed. Sims C A. Minneapolis:Federal Reserve

Bank of Minneapolis, 1977, 45—109.

[133]Saunders E.M.. Stock prices and Wall Street weather[J]. *American Economic Review*, 1993, 83(5):1337—1345.

[134]Schmeling M.. Investor sentiment and stock returns:Some international evidence[J]. *Journal of Empirical Finance*, 2009, 16(3):394—408.

[135]Sharpe W.F.. Capital asset prices:a theory of market equilibrium under conditions of risk[J]. *Journal of Finance*, 1964, 19:425—442.

[136]Shefrin H., Statman M. Behavioral capital asset pricing theory[J]. *Journal of Finance and Quantitative Analysis*, 1994, 29(3):323—349.

[137]Shiller R.J.. Do stock prices move too much to be justified by subsequent changes in dividends? [J]. *American Economic Review*, 1981, 71(3):421—436.

[138]Shleifer A., Vishny R.. The limits of arbitrage[J]. *Journal of Finance*, 1997, 52(1):35—55.

[139]Sornette D., Johansen A., Bouchaud J.P.. Stock market crashes, precursors and replicas[J]. *Journal of Physics I France*, 1996, 6:167—175.

[140]Stock J.H., Watson M.W.. New indexes of coincident and leading economic indicators[A]. In *NBER Macroeconomics Annual*, ed. Blanchard O J and Fischer S, Cambridge, MA:MIT Press, 1989,4:351—394.

[141]Stock J.H., Watson M.W.. A probability model of the coincident economic indicators[A]. In *Leading Economic Indicators:New Approaches and Forecasting Records*, ed. Lahiri K and Moore G H Cambridge:Cambridge University Press, 1991, 63—89.

[142]Taylor P.D., Jonker L.B.. Evolutionary stable strategies and game dynamics[J]. *Mathematical Biosciences*, 1978, 40(1/2):145—156.

[143]Thaler R.H.. Mental accounting and consumer choice [J]. *Marketing Science*, 1985, 4 (3):199—214.

[144]Thaler R.H., Johnson E.J.. Gambling with the house money and trying to break even:the effects of prior outcomes on risky choice [J]. *Management Science*, 1990, 36 (6):643—660.

[145]Urbanowicz K., Holyst J.A.. Noise-level estimation of time series using coarse-grained entropy [J]. *Physical Review E*, 2003, 67(4):046218.

[146]Vandewalle N., Ausloos M., Boveroux P., Minguet A.. Visualizing the log-periodic pattern before crashes[J]. *The European Physical Journal B*, 1999, 9:355—359.

[147]Watson M.W., Engle R.F.. Alternative algorithms for the estimation of

dynamic factor, MIMIC and varying coefficient regression models[J]. *Journal of Econometrics*, 1983, 23(3):385—400.

[148]Weibull J.W.. *Evolutionary Game Theory*[M]. Cambridge:MIT Press, 1995.

[149]Wermers R.. Mutual fund herding and impact on stock prices[J]. *Journal of Finance*, 1999, 54(2):518—622.

[150]Westerhoff F.H.. Greed, fear and stock market dynamics[J]. *Physica A*, 2004, 343:635—642.

[151]White H.. A reality check for data snooping[J]. *Econometrica*, 2000, 68(5):1097—1126.

[152]Wu Z.H., Huang N E. Ensemble empirical mode decomposition:a noise-assisted data analysis method[J]. *Advances in Adaptive Data Analysis*, 2009, 1(1):1—41.

[153]Wu Z.H., Huang N E, Chen X Y. The multi-dimensional ensemble empirical mode decomposition method[J]. *Advances in Adaptive Data Analysis*, 2009, 1(3):339—372.

[154]Zhang X., Lai K.K., Wang S.Y.. A new approach for crude oil price analysis based on empirical mode decomposition[J]. *Energy Economics*, 2008, 30(3):905—918.

[155]Zhang Y.C.. Toward a theory of marginally efficient market[J]. *Physica A*, 1999, 269:30—44.

[156]Zhou W.X., Sornette D. Evidence of a worldwide stock market log-periodic anti-bubble since mid-2000[J]. *Physica A*, 2003, 330:543—583.